종교브랜드
시대

종교 브랜드 시대

김성제 지음

왜 가톨릭은 세계 최강 종교 브랜드인가

지필미디어

종교브랜드 시대

발 행 일　2014년 2월 14일
지 은 이　김성제
펴 낸 이　고현희
펴 낸 곳　(주)지필미디어
책임편집　최재천
북디자인　김선예
본문편집　한수희
삽 화　김범석
마 케 팅　김성준

주 소　서울시 서대문구 미근동 72-3호 미근빌딩 101호
전 화　(02) 362-4504
팩 스　(02) 393-4509
이 메 일　book@jiphil.co.kr
홈페이지　www.jiphil.co.kr
등록번호　제 312-1997-000043호 (1997년 7월 16일)

I S B N　978-89-97394-66-1 (03210)
가 격　18,000원

출간을 축하하며

찬미 예수님,

몇 년 전 삼성 고 이병철 회장의 마지막 질문이 회자되었습니다. 1987년 타계하기 전 가깝게 지내던 신부님께 남긴 인생에 관한 절실한 질문 24가지가 있었습니다. "하느님은 존재하는가?"라는 첫 번째 질문으로 시작해서 9번째로 종교란 무엇인지, 그리고 왜 인간에게 필요한가를 질문하였습니다. 그리고 11번째로 종교의 종류와 특징은 무엇인가를 물었습니다. 이 책은 9번과 11번 질문에 대한 그 답변이 될 것입니다. 물론 그 질문에 대답하려고 의도했던 것은 아니겠지만, 그 어떤 답변보다도 충실한 답변이 될 것입니다.

저자는 원시신앙, 고대종교 등을 통하여 종교를 정의하고 그 필요성을 이야기하고 있습니다. 그리고 세계화된 현대 종교들, 곧 유대교, 그리스도교, 이슬람교, 힌두교, 불교를 다루고 있습니다. 고 이병철 회장의 질문 가운데 도교만 여기에 빠져 있을 뿐입니다.

종교를 하나의 브랜드로 보는 저자의 시각은 새롭습니다. 신성한 종교를 세속화한다는 비판이 있을 수 있겠지만, 세계 시장을 놓고 각자의 정체성과 차별성을 내세워 선교 경쟁을 하는 점에서 종교를 하나의 브랜드로 볼 수 있는 여지가 있습니다. 또한 각 종교의 가치를 옳고 그름을 떠나 브랜드 파워의 강도에 따라 객관적으로 평가하는 데 하나의 장점으로 작용할 수도 있습니다.

성직자도 아닌 평신도로서 저자는 각 종교에 몸담고 있는 사람들에게 세상에서 자신의 종교가 어디쯤 있는지, 그리고 어떻게 효과적으로 선교해야 하는지를 잘 알려 줄 것입니다. 타 종교와의 대화를 위해서도, 자신의 종교의 선교 전략을 위해서도 한 번쯤 일독하는 것이 바람직하다 여겨집니다. 새로운 개념으로 종교를 해석한 저자의 노고에 감사드리고, 응원합니다.

하느님의 은총을 기도합니다.

서울대 교구 보좌주교

조규만 바실리오

저자 서문

종교브랜드 개념

어느 누구도 세상에 없는 말을 맨 처음 소개할 때 주저하지 않는 사람은 없을 것이다. '종교브랜드religion brand'라는 말 자체가 아직 세상에 없어 이 용어를 처음 도입하는 데는 저자 나름의 용기와 준비가 필요했다. 동서고금을 막론하고 종교는 전통적으로 신성神聖한 것이라 세속적 시각에서 취급할 수 없는 영역으로 간주되어 왔다. 그래서 종교를 브랜드의 대상으로 보려는 전향적인 시도가 일찍이 없었다고 본다. 저자는 기존의 브랜드 정의를 다음과 같이 확대시켜 '종교'를 브랜드의 대상에 포함시켰다.

> "브랜드brand란 제품, 서비스, 기업은 물론 학교, 정당, 병원, 사람, 국가, 장소 뿐만 아니라 종교까지도 그들의 경쟁대상들과 차별화시키기 위하여 사용하는 이름, 로고, 캐릭터, 컬러 또는 이것들의 결합체를 의미한다."

'종교브랜드' 개념 도입의 배경을 이해하기 위해 오늘날의 종교 환경을 살펴보고자 한다.

첫째, 세계는 거대한 종교시장이다.

전 세계 인구 70억 명 중 88%, 약 62억 명이 종교를 갖고 있어 세상은 10명 중 9명이 종교인으로 채워져 있는 거대한 종교시장이다. 이는 삶과 죽음을 다루는 종교의 주제가 전 인류에게 얼마나 절실하고 필수적인가를 한마디로 말해주고 있는 것이다. 청량음료를 마시는 전 세계가 코카콜라 브랜드의 시장이듯 종교가 필요한 전 세계가 종교브랜드 시장이 된 것이다. 가톨릭, 이슬람교, 유대교, 힌두교, 불교, 프로테스탄트 등 수많은 종교들이 세계시장을 놓고 선교경쟁을 해오고 있는데 그 최적의 선교 전략이 종교브랜드여야 한다는 개념이다.

둘째, 전 세계 인류에게 종교선택의 자유가 보장되고 있다.

몇몇 공산 독재국가를 제외하고는 거의 모든 국가들이 헌법으로 국민들에게 '종교의 자유'를 보장하고 있다. 종교의 자유란 개인이 어느 종교를 가질 수 있는 자유와 갖지 않을 수 있는 자유 그리고 개종할 수 있는 자유까지를 포함하는 일종의 천부적 인권을 의미한다. 부모의 손에 이끌려 본인의 의사와는 무관하게 종교 선택을 강요당했던 과거와 달리 오늘날은 본인의 의사에 따라 종교를 선택하는 종교자유시대가 도래한 것이다. 그래서 개인의 종교자유시대와 더불어 이 세계는 서로 다른 종교브랜드들이 각자의 정체성과 차별성을 내세워 서로 선교宣教 경쟁을 하고 있는 종교브랜드 전쟁터가 되어 가고 있다. 또 한편, 종교를 선교選

敎하는 입장에서도 자신의 개성과 환경에 최적하는 종교브랜드를 선택할 수 있어야 한다. 이런 의미에서 宣敎선교와 選敎선교를 위한 툴로써 종교브랜드 개념이 필요하다.

셋째, 최첨단 정보통신시대가 종교브랜드 개념을 촉진하고 있다.

IT산업 발전과 함께 디지털 시대에 접어들면서 전 세계의 모든 사람들이 실시간으로 정보와 지식을 교류할 수 있는 시대에 살고 있다. 모든 종교의 정체성과 차별적 가치, 전례의식, 종교 활동 등이 전 세계에 노출되어 어느 종교도 정보통신시대를 거스를 수 없다. 오히려 IT정보통신 시대의 욕구와 니즈에 최적하는 '종교브랜드'를 선교할 수 있는 기회가 도래된 것이다.

요약하자면 정보통신시대에 종교브랜드의 정체성과 차별성을 일관성 있게 전 세계에 지속적으로 전달함으로써 정보통신시대의 뉴제너레이션new generation이라는 새 신자층을 넓혀 나갈 수 있고 더욱 글로벌 종교브랜드로 성장할 수 있다.

책의 구성

— Part 1. 브랜드 이해

'종교와 브랜드와의 접목'이라는 점에서 저자의 『현대브랜드 경영 전략』(2009, 교보문고)에서 소개한 브랜드 이론을 근거로 브랜드에 대한 기초 이해를 도왔다. 종교브랜드 개념이 창출된 이론적 배경을 설명하였다.

— Part 2. 종교브랜드란 무엇인가?

종교의 정의, 원시신앙, 고대종교(메소포타미아 종교, 고대 이집트 종교, 고대 그리스 종교, 고대 로마 종교 그리고 조르아스터교)를 설명하였고 종교브랜드의 필요성과 그 정의를 소개했다.

— Part 3. 글로벌 종교브랜드

세계화된 현대종교들, 즉 유대교, 그리스도교, 이슬람교, 힌두교, 불교 등 5대 종교브랜드를 비교하고 소개했다. 5대 종교의 기원, 교리, 경전 등을 비교함으로써 상호간의 공통점과 차이점을 포괄적으로 설명했다.

— Part 4. 종교브랜드 가치평가

Part 2,3이 종교학자 또는 신학자들이 이미 이루어 놓은 선행연구에 전적으로 의존한 내용이라면 Part 4,5는 저자의 브랜드 관련 이론과 경험을 중심으로 한 새로운 접근방법이라 할 수 있다.

'종교브랜드 가치평가'는 저자의 '브랜드가치 평가모델'을 근거로 6대 글로벌 종교브랜드를 평가한 내용이다. '신성한 종교'를 비교 평가한다는 것이 얼마나 조심스러운 일인가. 그래서 저자는 철저하게 객관화된 공표된 자료근거, 공정한 평가척도를 종교브랜드 가치평가의 원칙으로 삼았다. 유사 이래, 최초로 종교브랜드 가치평가의 결과로 어느 종교브랜드가 가장 브랜드파워가 강하고 약한지 서열화되었다. 이는 어느 종교의 옳고 그름을 다루는 것이 아님은 말할 나위도 없다. 브랜드력이 약하다 하여 그 종교브랜드가 중요하지 않다는 것 또한 아님은 물론이다. 종교브랜드 가치평가의 결과를 통하여 자신이 믿고 있는 종교의 브랜드 포지셔닝과 타 종교브랜드와의 차별점이 무엇인가를 이해할 수 있고 타 종교브랜드에 대한 편견을 줄일 수 있을 것이다.

— Part 5. 가톨릭 브랜드 매니지먼트

종교브랜드 가치평가에서 세계 최강 종교브랜드로 확인된 가톨릭 브랜드력의 원천은 무엇인가를 통찰하였다. 또한 종교브랜드를 운영, 관리management의 대상으로 보고 가톨릭 브랜드 매니지먼트 시각에서 브랜딩 믹스 전략을 제시하였는데 이는 가톨릭 브랜드만이 아니라 다른 종교브랜드들에도 적용될 수 있는 전략적 사고라 할 수 있다. 자연 환경, 사회 환경, 기술 환경 등 인간을 둘러싸고 있는 환경과 인간의 라이프스타일까지도 변화되고 있다. 즉 종교시장의 환경이 급변하고 있어 모든 종교브랜드 포지셔닝이 변화될 수 있다.

가톨릭도 예외일 수 없을 것이다. 특히 이슬람교의 급부상은 세계 종교 시장의 구조를 변화시킬 수 있는 전망이다. 또한 모든 종교브랜드는 더욱 세계화될 것이고 세계화되지 못하는 종교브랜드는 세계화된 종교브랜드에 뒤처지게 될 것이다. 이런 측면에서 가톨릭은 'catholic values보편적 가치, 세계적 가치'를 지속적으로 성장시킬 것이고 교회 시스템이 단일monolithic하기 때문에 정체성은 더욱 강화될 것이며, 가톨릭 사제 간의 세계교류가 활발해짐으로써 사제 수 불균형을 극복하여 더욱 세계화될 것으로 그 미래를 전망할 수 있다.

남기는 말

저자는 25년 넘게 브랜드 이론 공부, 브랜드 경영 전략교수, 브랜드 경영, 브랜드 가치평가 그리고 브랜드 경영전략 컨설팅을 해오면서 브랜드와 관련된 삶을 살아오고 있다. 브랜드는 곧 정체성identity이고 정체성이 좋고 일관되어야 좋은 브랜드가 될 수 있고 좋은 브랜드는 기업과 국가에 부를 가져다 줄 수 있다는 진리를 갖게 되었다. 그래서 제품, 서비스, 기업, 학교, 병원, 정당, 국가, 사람 그리고 종교 어느 것이라도 브랜드로서 일관성 있는 좋은 정체성을 가질 때 좋은 브랜드로 성공할 수 있다는 확신을 얻었다. 여기에 '종교'도 예외일 수 없다는 '종교브랜드' 개념을 처음으로 소개하는 것이다.

2006년 10월 불볕같은 햇살이 내리 쬐이던 이집트 피라미드 앞에서, 엄밀히 말하자면 성지순례 중 엑소더스Exodus, 출애굽 현장에서 종교의 위대성을 실감하면서 인간에게 필수적으로 중요한 종교 영역을 브랜드화함으로써 종교가 인간에게, 인간이 종교에 보다 쉽고 편하게 접근할 수 있겠다는 믿음을 갖게 되었다. 그 후로 종교학자나 신학자로서가 아니라 종교에 대한 지평을 넓히려는 노력을 해오면서 유대교, 그리스도교, 이슬람교, 힌두교, 불교를 비교 이해할 수 있었다. 철저한 율법주의적인 유대교가 신자 수로는 매우 왜소하지만 자존심이 강한 종교로서 그리스도교와 이슬람교의 원조적 위치에 있는 종교브랜드라는 사실, 그리고 유대교의 영향권을 완전히 벗어날 수 없는 그리스도교, 그리스도교의 원조격인 가톨릭과 정교회가 2천 년의 역사를 계승해오면서 그리스도교를 지켜오고 있다는 사실과 프로테스탄트가 1517년 이후 가톨릭에 항거하면서Protestants 수많은 종파로 성장해오고 있으나 13억 가톨릭 신자 수의 절반에 못미치는 6억 명의 신자들이 왜 'Protestants'라는 불리움에서 자유롭지 못하는가를 이해했다. 뿐만 아니라 그리스도교 보다 6세기 뒤늦게 출현한 이슬람교가 15억 명의 신자 수로 세계 최대 종교브랜드라는 것과 이슬람교가 유대교와 그리스도교 특히 성모와 예수를 존경하고 있는 꾸란이 성경과 유사점이 있다는 사실을 알게 되었다.

유대교와 함께 가장 오래된 종교로서 힌두교가 일종의 모교母敎이고 불교가 힌두교의 파생 종교라는 것과 불교가 인도에서 출현하였으나 결국 힌두교에 흡수되어 인도 내에서는 정작 불교가 소수의 종교로 포지셔닝되어 있음을 알게 되었다. 그럼에도 불구하고 불교의 가르침을 모든 종교인들이 불교신자적 자세에서 자신들의 종교에 대한 신앙을 길러야 할 것이라는 느낌을 강하게 받았다.

감사인사

끝으로 저자가 '종교브랜드'를 시도하여 하나의 개념으로 세상에 빛을 보게 되는 데는 박근태 신부의 격려와 지도가 있었기 때문에 가능했음을 고백하지 않을 수 없고 '나는 박근태 신부님을 존경하고 있기 때문에 이 책을 쓸 수 있었다'는 고백을 보태어 깊은 감사를 드린다.

주한 교황대사관의 쥬리엔 카보레 몬시뇰은 "평신도layman인 베드로 씨가 세계 최초로 '종교브랜드' 원조를 소개함으로써 가톨릭 이해와 선교에 영향을 줄 수 있다. 그리고 이 책이 영문으로 번역되어 많은 나라에서 읽혀지기를 바란다"고 격려해 주었다. 가톨릭 브랜드가 세계 최강 종교브랜드라는 평가 결과에 대한 그의 기쁨이 포함된 격려라 생각된다. 그에게 감사한다.

서유석(사도요한) 신부, 김홍진(바오로) 신부 두 신부께서도 두 본당의 "신자조사"를 적극 도와주셨고, 저자에게 이 책을 쓰는 데 많은 용기를 주셨다. 두 분께 깊이 감사드린다. 그리고 나를 가톨릭 신자로 이끌어 오늘도 가톨릭인으로 남겨놓고 있는 친구인 황규철(비오) 신부의 사랑과 우정은 내 신앙을 항상 관통하고 있어 그에게 감사한다.

조용현 교수(바오로), 성미숙 교수(소화데레사) 두 가톨릭대 교수들의 우정어린 격려를 또한 잊을 수 없다. 이렇게 특별한 분들의 격려가 없었다면 '종교브랜드' 개념은 정립되지 못했을 것이다. 이 특별한 분들의 격려와 통찰력에 감사드린다.

저자는 '종교브랜드'라는 새로운 개념과 특히 '6대 글로벌 브랜드 가치평가' 결과를 책으로 나오기 전에 한국이슬람교중앙회 이주화 이맘, 유대교 랍비 오셔 리츠만Rabbi Osher Litzman, 주한 유대인 연합회 회장 삐에르 코헨아크닌Pierre Cohen-Aknine, 주한 인도 문화원장 니하리까 씽Neeharika Singh 등 이슬람, 유대교, 힌두교의 종교지도자급들과 수차례 만남을 통하여 원고 내용의 일부를 수정 보완할 수 있었다. 자기 종교에 대한 깊은 열정과 신앙심을 갖고 있는 이들에게 존경을 드리고, 이 책 내용에 대한 그들의 깊은 관심과 공감에 감사드린다.

끝으로 이 책은 '종교브랜드'라는 전향적인 느낌을 주고 있기 때문에 종교 관련 출판사에서는 선뜻 출판의 용기를 내지 못하고 있을 때, 과감하게 출판을 허락해 준 지필미디어 고현희 대표와 김성준 부장께 깊이 감사 드린다.

생후 11개월째부터 고사리 양손으로 기도합장을 하는 손자 지환이의 모습을 보면서 원고 마감의 피로를 잃는다.

2014년 1월

김성제

omnibrand@omnibrand.co.kr

차례

Ⅱ. 종교브랜드란 무엇인가?

Ⅲ. 글로벌 종교브랜드

IV. 종교브랜드 가치평가

V. 가톨릭 브랜드 매니지먼트

PART

I

브랜드 이해

건물도 세월이 가면 낡아지고
기계도 마모되고 인간도 결국 죽는다.
그러나 영원히 살아남는 것은 브랜드 뿐이다.

– United Buscuits 그룹회장

오늘날 인간의 삶을 지배하고 있는 것은 한마디로 브랜드이다. 우리는 TV 뉴스를 청취하기 위하여 KBS, MBC, SBS, YTN 등 채널 브랜드를 선택한다. 또한 경향신문, 조선일보, 중앙일보, 동아일보, 매일경제 등 수많은 신문 브랜드 중에서 골라 구독한다. 커피 한 잔을 마시는 데도 스타벅스, 카페베네, 할리스 등을 머리에 떠올린다. 환자들이 병원을 선택할 때도 가톨릭대학교 성모병원, 서울대학교 병원, 삼성의료원, 서울 아산병원 등 수많은 병원 브랜드 중에서 고른다. 대학을 선택하는 데도 역시 서울대학교, 연세대학교, 고려대학교, 경희대학교, 성균관대학교, 한양대학교, 중앙대학교 등 수많은 대학 브랜드가 고려 대상이 된다. 어느 직장을 선택할 것인가도 결국 어느 기업 브랜드를 선택할 것인가의 문제로 귀결된다.

인간에게 가장 궁극적인 문제는 삶과 죽음에 대한 것이다. 그 삶과 죽음의 문제에 가장 접근된 해답이 종교와 신앙에 있다. 가톨릭 브랜드, 불교 브랜드, 이슬람 브랜드, 프로테스탄트 브랜드 등 종교브랜드 중에서 종교를 선택하는 것이다. 그래서 여타 서비스 브랜드처럼 종교를 하나의 '서비스 브랜드'로 취급하려는 시도가 이 책의 의도이다. 이제 부모를 따라 당연히 선택을 강요받았던 시대가 아니고 충분한 종교정보를 갖고 자신의 취향에 적합한가를 스스로 판단하면서 종교브랜드를 선택하는 시대가 도래되었고 이와 같은 추세는 앞으로 큰 흐름이 될 것이다.

'Part I 브랜드 이해'는 종교를 하나의 서비스 브랜드로 보려는 시각에서 브랜드에 대한 기본적 이해를 돕고자 하는 것이 목적이다.

제1장

브랜드 입문

1. 브랜드의 의미

브랜드brand의 어원은 '불에 달구어 지지다, 화인火印하다'라는 뜻으로 사용된 노르웨이 고어 "brandr"에서 유래된 것이다. 옛날 사람들이 그들의 가축이나, 제품이나 또는 작품에 대하여 자기 것임을 나타내고, 타인의 그것과 차별하기 위하여 어떤 표시를 하기 시작한 것이 브랜드

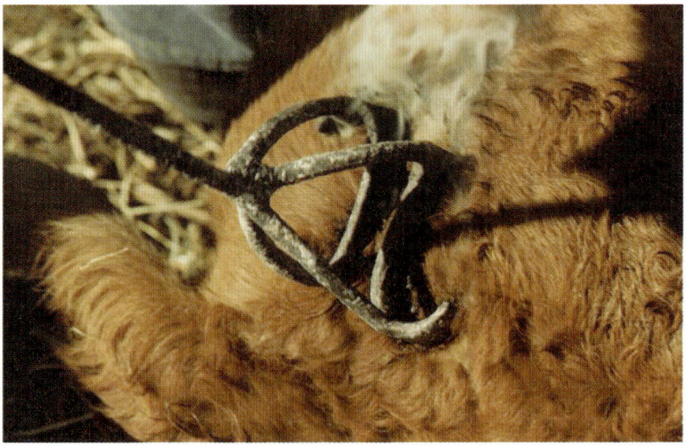

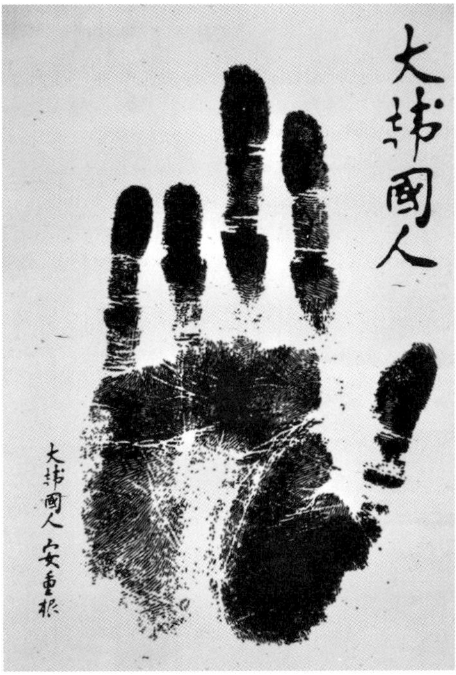

의 유래이다.

안중근 의사가 여순 감옥에서 "동포에게 고함"이라는 글을 남기면서 그 글 위에 자신의 손도장을 찍었는데 이때 그의 손바닥 표시가 곧 브랜드인 것이다.

20세기 초부터 2차 산업과 3차 산업이 크게 발달되기 시작했고 교통, 통신, 도로, 항만 등 기간산업이 함께 발달되면서 대량생산과 유통 확대 등 경쟁적인 시장 환경이 조성되기 시작했다. 생산만 하면 팔리던 제조 위주의 산업 환경이 아니라 경쟁 환경을 극복하기 위한 활동이 필요했는데 그것이 마케팅이다.

문제는 단순한 마케팅marketing 활동만으로 경쟁 환경을 극복할 수 없게 되면서 경쟁 제품이나 서비스와 차별화하고 자기 제품이나 서비스의 정체성을 강화시키는 노력을 하기 시작했다. 그것이 바로 '브랜드'라는 새로운 차원의 개념이다. 이렇게 브랜드가 현대의 마케팅과 경영에서 중요한 의미를 갖게 되었고 그 정의가 생기기 시작했다. 그 중 대표적인 것은 미국 마케팅협회American Marketing Association의 정의인데, "브랜드란 판매업자가 자신의 상품이나 서비스를 식별시키고 경쟁업자의 상품이나 서비스와 차별시키기 위한 목적으로 사용하는 이름, 용어, 기호, 심볼, 디자인 혹은 이들 모두의 결합체"라는 것이다. 이 정의는 브랜드가 제품이나 서비스의 정체성identity과 차별화differentiation를 만드는 요소라는 점을 강조하는 것에는 공감될 수 있으나 오늘날에는 브랜드의 주체나 대상이 크게 확대되고 있어 다음과 같이 브랜드의 정의가 새롭게 수정되어야 한다.

새로운 브랜드 정의

브랜드란 기업이나 제품 그리고 서비스 뿐만 아니라 병원, 학교, 공공기관, 도시, 장소, 국가, 종교, 정치가, 연예인, 프로선수 등 영리단체든 비영리단체든 그들의 제품, 상품, 서비스, 작품, 퍼포먼스performance에 정체성을 부여하고 경쟁자와 차별시키기 위하여 사용하는 이름name, 용어term, 숫자number, 디자인design, 슬로건slogan 또는 이것들의 결합체를 의미한다.

브랜드 카테고리

카테고리	사 례
기업 브랜드 (Corporate Brands)	SAMSUNG, LG, SONY, GE
제품 브랜드 (Product Brands)	EQUUS, Nike, Hite, Coca-Cola
병원 브랜드 (Hospital Brands)	서울성모병원, 세브란스병원, 서울아산병원, 서울대병원
학교 브랜드 (University Brands)	서울대학교, 연세대학교, 가톨릭대학교, 이화여자대학교
사람 브랜드 (Person Brands)	김수환, 법정, 김대중, 박정희, 노무현
종교브랜드 (Religion Brands)	유대교, 가톨릭, 프로테스탄트, 이슬람교, 힌두교, 불교

2. 브랜드의 중요성

시장market은 일반적으로 다수의 브랜드 공급자가 있고 다수의 브랜드 소비자가 공존하는 곳이다. 다수의 브랜드 공급자는 브랜드 소비자를 얻기 위하여 치열한 경쟁을 하게 된다. 예컨대, 운동화 브랜드 시장을 보면 Nike, Fila, New Balance, Converse, Prospecs 등 수많은 브랜드 공급이 있는데 브랜드 공급자 측면에서는 자기 브랜드를 소비자들이 선택하게 하려 노력할 것이고, 소비자 측면에서는 정체성과 차별성이 뚜렷한 브랜드를 선택하게 될 것이다.

종교브랜드 시장도 예외일 수 없다. 가톨릭, 프로테스탄트, 이슬람교, 불교, 유대교 등 지구상에는 수많은 종교브랜드가 공급되고 있고 사람들은 궁극적으로 정체성이 자기에게 맞는 종교브랜드를 선택한다. 이런 의미에서 브랜드는 브랜드 공급자와 브랜드 수요자 양자를 맺어 주는 끈이므로, 브랜드 공급자와 브랜드 수요자 양자 모두에게 필요한 존재이다.

브랜드 공급자 이점

브랜드는 공급자에게 주는 이점이 많다. 먼저 브랜드는 공급자의 제품이나 서비스에 정체성을 만들어 주고 경쟁브랜드와의 차별화를 창출하는 본원적인 기능을 갖고 있어 브랜드 중심 경영을 가능케 한다. 예컨대, 가톨릭 브랜드가 있기 때문에 잠재 신자들이 가톨릭 정체성을 확인할 수 있고 프로테스탄트, 불교, 이슬람교 등 타종교브랜드와의 차별성이 있기 때문에 쉽게 가톨릭을 선택할 수 있다.

둘째, 브랜드는 브랜드 충성도Brand Loyalty를 생성하여 브랜드 공급자에게 부를 가져다 준다. 브랜드 소비자나 브랜드 구매자는 특정 브랜드의 정체성과 차별성을 근거로 그 브랜드에 대한 특별한 애정을 갖게 되는데 이를 브랜드 로얄티라 한다. 브랜드 로얄티를 갖고 있는 소비자는 같은 브랜드를 재구매 함으로써 브랜드 공급자의 이익창출에 큰 역할을 하게 된다. 예컨대, 가톨릭 신자가 가톨릭 브랜드 로얄티를 갖게 됨으로써 신앙심이 깊어지고 가톨릭 신자답게 올바른 삶을 살아가고 이로써 주변에 보이지 않는 선교 활동을 하는 셈이 된다.

셋째, 브랜드는 브랜드 공급자에게 무형자산 가치를 생성해 준다. 브랜드가 있기 때문에 소비자 브랜드 로얄티Brand Loyalty가 창출되고 이는 브랜드력Brand Equity으로 발전하여 마케팅력을 갖게 된다. 또한 마케팅력이 강하기 때문에 매출 이익이 성장하게 된다. 그래서 브랜드는 무형자산Intangible Asset으로써 가치를 낳게 되어 결국 브랜드 공급자에게 부를 가져다 준다. 이슬람교와 가톨릭 두 종교브랜드가 최대 신자수, 즉 이슬람교가 15억 명, 가톨릭이 13억 명을 얻고 있는 것은 신자들의 브랜드 로얄티에서 나온 결과이다.

브랜드 구매자 이점

브랜드는 브랜드 공급자에게만 중요한 기능과 역할을 하는 것이 아니라 브랜드 구매자에게도 중요한 역할을 한다. 브랜드는 출처를 밝혀주는 원천적인 정보를 제공해 준다. 즉, 브랜드는 브랜드 공급자의 신분과 정체를 밝혀주기 때문에 브랜드 구매자가 쉽게 판단하여 구매 의사결정을 할 수 있다. 구매자는 브랜드 홍수 속에서 브랜드 네임을 보고 희망하는 제품이나 서비스를 용이하게 선택할 수 있다. 'Hyatt 호텔이냐 Hilton 호텔이냐 신라호텔이냐'라는 고민 끝에 어느 호텔에 투숙할 것인가를 호텔 브랜드로 선택하게 된다. 가톨릭, 프로테스탄트, 불교, 이슬람교 등 어느 종교브랜드를 선택할 것인가? 이 또한 브랜드 네임으로 정한다. 특히, 브랜드 구매 의사결정 과정에서 고객 관여도Customer Involvement가 높은 브랜드일수록, 구매자가 절대적으로 브랜드 중심의 선택을 하게 된다.

고객의 관여도가 높은 브랜드는 자동차, 아파트, 종교, 정당, 대학교, 병원 등이 대표적이다. 이 경우, 브랜드의 역할은 절대적이다. 고급 승용차 브랜드의 경우 일단 선택한 후에는 브랜드 전환이 쉽지 않기 때문에 고객들의 관여도가 상당히 높은 편이다. 이는 한 번 선택한 후에는 쉽게 개종할 수 없는 종교브랜드 역시 마찬가지다.

관여도가 낮은 브랜드는 농수산 식품이나 일반 소비 제품들이다. 우유 브랜드, 쌀 브랜드, 식빵 브랜드, 휴지 브랜드 등을 구매할 때는 상대적으로 깊은 관여 없이 선택하게 된다. 그것은 잘못 선택한 브랜드라 할지라도 다 사용하고 난 후 다른 브랜드로 브랜드 스위치Brand Switch를 쉽게 할 수 있기 때문이다.

3. 브랜드의 속성

브랜드 속성Brand Attribute이라 함은 브랜드의 본질을 이루는 특징이나 성질로서 브랜드를 판단할 수 있는 개념이다. 좋은 브랜드는 좋은 속성들을 갖춘 브랜드를 일컫는다고 말할 수 있다.

핵심적인 브랜드 속성들을 살펴보자.

가치(values)

브랜드는 고객을 위하여 제공하거나 고객과 공유하고자 하는 가치를 가져야 한다.

Nike는 운동선수와 운동을 좋아하는 사람들의 운동효과를 높여주기 위하여 존재한다는 가치를 표방하고 있다. HP는 'Invent'를 통해 인류에게 새롭고 유익한 것을 발명한다는 가치를 내세우고 있다.

법정 스님은 '무소유'로 진정한 자유를 가치로 천명했다. 김수환 추기경은 '사랑'으로 예수의 가치를 실천했다. 훌륭한 브랜드는 고객들이 만

족하고 공감할 수 있는 가치를 갖고 있다.

'가톨릭의 존재가치는 무엇인가? 이슬람교의 존재가치는 무엇인가? 불교의 존재가치는 무엇인가?'하는 가치의 속성이 브랜드의 중요한 요소이다.

진정성(authenticity)

브랜드는 고객을 위하여 거짓이 없는 참됨을 갖추어야 한다. 브랜드가 커뮤니케이션하는 모든 대상들에게 말과 행동에서 거짓이 없어야 한다는 것이다. 브랜드가 표시하거나 광고하는 내용과 실제 내용이 불일치discrepancy한다면 그것은 결코 좋은 브랜드가 될 수 없다. 대표적으로 소위 사이비종교가 어느날 갑자기 사라지게 되는 것은 '진정성'이 없기 때문이다. 좋은 브랜드의 생명은 진정성에 있다.

의미(meaning)

브랜드는 고객에게 의미meaning와 연상성associativeness이 있어야 한다. 예컨대, '삼성은 최고 품질의 브랜드이다'라는 의미나 연상성, 'Rolex는 고급 손목시계'라는 의미나 연상성, 그리고 '가톨릭은 보수적이고 전통성이 있는 종교브랜드'라는 의미와 연상성을 갖고 있다.

차별성(differentiation)

브랜드가 갖추어야 할 본원적 속성은 경쟁브랜드와의 차별성이다. 브랜드는 현실적으로 동일하거나 유사한 산업군의 브랜드들과 치열한 브랜드 전쟁 속에 존재하고 있다. 그래서 모든 브랜드는 경쟁브랜드와의 차별화 노력을 하고 있다. 경쟁브랜드와 무엇인가 차별화된 점differentiated point이 뚜렷할수록 좋은 브랜드가 된다. 세상에 수많은 종교브랜드가 존재할 수 있는 것은 결국 각 종교마다 차별성이 있기 때문이다.

지속 성장성(sustainability)

역사적으로 브랜드의 흥망성쇠는 연속되어 왔다. 브랜드는 내부적으로나 외부적으로 많은 도전을 받으면서 성장하거나 망한다. 좋은 브랜드는 도전을 극복하고 오래 장수한다. 이런 의미에서 유대교, 그리스도교(가톨릭, 정교회, 프로테스탄트), 힌두교, 불교, 이슬람교 등 오래 역사를 가진 종교브랜드들은 지속 성장성이 높은 브랜드들이다.

우리가 쉽게 알 수 있는 현존 브랜드들의 역사를 표로 살펴보자.

유명 브랜드 역사

브랜드	출시년도	브랜드	출시년도
Guiness	1862	Mercedes-Benz	1911
Olympics	1865	IBM	1924
Mitsubishi	1870	Volkswagen	1938
Nestle	1875	Motorola	1960
Coca-cola	1887	McDonald's	1962
GE	1892	EXXON	1966
Prudential	1896	Nike	1971
Michelin	1896	Dunkin' Donuts	1974
Nabisco	1900	Apple	1977
Ford	1903	Google	1998

약속(promise)

브랜드는 고객들에게 유언무언有言無言의 약속을 실천해야 한다. 가장 중요한 것은 제품이나 서비스의 품질에 대한 약속이다. 뿐만 아니라 브랜드는 자연환경을 지킨다든지 병·노약자를 돌본다든지 하는 사회적 책임을 약속하고 실천해야 한다.

세계적인 사무용품 유통브랜드인 Office Depot는 인도네시아에 있는 종이 공급업체가 '펄프생산을 위하여 나무를 베기만 하고 심지는 않는다'는 이유로 공급업체와의 관계를 끊었다.

Starbucks Korea도 친환경 사업부를 조직하여 '친환경'에 역점을 두고 있는데, 이는 훌륭한 브랜드가 사회적 책임을 통하여 브랜드와 사회와의 관계를 연계시키려는 노력의 예이다.

노블리스 오블리제Noblesse Oblige, 즉 '지도층의 도덕적 의무'는 좋은 브랜드에도 적용된다. 사회적으로 소비자들로 받고 있는 '명예Noblesse' 만큼 '의무Oblige'를 다해야 한다는 프랑스의 격언은 특히 종교브랜드들이 실천해야 할 지침이다.

브랜드 속성Brand Attribute

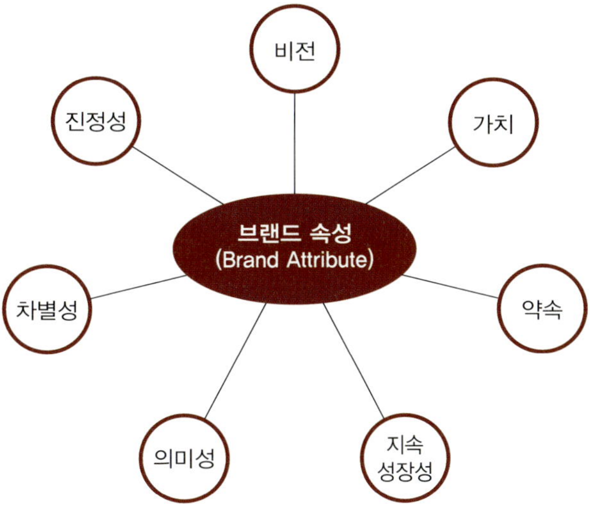

비전(vision)

브랜드는 모든 소비자와 이해관계자, 그리고 내부 종사자들과 공유하거나 이들에게 제공해야 할 미래 존재 이유, 즉 비전을 가져야 한다.

대한민국의 비전은 무엇인가? 새누리당이나 민주당의 비전은 무엇인가? 가톨릭 종교브랜드의 비전은 무엇인가? 불교브랜드의 비전은 무엇인가? '대한민국', '새누리당', '민주당', '가톨릭', '불교' 브랜드가 없어진다면 국민들이 상실하는 것은 무엇인가? 또 불편한 점은 무엇일까?

위 물음에 명쾌하게 존재이유를 밝히는 비전을 제시할 수 있어야 좋은 브랜드라 할 수 있다.

제2장

브랜드 아이덴티티Brand Identity

1. 브랜드 아이덴티티

아이덴티티identity, 正體性의 언어적 의미는 '사물의 핵심적 또는 총체적 특징의 동일성, 즉 사물의 실체를 구성하는 모든 것에 있어서 동일성'을 말한다. 아이덴티티는 라틴어 '*idem*'에서 나온 것인데 그 뜻은 'the same, sameness'으로 '동일함'이다. 사람의 신분증을 'identity card'라 하는 것도 바뀔 수 없는 어떤 사람의 동일성을 증명하는 것으로 아이덴티티의 의미를 잘 나타낸다.

브랜드의 존재 이유는 항상 흔들리지 않는 어떤 아이덴티티를 구축함으로써 소비자에게 의미 있는 특정한 가치를 제공하는 데 있어야 한다. 이런 의미에서 브랜드는 곧 아이덴티티Brand is an Identity이고 브랜드는 아이덴티티를 위하여 존재해야 하는 것이다. 『현대 브랜드 경영 전략』(2009, 교보문고, 김성제)에서 필자가 "브랜드는 정체성이다. 정체성이 뚜렷해야 좋은 브랜드가 된다. 좋은 브랜드는 기업과 국가에 부富를 가져다 준다.

브랜드 경영 전략이란 좋은 브랜드를 창출하는 툴이다"라고 강조한 것 또한 브랜드 정체성의 중요성을 말한 것이다.

결론적으로 브랜드 아이덴티티란 고객이 특정 브랜드에 대한 동일성, 즉 정체성을 연상할 수 있는 브랜드의 모든 구성 요소들의 집합적 개념이라고 정의할 수 있다.

브랜드 구성 요소에는 브랜드 네임, 로고, 캐릭터, 슬로건 등 가시적 유형적 요소와 제품이나 서비스의 철학적 가치 등 무형적 요소까지 포함시켜야 한다.

브랜드 정체성브랜드 아이덴티티은 제품이나 서비스 브랜드뿐 아니라 정당 브랜드, 종교브랜드 등 비영리 단체의 브랜드들에 있어서도 매우 중요한 과제가 되고 있다.

정체성identity문제는 브랜드의 본질적 과제이다.

2. 브랜드 아이덴티티와 브랜드 이미지

브랜드 아이덴티티Brand Identity와 브랜드 이미지Brand Image 양자에 대한 혼동과 잘못된 이해가 많다. 브랜드 아이덴티티는 브랜드 공급자가 의도하는 브랜드 정체성이고 브랜드 이미지는 브랜드 소비자나 구매자가 느끼는 브랜드에 대한 심상心像이다.

브랜드 공급자가 브랜드 아이덴티티를 확고히 갖추고자 하는 이유는 소비자, 구매자 등 모든 이해 당사자에게 브랜드 아이덴티티를 전달하여 그들로 하여금 브랜드 공급자가 목표하는 만큼의 브랜드 이미지를 갖게 하려는 데 있다.

브랜드 아이덴티티가 브랜드 공급자, 즉 브랜드 정보를 제공하고자 하는 제공자의 과제라면 브랜드 이미지는 소비자, 고객, 이해관계자에게 전달되는 브랜드 아이덴티티의 연상작용으로써 브랜드 정보를 접하는 수용자의 과제라 할 수 있다.

논리적으로 말하여 브랜드 정보 제공자가 브랜드 정보 수용자에게 브랜드 아이덴티티를 100% 전달할 수 있다면 이때 브랜드 아이덴티티와 브랜드 이미지는 동일하게 된다.

그러나 현실적으로 브랜드 정보 제공자의 목표대로 브랜드 정보 수용자에게 브랜드 아이덴티티를 전달할 수 없기 때문에 브랜드 정보 수용자가 갖게 되는 브랜드 이미지는 브랜드 아이덴티티와 차이가 생기기 마련이다. 그래서 그 차이를 줄여야 하는 과제가 생긴다. 브랜드 이미지 측정 조사는 브랜드 아이덴티티가 목표 대중들에게 제대로 전달되고 있는지를 파악하려는 시도이다.

브랜드 정보 제공자가 브랜드 아이덴티티를 고객에게 전달하는 과정에 실로 많은 장애 요인들이 존재하여 브랜드 아이덴티티와 브랜드 이미지를 어긋나게 만든다. 브랜드 제공자가 브랜드 네임이나 로고, 슬로건, 캐릭터, 패키지 등 브랜드 아이덴티티 요소의 차별화에 실패하여 소비자가 경쟁 브랜드와 유사하다고 느끼게 되면 브랜드 아이덴티티는 희석되게 된다. 희석된 브랜드 아이덴티티로는 목표하는 브랜드 이미지를 얻을 수 없게 된다.

한편, 경쟁 브랜드의 동시적 광고·판촉 활동과 같은 방해 활동도 브랜드 아이덴티티를 희석시킬 수 있는 장애 요인이 된다.

브랜드 아이덴티티와 브랜드 이미지의 관계와 정보제공자sender와 정보수용자receiver의 관계를 그림으로 정리하면 다음과 같다.

브랜드 아이덴티티와 브랜드 이미지

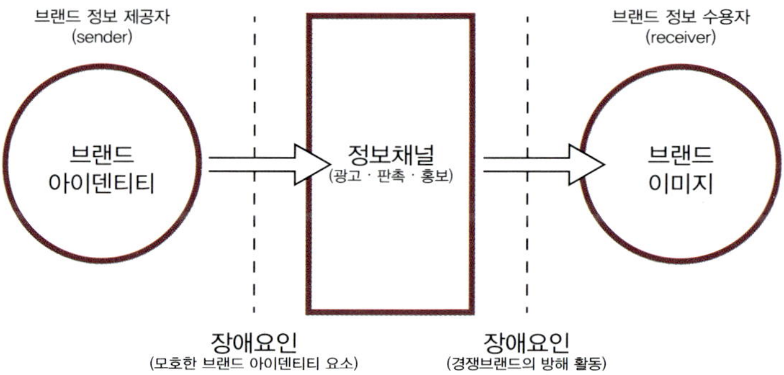

3. 브랜드 아이덴티티 요소

브랜드 아이덴티티 요소Brand Identity Elements란 한마디로 브랜드 정체성을 구성하는 요소들을 말한다. 브랜드 아이덴티티 요소들을 체계적으로 구성한 것을 BI System이라 한다. 브랜드 아이덴티티를 소비자에게 효과적으로 전달하기 위해서는 그 구성요소들의 역할과 기능이 매우 중요하다. BI System은 무형적인intangible 것과 유형적인tangible 것으로 나누어 볼 수 있다. 일반적으로는 BI System을 유형적인 측면으로만 이해하고 있으나 BI System의 원천적 요소로서는 오히려 무형적 요소들이 더 중요하다. 예를 들면 BI System에서 보이는 이름이나 로고도 중요하지만 보이지 않는 내재적 가치가 더 중요하다고 볼 수 있다. 무형적 BI요소는 브랜드 전략 측면에서 다루기로 하고 이 장에서는 먼저 유형적 BI요소만 다루기로 한다. 대표적인 BI요소인 브랜드 네임, 브랜드 로고, 브랜드 캐릭터, 브랜드 슬로건, 브랜드 도메인을 설명하기로 한다.

브랜드 네임(Brand Name)

우리가 '브랜드'라고 말할 때 그것은 '브랜드 네임'을 의미하는 것이다. 엄밀히 말하자면 브랜드는 브랜드 네임이다. 그만큼 브랜드 네임은 브랜드 아이덴티티 요소 중에서 가장 핵심적인 것이다. 기업, 학교, 병원, 제품, 서비스 등의 정체성을 대중에게 알릴 수 있는 가장 핵심적인 커뮤니케이션 수단이 브랜드 네임이다. 브랜드 네임은 기업, 제품, 서비스, 기관에 대한 핵심 주제, 성격, 특성 등을 알리는 가장 짧고 핵심적인 커뮤니케이션 수단이다. 'Rolex'는 고급 손목시계, 'Mercedes-Benz'는 고급 승용차, 'Hyatt'는 고급 호텔, 'Nike'는 기능성 운동화로 제품이나 기업의 정체성과 연상을 잘 표현해주는 브랜드 네임이다.

브랜드 네임은 언제나 어디서나 하나의 언어로 일관성 있게 사용되어야 한다. 제품이나 서비스 또는 단체의 브랜드 네임이 사용자에 따라 달리 불린다면 브랜드의 정체성이 혼란되고 희석된다. 브랜드 네임이 일관성 있게 사용되어야 좋은 브랜드이고 일관성 있는 정체성을 만들어 낼 수 있다. 그러나 우리나라에서 사용되고 있는 그리스도교 종교브랜드 네임은 여러 가지로 불리고 정립되어 있지 않아 매우 혼란스럽다. 문제는 종교계 내부에서조차 브랜드 네임을 일관성 없이 사용하고 있다는 데 있다. 예컨대, '가톨릭'을 '천주교'로도 표현하고 있는데 이는 대표적으로 잘못된 브랜드 아이덴티티 요소이다.

브랜드 로고(Brand Logo)

브랜드 로고란 심볼, 서체, 컬러 등 시각적 요소를 디자인하여 브랜드의 정체성과 차별성을 높여 주는 시각 디자인visual design을 말한다. 잘 디자인된 브랜드 로고는 브랜드와 소비자 사이에 우호적인 관계를 맺어 주고, 소비자가 쉽게 브랜드를 기억할 수 있게 하는 기능을 갖는다. 브랜드 네임과 마찬가지로 브랜드 로고도 일관성 있게 사용해야 한다. 사용할 때마다 컬러가 다르거나 서체가 달라지게 된다면 브랜드 정체성을 희석시키게 된다.

일반적으로 브랜드 네임은 바꾸지 않고 오래 사용하는 요소이고 브랜드 로고는 시장 환경이나 소비자 트렌드가 바뀌면 새롭게 디자인을 바꾸어 새로운 브랜드 이미지를 만들기도 한다.

브랜드 로고

Mercedes-Benz (1909)

○ 3점을 연결하는 별로 육지, 바다, 공중을 지배한다는 기업 이념을 표현한 것이다.

○ 세련미와 고급감과 안전 균형미가 높은 디자인으로 제일의 세계적 인지도를 갖고 있는 대표적인 자동차 엠블렘이다.

Barack Obama's presidential campaign logo (2006)

○ Logo 명칭: The O

○ 의미: '새날의 여명'으로 오바마의 '희망과 변화' 메시지를 잘 표현해 주고 있고 오바마를 당선시킨 캠페인 로고이다.

Nike logo (1971)

○ Logo 명칭: Swoosh(휙 하는 소리)

○ Nike의 역동성과 브랜드 슬로건 「Just Do It」과의 연계성을 높여주는 심볼이다. Nike브랜드 네임 없이 로고만으로도 소비자가 Nike를 즉각 연상할 수 있는 성공적인 심볼마크이다.

Star of David(다윗의 별)

○ '다윗의 별'은 유대교의 심볼로서 유대인 아이덴티티로 오랜 세월동안 사용되어 오고 있다. 유대인의 전승에 따르면 이는 'Seal of Solomon(솔로몬의 문장)'을 상징하는 것으로 솔로몬 왕이 마귀들을 다스리기 위해 사용했다는 것이다. 또한 다윗왕이 자신을 적으로부터 방어하기 위하여 갖고 있던 방패를 상징하는 것이다. 유대인들은 '다윗의 별'을 이스라엘 국기에도 사용하고 있으니 가장 강력한 심볼마크인 것이다.

Crucifix(십자고상(苦像))

○ 가톨릭의 가장 대표적인 심볼로 예수 십자고상은 십자가에 매달려 있는 예수의 주검이다. 이 십자고상은 영성체가 행해지는 제대 혹은 제대 윗쪽에 놓인다.
십자고상 맨 위쪽에 새겨진 글자는 「INRI」라틴어 문구로 「유대인의 왕 나자렛의 예수」라는 뜻으로 본시오 빌라도(Pontius Pilate)가 지시해서 십자가에 붙여놓은 것이다.
'예수 십자고상'은 희생을 상징하는 가톨릭의 대표적 심볼마크이다.

브랜드 캐릭터(Brand Character)

브랜드 캐릭터는 동물을 의인화하거나 사람을 직접 형상화한 또 다른 형태의 심볼이다. 브랜드 캐릭터는 문자 그대로 브랜드의 특성, 품성, 성격을 재미있고 친근감 있고 연상성이 있도록 디자인하여 소비자의 눈길과 관심을 유발시켜 준다. '캐릭터 = 제품 혹은 서비스 = 기업'이라는 이미지 연결이 가능하기 때문에 캐릭터의 역할은 매우 중요하다.

'켄터키 프라이드 치킨Kentucky Fried Chicken'은 두문자를 따서 KFC로 BI System을 변경하면서도 브랜드 캐릭터인 커널 샌더스Colonel Sanders를 그대로 유지시킨 것은 캐릭터가 강력한 브랜드 아이덴티티 요소라는 것을 보여 주는 좋은 사례이다.

브랜드 캐릭터는 브랜드 인지력을 높여주고 브랜드에 대한 친화적 이미지를 창출하는 데 개발 목적이 있다. 캐릭터는 다양한 컬러와 풍부한 상상력과 스토리가 동원됨으로써 브랜드 인지도를 제고시키는 데 중요한 커뮤니케이션 수단이 되고 있다. 특히 인지 능력이 단순한 어린아이들에게 재미있는 캐릭터는 매우 효과적인 브랜드 마케팅 수단이 된다. 예컨대 뽀로로는 한국에서 개발된 캐릭터인데 전 세계의 어린이들이 선호하는 브랜드로 포지셔닝 되고 있다.

브랜드 슬로건(Brand Slogan)

'슬로건slogan'의 원래 뜻은 군대들이 전쟁터에서 지르는 함성, 외침을 의미하는 말로 브랜드 슬로건은 브랜드의 핵심주제를 전달하는 압축된 문구 혹은 단어를 말한다. 브랜드 슬로건은 소비자 대중이 짧은 문구나 단어를 통하여 그 브랜드가 전달하고자 하는 의미와 브랜드 연상을 쉽게 갖게 하는 기능을 갖는다. 예컨대, Nike의 'Just Do It', HP의 'Invent', Apple의 'Think Different' 등은 슬로건으로써 브랜드 네임을 강화시켜 주는 기능을 갖고 있다.

브랜드 네임은 일반적으로 한 단어나 사전적 언어real word보다는 조합된 언어combined word나 잘라낸 언어clipped word, 또는 은유적인 언어이기 때문에 브랜드 네임만으로 소비자들에게 브랜드 의미를 쉽게 전달할 수 없고 브랜드 연상을 촉발시키기가 어렵다. 그러나 브랜드 슬로건은 문장이나 구 또는 직접적인 단어이기 때문에 브랜드 네임보다 훨씬 풍부하고 즉각적 브랜드 의미와 연상을 전달할 수 있다.

브랜드 슬로건은 브랜드를 설명해주고 브랜드를 알리고 브랜드 정보를 제공해 주는 압축된 커뮤니케이션 문구이기 때문에 광고, 패키지, 포스터, 간판, 명함 등에 사용되는 경우가 많다.

브랜드 슬로건

Brand Name	Brand Slogan
YouTube	Broadcast Yourself
Nike	Just Do It
HP	Invent
Omnibrand	Identify
Philips	Innovation and You
BMW	Designed for Driving Pleasure
Lufthansa	Nonstop You
American Express	Don't Leave Home Without It
Maxwell House	Good to the Last Drop
서울성모병원	You Believe, We Care

브랜드 도메인(Brand Domain)

웹사이트의 도메인 네임 또는 URL Uniform Resource Locator은 매우 중요한 BI 요소의 하나로 급부상한지 오래되었다. 홈페이지는 홍보·광고, 쌍방향 커뮤니케이션의 창구로서 브랜드에 관한 모든 정보를 저렴한 비용으로 제공할 수 있고 고객 입장에서는 무료로 브랜드 정보를 얻을 수 있는 정보의 창고이다.

소비자의 인터넷 활용이 점점 확산됨에 따라 브랜드 도메인은 결정적인 브랜드 아이덴티티 요소일 뿐만 아니라 브랜드 마케팅의 중요한 수단이다. 그렇기 때문에 브랜드 네임과 브랜드 도메인이 동일한 이름일 경우 홈페이지 방문자가 가장 쉽게 접속할 수 있게 된다. 또한 브랜드 네임과 브랜드 도메인이 동일할 경우 브랜드력이 강화될 수 있다.

예를 들어 shell의 www.shell.com이나 Accenture의 www.accenture.com은 브랜드 네임과 도메인 네임이 일치하므로 완벽한 브랜드 아이덴티티 요소라 볼 수 있다. 그러나 국민은행의 www.kbstar.com과 현대백화점의 www.ehyundai.com 경우는 일치하지 않아 그 효용성이 떨어진다.

브랜드 도메인

브랜드 네임 = 도메인 네임	브랜드 네임 ≠ 도메인네임
삼성그룹 = www.samsung.co.kr LG그룹 = www.lg.co.kr SK그룹 = www.sk.co.kr Sony = www.sony.co.kr GE = www.ge.com/kr	국민은행 ≠ www.kbstar.com 귀뚜라미보일러 ≠ www.krb.co.kr 현대백화점 ≠ www.ehyundai.com 대한통운 ≠ www.doortodoor.co.kr 동부하이테크 ≠ www.livingeco.com

브랜드 아이덴티티 요소

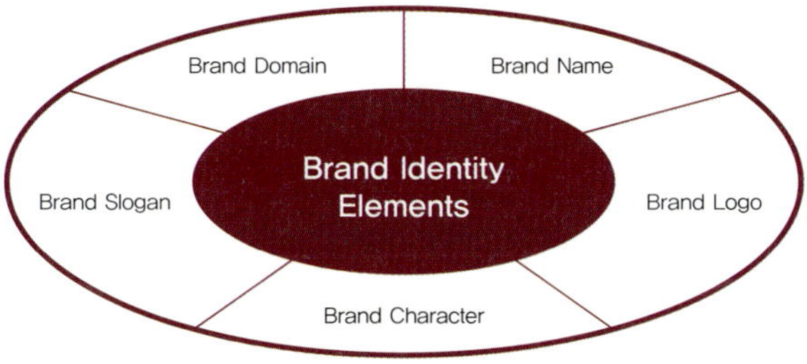

제3장

브랜드 플랫폼Brand Platform

1. 브랜드 플랫폼이란 무엇인가?

'플랫폼platform'의 사전적 의미는 강령, 정강, 주의,(행동·결정 따위의) 기반, 근거, 기준 등이고, 이런 의미에서 '브랜드 플랫폼Brand Platform'은 브랜드가 추구하는 가치체계의 원칙 등을 나타내는 것으로 브랜드 강령, 브랜드 헌장, 브랜드 백서 등으로 이해할 수 있다.

브랜드 플랫폼에 대한 이해를 돕기 위하여 미국의 대표적인 두 정당의 정치 강령을 살펴보자. 미국에는 공화당과 민주당이라는 대표적인 정당 브랜드가 있다. 코끼리로 상징되는 공화당은 노예제도를 반대하면서 생겨난 정당으로 개인의 자유와 책임을 강조하고 시장경제기능을 존중함으로써 정부의 역할을 최소화하는 보수주의를 표방하는 정치 강령을 갖고 있다. 한편, 당나귀가 상징인 민주당은 인종, 계급, 종교, 지역, 성별에 관계없이 평등하게 개개인의 지혜와 열정을 바탕으로 정부가 만들어져야 한다는 자유진보주의를 표방하는 정치 강령을 갖고 있다.

이렇게 미국의 두 정당은 서로 다른 정치이념을 명백히 밝히는 정치 강령을 갖고 있어 유권자들이 각 정당의 정체성과 차별성을 확인할 수 있어 쉽게 정당 선택을 할 수 있다.

미국 공화당 로고

미국 민주당 로고

브랜드 플랫폼이란 내부 종사자와 소비자, 투자자, 모든 이해 관계자들과 장기적으로 공유하고자 하는 브랜드의 존재 가치 또는 브랜드의 존재 이유를 말한다. 예컨대 'Samsung'이나 'Apple'이 왜 존재해야 하는가? Samsung이나 Apple이 추구하는 '고객을 위한 가치'는 무엇인가? 이에 대하여 Samsung Platform이나 Apple Platform이 답을 갖고 있어야 한다. 이와 마찬가지로 종교브랜드도 고유한 플랫폼을 갖고 있어야 한다.

왜 가톨릭 브랜드가 존재해야 하나? 프로테스탄트도 있고 이슬람교도 있는데 굳이 가톨릭이어야 할 존재 이유가 무엇인가? 가톨릭은 신자들에게 그리고 모든 인류에게 어떤 가치를 제공하고자 하는가? 가톨릭 플랫폼Catholic Platform이 그 답을 갖고 있어야 좋은 종교브랜드인 것이다.

오늘날 브랜드 구매자나 소비자는 제품과 서비스의 품질이나 가격과 같은 유형적 가치보다 브랜드가 갖고 있는 내면의 무형적 가치에 더 중요함을 두고 항상 새로운 가치를 추구한다. 즉, 브랜드 구매자들은 돈을 지불하고 살 수 있는 기능적 가치보다 돈을 지불할 만큼 중요하다고 생각하는 신념적 가치를 추구한다는 것이다.

로버트 존스Robert Jones가 그의 저서 『The Big Idea』에서 주장하고 있듯이 훌륭한 기업이라면 변하지 않는 영구적인 가치 체계인 빅 아이디어가 있어야 한다는 것이다. 훌륭한 기업은, 훌륭한 사업 모델은 물론 고객이 존경할 만한 빅 아이디어를 갖추고 있다는 것이다. 훌륭한 사업 모델이 돈 버는 방법을 보장해 주는 것이라면 빅 아이디어는 소비자들의 마음을 사로잡는 힘이 되기 때문이다.

로버트 존슨의 빅 아이디어 개념이 바로 브랜드 플랫폼 개념이다. 브랜드 플랫폼의 핵심은 '브랜드가 고객들에게 어떠한 가치 창출을 위하여 무엇을 해야 하는가?', '경쟁 브랜드들과는 어떻게 차별화 할 것인가?' 하는 브랜드의 본질적 가치 체계를 구축하는 것이다.

2. 브랜드 플랫폼의 내용

사람의 몸이 머리, 몸통, 팔, 다리로 구성되어 있듯이, 브랜드 플랫폼도 브랜드 비전, 브랜드 미션, 브랜드 퍼스낼리티, 브랜드 포지셔닝, 브랜드 핵심역량 등 5가지 부분으로 구성된다. 사람의 몸을 머리 부분만 떼어 놓을 수 없듯이 브랜드 플랫폼도 이 다섯가지를 각각 떼어 놓을 수 없다. 이들은 상호 연계되어 하나의 브랜드 플랫폼을 이루게 된다.

브랜드 비전(Brand Vision)

브랜드 비전은 브랜드 플랫폼에 있어서 중요한 부분이다. '비전Vision'은 외래어지만 이미 우리에게 토착화된 말이다. 사전적 의미로는 마음속에 그린 꿈, 미래도, 통찰력, 시각 등으로 긍정적인 말이다. 국가, 기업, 단체 혹은 개인이더라도 사상, 이념, 주장, 주의를 갖게 되는데 만약 이들이 공허하고 추상적이라면 이것들을 비전이라고 말할 수 없다. 사상, 이념, 주장, 미래의 꿈 등이 여러 사람들의 공감을 얻어낼 수 있고 그것들이 실현 가능성이 있을 때 이를 '비전'이라고 표현할 수 있다.

그렇다면 브랜드 비전이란 무엇인가? 그것은 브랜드가 내부 종사자와 고객을 위하며 존재하는 이유와 모든 이해관계들에게 제공하려는 미래의 가치를 말한다. 브랜드 비전은 항상 미래 지향적이어야 하고 모든 이해 관계자들에게 효익을 제공할 수 있어야 하며 내재된 가치가 포함되

Hallmark
send a Hallmark
and revive a classic.
it's amazing what a card can

어 있어야 한다.

축하카드 브랜드로 유명한 홀마크Hallmark의 브랜드 비전은 "사람들이 그들의 감정을 잘 표현하고 그들의 삶에 있어서 중요한 인간관계를 강화시킬 수 있도록 돕는 데 최고가 되는 것"이다.(www.hallmark.com)

홀마크는 이처럼 인간의 감정과 인간관계의 가치를 중시하는 브랜드 비전을 잘 제시하고 있다.

브랜드 미션(Brand Mission)

'미션mission' 역시 외래어로 우리에게 토착화된 말이다. 사전적 의미는 임무, 직무, 사명, 천직, 특명 등을 나타내는 표현이다. 브랜드 미션은 브랜드가 지켜야 할 사명으로 브랜드 비전을 달성하기 위한 실행 계획 또는 실천 의지를 말한다. 브랜드 비전이 브랜드의 정신적 가치에 관한 것이라면 브랜드 미션은 그것을 구현하기 위한 실천적 행동 목표라 할 수 있다. 브랜드 비전이 있고 이를 실현하고자 하는 브랜드 미션이 뒤따라야 한다. 비전없는 미션이 없고 미션없는 비전은 공허하다. 비전과 미션은 하나의 패키지로 이해되어야 한다. 예컨대 Nestle는 'The World Food Company'가 되기 위하여 "전 세계 소비자들에게 최고의 식품을 제공하여 삶의 질을 높인다"는 브랜드 미션을 밝히고 있다. 듀안 나프Duane E. Knapp는 그의 저서 『The Brand Mindset』에서 미션이 스스로 맡은 임무a self-imposed duty라면, 비전은 지적 선견

intelligent foresight이며 미션이 조직의 존재목표나 존재이유를 밝히는 것이라면 비전은 멀리서 내려다보는 조직의 장기적인 목적이라고 미션과 비전의 관계를 설명하고 있다.

브랜드 퍼스낼리티(Brand Personality)

모든 사람들이 제각기 서로 다른 개성을 갖고 있듯이, 브랜드도 그 브랜드만이 갖고 있는 고유한 특성이나 품격이 있고 다른 브랜드와 차별되는 특징이 있는데 이를 브랜드 퍼스낼리티라 한다.

한마디로 말하면 경쟁 브랜드와의 차별화를 이끌어 낼 수 있는 브랜드의 독특한 개성을 말한다. Nike가 액티브하고 스포츠에 특화된 브랜드 퍼스낼리티를 갖고 있다면, Fila는 패션에 특화된 브랜드 퍼스낼리티를 갖고 있는 것이다. 종교브랜드에 있어서도 가톨릭 퍼스낼리티가 보수적이라면 프로테스탄트는 개혁적 퍼스낼리티라 할 수 있다.

브랜드 포지셔닝(Brand Positioning)

브랜드 포지셔닝은 소비자 마음 속에 심어주고자 하는 브랜드 이미지 목표이다. 즉, 목표 고객의 마음 속에 각인시키려고 하는 기업이나 브랜드의 이미지를 설정하려고 하는 일련의 활동이다.

브랜드 매니저들은 소비자들에게 브랜드 아이덴티티를 정확하고 강력하게 보내려고 노력하는데 소비자들은 제각기 주관적으로 이를 받아들여 브랜드 매니저들이 의도하는 것과는 다른 브랜드 이미지를 갖게 된다. 결국 브랜드 아이덴티티Brand Identity와 브랜드 이미지Brand Image 사이에는 개념의 격차가 생기기 마련이다.

브랜드 포지셔닝은 브랜드 공급자가 의도하는 브랜드 아이덴티티와 소비자들이 갖게 되는 브랜드 이미지와의 간격을 최소화하는 전략으로 반드시 지켜야 할 점들이 있다.

첫째, 브랜드 포지셔닝은 목표 고객이 독특함과 중요성을 느낄만한 메시지가 있어야 한다. 소비자들은 흥미 없는 메시지에는 관심을 두지 않고 이를 무시한다.

둘째, 브랜드 포지셔닝은 실현될 수 있는 브랜드의 핵심 역량에 근거를 두어야 한다. 실현 가능성이 없거나 실체가 없는 브랜드 포지셔닝은 소비자의 신뢰도를 떨어뜨리는 결과를 초래한다.

셋째, 브랜드 포지셔닝은 경쟁 브랜드와 비교하여 경쟁우위의 이점이 있어야 한다. 목표고객을 설득할 수 있는 경쟁 브랜드와의 비교우위의 이점이 무엇인가를 확실하게 표현해야 한다.

예를 들어, 가톨릭의 브랜드 포지셔닝 목표가 “인간의 삶과 죽음에 관련하여 믿는 사람에게 평화·사랑·자유·구원을 주는 가장 정통적인 그리스도교의 으뜸이다”라고 설정되었다 할 때 이는 과연 타 종교 특히 프로테스탄트에 비하여 차별성과 신뢰성이 있는가? 이는 과연 믿는 이들이 느낄 수 있는 실현 가능한 내용인가? 이는 과연 어느 다른 종교브랜드와 비교해도 우위적인가? 만약 '그렇다'라면 이는 잘 수립된 가톨릭 브랜드 포지셔닝이라 할 수 있다.

종교브랜드 포지셔닝

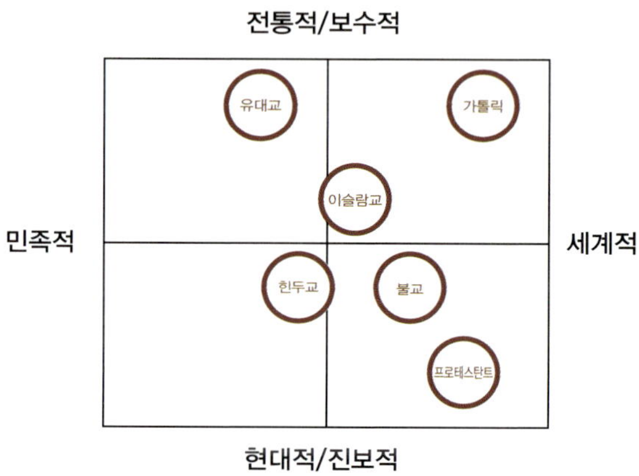

브랜드 핵심역량(Brand Competence)

브랜드 핵심역량이란 브랜드가 소비자에게 제공할 수 있는 최적의 영역, 즉 브랜드 주제Brand Theme를 의미하는 것으로 브랜드 플랫폼의 중요한 내용이다. 소비자 입장에서는 브랜드의 핵심역량을 기준으로 브랜드를 선택하게 된다. 소비자들은 '농심'은 라면, 'Hite'는 맥주, 'Toyota'는 자동차로 각 브랜드의 핵심주제나 핵심역량을 연상하게 된다.

이런 의미에서 브랜드 핵심 역량은 브랜드 아이덴티티와 밀접한 관계가 있다. 소비자가 원하는 내용과 브랜드 핵심역량과 일치할 때 브랜드 아이덴티티가 분명해진다. 또한 브랜드 핵심역량 또는 브랜드 주제의 범위가 좁고 그 깊이가 깊을수록 브랜드 아이덴티티가 분명해진다. 브랜드 핵심역량이 한 가지로 압축될 경우 그만큼 브랜드 아이덴티티가 명확해지므로 브랜드 에퀴티Equity가 강화된다.

결론적으로 브랜드 핵심역량이 많으면 많을수록 브랜드 아이덴티티가 모호해지고, 브랜드 핵심역량이 하나로 좁혀지면 브랜드 아이덴티티가 강화된다.

브랜드 플랫폼 내용

3. 브랜드 플랫폼의 중요성

브랜드 플랫폼은 한마디로 브랜드의 존재 이유 또는 존재가치를 말하는 것으로 브랜드 선언, 브랜드 약속, 브랜드 책임, 브랜드 계약의 내용을 담아야 한다.

첫째, 브랜드 플랫폼은 브랜드의 존재 이유와 가치를 천명하는 선언적 가치 체계로서 '브랜드 선언Brand Statement'이다.

둘째, 브랜드 플랫폼은 소비자에게 브랜드의 기능적 가치, 상징적 가치, 경험적 가치를 제공하겠다는 브랜드로서의 대 소비자 약속이다. 이를 '브랜드 약속Brand Promise'이라 한다.

셋째, 브랜드 플랫폼은 브랜드가 소비자 브랜드에 대한 갖는 기대에 대한 책임을 의미하는 것으로 이를 '브랜드 책임Brand Responsibility'이라 한다.

넷째, 브랜드 플랫폼은 브랜드가 소비자에게 제시하려는 계약조건이다. 소비자가 브랜드를 구매한다는 것은 그 브랜드와의 매매계약을 의미한다.

따라서, 브랜드 플랫폼은 소비자들에게 제시하는 '무언의 계약조건'이다. 결론적으로 브랜드 플랫폼은 소비자들을 위한 브랜드의 가치 선언이고, 브랜드가 지켜야 할 소비자들에 대한 약속이고 소비자가 기대하는 브랜드로서의 책임이고 궁극적으로 소비자와의 브랜드 계약을 명확히 하는 브랜드의 출발대이다. 이런 의미에서, 브랜드 플랫폼은 브랜드 매니지먼트의 기본 원칙이고 브랜드 전략의 단초이다. 브랜드 네임이나 브랜드 로고 등 BI System도 브랜드 플랫폼에서 우러나와야 한다.

브랜드 플랫폼은 브랜드의 형이상학적 체계로 브랜드경영 체계를 지배하는 상위 개념이다. 기업이나 제품 또는 브랜드에 있어서도 브랜드 플랫폼이 중요하지만, 비영리 단체 특히 종교브랜드에 있어서 브랜드 플랫폼은 브랜드의 전부라고 볼 수 있다.

자신의 신념을 정하지 못한 사람이 타인에게 신념을 가지라고 할 수 없듯이 브랜드 공급자가 명료한 브랜드 플랫폼을 갖지 못한다면 브랜드 소비자와 브랜드 구매자에게 자기의 '브랜드 존재 이유와 존재 가치'를 전달할 수 없다. 특히 종교브랜드에 있어서는 종교 그 자체가 추상적이고 신비적이고 무형적intangible이기 때문에 명료하고 일관성 있는 브랜드 플랫폼이 필요한 것이다. 브랜드 플랫폼이 명료한 브랜드는 훌륭한 브랜드이고 그래서 잠재 소비자들을 고객화 할 수 있으나, 브랜드 플랫폼이 없거나 명료하지 못한 브랜드는 잠재 소비자들을 설득할 수 없게 되고 궁극적으로 실패하는 브랜드로 전락될 수 있다.

종교브랜드에 있어서, 브랜드 플랫폼이 중요한 이유는 종교의 정체성, 즉 그 종교의 존재이유와 존재가치를 선명하게 표명하는 것이 브랜드 플랫폼이기 때문이다.

종교의 정체성은 그 종교를 믿는 사람의 정체성이기도 하다. '어떤 사람은 불교신자 같다. 또 어떤 사람은 유대교인 같다. 또다른 사람은 프로테스탄트 같다. 저 사람은 가톨릭신자 같다'는 것은 종교브랜드 플랫폼의 내용을 바탕으로 하는 종교인들에 대한 개성을 말하는 것이다. 이렇게 종교브랜드 플랫폼은 곧 믿는 사람의 품격을 만드는 토대이다.

브랜드 플랫폼 중요도

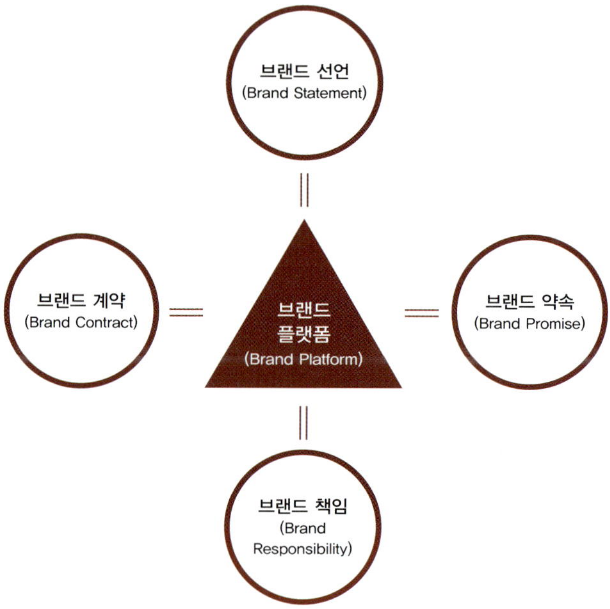

4. 브랜드 플랫폼의 프로세스

아무리 훌륭한 경영자나 지도자라 할지라도 브랜드 플랫폼을 독단적, 자의적으로 수립할 수 없다. 그것은 이해 관계자의 의견과 참여가 많을수록 건강하고 지킬 수 있는 브랜드 플랫폼이 될 수 있기 때문이다.

브랜드 플랫폼을 수립하는 데 반드시 거쳐야 할 단계는 다음과 같다.

— 첫째: 최고 경영진 심층 인터뷰

많은 경우 브랜드 비전이나 경영 철학은 최고 경영진이나 창업자의 의지에서 나오기 때문에 최고 경영진과의 심층인터뷰Indepth Interview는 필수적이다. 실제로 성공한 브랜드의 경우 브랜드 비전이 최고 경영자 또는 창업주로부터 나오고 있다. 예컨대, 삼성 브랜드의 핵심가치는 "최고의 제품, 일류의 사람들, 1등 기업"인데 이는 삼성의 설립자 이병철 회장의 신념에서 비롯된 것으로 볼 수 있다. 또한 HP는 휴렛과 페커드 두 사람의 'Garage' 정신에서 비롯한 'Invent'철학이 오늘날 HP의 브랜드 주제가 되고 있다. 최고 경영진이나 창업자가 브랜드에 대한 확고한 신념이 있어야 하고 이것이 브랜드 플랫폼의 내용에 녹아 있을 때 브랜드의 존재 가치를 드러낼 수 있다.

— 둘째: 중간 관리자 집단 워크샵

어느 조직이든 중간 관리자 집단이 참여하여 브랜드 플랫폼 수집을 위한 워크샵이나 그룹 인터뷰Focused Group Interview를 실시함으로써 보다 많은 참여자들의 다양한 의견을 청취해야 한다. 최고 경영진만의 생각으로 브랜드 플랫폼이 수립된다면 브랜드 경영을 담당하는 실무자들이 브랜드 플랫폼을 충분히 이해할 수 없게 되고 브랜드 경영의지가 약화될 수 있다. 중간 관리자와 직원들의 폭넓은 참여를 유도함으로써 보다 건강한 브랜드 플랫폼을 만들어 낼 수 있을 뿐만 아니라, 이는 중간 관리자와 직원들에게 브랜드 플랫폼 실행의 동기부여가 된다. 중간관리자 집단을 참여시킴으로써 건강한 브랜드 플랫폼을 이끌어 낼 수 있는데 그 이유는 다음과 같다.

- 보다 풍부한 아이디어가 산출될 수 있다.
- 중간 관리자들이 브랜드의 미래 도전과 기회에 대하여 더 잘 이해할 수 있다.
- 중간 관리자들의 적극적 참여를 유도할 수 있다.

— 셋째: 고객 조사

브랜드는 궁극적으로 소비자의 것이다. 브랜드의 존재 가치는 소비자들이 원하는 것에 바탕을 두어야 한다. 브랜드의 힘은 고객이 브랜드에 관하여 많은 지식과 정보를 가질 때, 나아가 브랜드를 체험할 때의 결과에 달려 있다. 한마디로 브랜드력은 고객의 마음 속에서 우러나온다. 강한 브랜드를 만들기 위해서는 고객들이 원하는 생각, 느낌, 신념, 의견, 이미지가 브랜드에 묻어 있도록 브랜드 플랫폼을 수립해야 한다. 그렇게 하기 위하여 시장조사나 소비자 조사를 통하여 그들이 원하는 것, 그들이 경험하고자 하는 것, 그들이 추구하려는 가치를 파악하여야 한다.

— 넷째: 경쟁 브랜드 벤치마킹

경쟁 브랜드와의 차별화differentiation가 브랜드의 중요한 기능이다. 경쟁 브랜드와의 차별화를 이끌어 내기 위해서는 경쟁 브랜드에 대하여 많은 내용들을 파악해야 한다. 경쟁 브랜드의 비전, 브랜드 퍼스낼리티, 브랜드 포지셔닝, 브랜드 이미지, 브랜드의 강점과 약점, 브랜드의 시장 환경 등을 비교 분석하여 차별화 될 수 있는 브랜드 플랫폼을 수립할 수 있다.

브랜드 플랫폼 프로세스

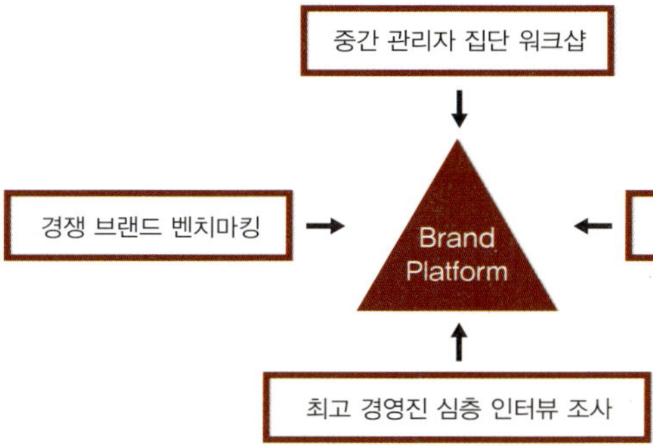

5. 브랜드 플랫폼의 효과

브랜드 플랫폼은 소비자, 고객, 투자자 등 모든 이해 관계자들과 장기적으로 공유할 미래가치 체계로 크게는 외부와의 약속이고, 작게는 내부 조직 운명의 원칙이 되기 때문에 브랜드 플랫폼을 도입하면 많은 브랜드 매니지먼트의 효과를 얻을 수 있다.

첫째, 가치 추구의 경영 분위기로 바뀐다. 브랜드 플랫폼의 핵심은 브랜드의 존재가치와 존재 이유이므로 고객과 내부 종사자가 원하는 미래 가치를 추구하게 된다. 예컨대, 매출의 크기나 이익의 크기보다는 조직이 추구하는 가치를 얼마만큼 창출하느냐가 경영의 패러다임이 된다.

둘째, 조직 구성원의 결속을 강화시킨다. 브랜드 플랫폼을 수립하는 과정에서 조직 구성원들이 그 과정에 직접 참여하고 그 내용을 공유함으로써 공감대를 형성한다. 이러한 브랜드 가치 추구의 공감대는 조직 구성원들의 조직 소속감을 높여주고 결속을 강화시킨다.

셋째, 조직의 브랜드 이미지가 달라진다. 브랜드 플랫폼은 브랜드 공급자가 고객에 대하여 브랜드 약속, 브랜드 책임, 브랜드 가치를 천명하는 강령으로서 고객을 위한 브랜드 가치 추구의 조직으로 이미지가 형성된다.

PART

II

종교브랜드란 무엇인가?

세계화globalization의 현실을 수용하지 못하는 조직은
세계화를 수용하는 경쟁자에게 끝내는 희생되고 만다

-『시장의 세계화』에서 시오도어 레빗교수

'종교브랜드Religious Brand, Religion Brand'라는 말은 지금까지 세상에 존재하지 않았다. '종교'는 신성한 것이고 세속적인 시각에서 바라볼 수 없는 영역으로 간주되어 왔기 때문에 마케팅 또는 브랜딩 시각에서 '종교'를 파악하거나 선교宣教하려는 시도가 없었다.

오늘날 우리가 이해하고 있는 종교는 '제도적 종교' 또는 '조직적 종교'로 발전된 형태이지만 어느 종교도 하늘에서 뚝 떨어져 발생하지 않았다. 대체로 민족적, 지역적 원시신앙 형태에서 근거를 갖고 도태, 발전, 변화, 진화 등을 거쳐 모습을 갖춘 오늘날의 종교가 된 것이다.

'종교브랜드'라는 용어를 수용하고 그 개념을 발전시키기 위해서는 '종교'와 '브랜드'를 동시에 올바로 이해하는 것부터 출발하여야 한다. 세계종교편람World's Religions Book에서 케네스 소울러 박사Dr. Kenneth Shouler가 오늘날 지구상에는 약 4,200개 정도의 종교가 존재하고 있다고 주장하고 있듯이 너무나 많은 종교가 서로 보이는, 때로는 보이지 않는 선교 경쟁을 하고 있다.

모든 종교는 '믿음'이 다르고 사상과 가치가 다르기 때문에 신자와 잠재신자에게 종교의 정체성과 타 종교와의 차별점을 알리는 노력이 절대적으로 요구되는 환경에 놓여 있다.

종교의 정체성religious identity과 타 종교와의 차별성differentiation을 가장 효과적으로 커뮤니케이션 할 수 있는 도구가 무엇일까? 종교도 고객이나 소비자(신자와 잠재된 신자)를 만족시키기 위하여 존재하는 '무형의 서비스intangible service' 카테고리에 있지 않는가? 더욱이, 종교가 신자를 선

택하는 것이 아니라 신자가 종교를 선택하는 것이 종교 자유의 메카니즘이 아닌가?

따라서 미래의 종교는 그 종교의 사상과 가치를 담은 정체성과 타 종교와의 차별성을 언제나 동일한 종교이름과 행동강령으로 마케팅 되어야 하는데 그 첨단 툴이 브랜드brand 또는 브랜딩branding이다. 그것은 잠재고객(잠재신자)들이 '종교브랜드'를 비교 선택하는 시대가 도래하고 있기 때문이다.

제1장

종교란 무엇인가?

1. 종교의 어원과 정의

'종교religion, 宗教'라는 말만큼 정의하기 어려운 말도 없을 것이다. 종교는 초월적인 권능에 대한 경배, 신에 대한 이론, 인간의 신앙 고백 형태 등을 포괄하는 총체적인 개념이고 인간의 삶生과 죽음死의 세계를 다루는 신비의 영역이기 때문에 그 정의가 간단치 않은 것이다. 인간은 수천 년 동안 삶과 죽음에 관련하여 종교를 연구해 오면서 서로 다른 의견과 다툼을 보여 왔다.

기원전 8세기 헤시오도스Hesiodos는 "신통기Theogony, 神統記"에서 신들의 계보를 서술했고, 기원전 6세기 경 탈레스Thales(BC 625~547)는 모든 사물 속에 신적인 것이 깃들어 있다고 만물의 근원을 설명했다. 플라톤Platon(BC 429~377)은 종교를 고상한 거짓이나 신격화된 인간의 이야기라 격하했다. 그러나 아리스토텔레스Aristotle(BC 384~322)는 세계 존재의 원인계열 가운데서 신을 '제1의 존재자'로 파악했다.

로마시대에 와서 자연주의적, 합리주의적 종교관이 세워지기 시작했다. 키케로Cicero(BC 106~43)가 그 대표적인 사람으로 "religio" 개념을 최초로 정리했다. 그 후 아우구스티누스Augustinus(354~430), 안셀무스Anselmus(1033~1109), 토마스 아퀴나스Thomas Aquinas(1234~1274), 데카르트Decartes,Rene(1596~1650), 흄 데이비드HumeDavid(1711~1776), 칸트Kant(1724~1804), 헤겔Hegel(1770~1831), 슐라이어마허Schleiermacher(1768~1834)에 이르기까지 서로 다른 '종교 이야기'가 이어졌다.

19세기에 이르러 루트비히 포이에르바흐Ludwig Feuerbach(1804~1872)와 칼 마르크스Karl Marx(1818~1883)는 종교는 기만적이고 허위적이며 심지어 종교를 '인민의 아편'으로까지 규정했다.

20세기에 이르러 종교 또는 종교학은 인접학문과 더불어 다양한 방법으로 접근되어 왔다. 실로 종교에 대한 입장은 아주 다양하기 때문에 한마디로 정의하기란 쉽지 않다. 그러나 인간의 삶의 근본적인 질문에 대한 답은 결국 종교적인 형태를 띨 수밖에 없다는 것이다. 그래서 종교는 어떤 궁극적인 것에 대한 관심이며 그것에 대한 절대 의존적 감정이고 그것과 존재적으로 일치하려는 소망이며 그것을 자기 자신 안에서 발견하고 실현하려는 인간의 노력이라 볼 수 있다.

오늘날에 와서 종교는 그리스도교, 불교, 이슬람교, 유대교, 힌두교, 유교 등 다양한 신앙 행위와 교敎의 체계를 총칭하는 의미이며 신성한 것과 인간과의 관계, 신성에 대한 감정, 독특한 가치체계를 갖춘 인간의 삶을 포괄하는 '모든 것'의 의미로 해석되고 있다.

'Religion(종교)'이란 말의 어원적 해석을 통하여 종교를 이해하는 것도 '종교의 정의'를 이해하는 데 도움이 된다. 'Religion종교'라는 영어 낱말은 라틴어 '*religio*렐리지오'에서 유래되었는데 그것은 '걱정', '양심의 가책', '지푸라기'를 의미하는 것으로 종교란 인간 본질의 문제, 윤리·도덕의 문제, 신과 인간과의 연결 등으로 언어적 의미를 갖는다. 또 다른 주장은 라틴어 '*religare*렐리가레'를 어원으로 보는데 그 뜻은 '결속시키다'로 인간과 믿음을 결속시켜주는 것이 종교라는 것이다.

한편 라틴어 '*relegere*렐레게레', 즉 '다시 읽다'에서 어원을 찾기도 하는데, 즉 종교 의식 때 신들에 관한 이야기를 반복해서 읽는 데서 생긴 말이라는 것이다. 어원적 의미로 종교란 공동체의 믿음과 가치를 사람들과 연결시키는 일, 신과 사람들을 묶어주는 일, 전통적인 믿음과 의식, 관습을 통하여 과거를 현재에 연결시키는 일이라 볼 수 있다. 즉, 신과 인간과의 관계를 '연결하는' 것과 '걱정', '양심의 가책'이라는 윤리적인 것의 총칭을 종교의 어원적 의미로 볼 수 있다.

종교를 역사적인 해석과 어원적 해석을 근거로 보는 종교의 정의는 '종교란 생명의 기원과 삶의 의미, 신의 존재, 죽음, 사후세계, 선과 악을 다루는 신비에 대한 확신을 인간에게 안겨주려는 인간과 신과의 관계'로 요약될 수 있다.

종교에 대한 정의와 이해는 수많은 학자들에 의해 때로는 서로 비슷하게, 때로는 서로 상반되게 발전되어 왔다. 학자들의 '종교 정의'를 살펴보면, 그 다양성을 알 수 있다.

종교 정의

학자
주요저서
종교 정의

스피노자 Baruch Spinoza(1632~1677)

「신, 인간 및 인간의 행복에 관한 단문집(Short Treatise on God, Man, and His Well-Being)」, 1851년

"종교야말로 완전한 존재를 알고 신비를 사랑하는 것이다", "신이 곧 자연이다"

슐라이에르마허 Friedrich Schleiermacher(1768~1834)

「종교론(Über die Religion)」, 1799년

"종교의 본질은 사유나 행위가 아니라 직관과 감정이다"
"종교는 절대의존의 감정이다"

루드비히 포이에르바하 Ludwig Feuerbach(1804~1872)

「그리스도교의 본질」, 1841년 / 「종교의 본질」, 1845년

"인간의 감정이 신을 만들어내었지, 신이 인간을 만든 것이 아니다"
"인간이 종교의 시작이고, 인간이 종교의 중심이고, 인간이 종교의 끝이다"

라이프니츠 G. W. Leibniz(1646~1716)

「단자론(The Monadology)」, 1714년

"신에 대한 지식, 신에 대한 신앙, 신에 대한 사랑 속에서 신과 사람을 융합케 하고 그 속에서 활약하게 하는 것이 종교다"

임마뉴엘 칸트 Immanuel Kant(1724~1804)

「실천이성비판」, 1788년

"종교는 도덕과 같이 실천이성, 곧 의지에 기초하는 것이다"
"종교와 도덕은 같은 차원이고 양자는 모두 인간의 실천이성의 발현이다"
"종교는 모든 도덕적 의무를 신의 의지요, 신의 명령이라고 받드는 것이다"

막스 뮐러 Max Müller(1823~1900)

「동방성서(Sacred Books of the East)」, 1875년

"인간으로 하여금 여러 가지 모양으로 무한자를 알 수 있게 하는 능력 혹은 성향이 종교다"

에드워드 버네트 타일러 Edward Burnett Tylor(1832~1917)

「원시문화(Primitive Culture)」, 1871년

"종교는 영적 존재들에 대한 믿음이다"

프로이드 Sigmund Freud(1856~1939)

「환상의 미래(The Future of an Illusion)」

"종교는 인간에 의하여 조작된 환상이다"

윌리암 제임스 William James(1842~1910)

「종교적 경험의 다양성(The Varieties of Religious Experience)」, 1902년

"종교는 삶에 대한 인간의 실존적인 반응이다"

에밀 뒤르켕 Emile Durkheim(1858~1917)

「종교 생활의 기본 형태(The Elementary Forms of the Religious Life)」, 1915년

"종교는 성스러운 것에 대한 체험이다", "인간은 종교적 동물이다"

막스 베버 Max Weber(1864~1920)

「종교사회학(The Sociology of Religion)」

"종교를 정의하는 것은 불가능하다"

미르세아 엘리아데 Mircea Eliade(1907~1986)

「성스러운 것과 세속적인 것(The Sacred and The Profane)」, 1957년

"인간이 성과 속에 대해서 가지는 구별된 경험이 곧 종교경험이다"

루돌프 오토 Rudolf Otto(1869~1937)

「성스러움의 의미(Das Heilige)」, 1917년

"종교는 무한타자와의 접촉에서 생기는 경외와 신비의 감정이다"

"거룩한 것(das Heilige)은 스스로 존재하는 것이며 그것 없이는 어떤 종교도 가능하지 않다"

2. 원시신앙의 형태

신앙信仰이란 신이나 초자연적인 절대자를 믿고 받드는 일을 의미하는 것으로, 신 또는 초인간적 존재를 우주와 인간의 지배자이며 인도자로 믿고 복종하면서 일정한 의식을 통하여 예배하고 일정한 윤리와 철학의 기본을 의미하는 것이 종교라는 점에서 신앙과 종교는 거의 같은 의미를 갖고 있다.

'종교'로 정립되기 이전의 믿음 형태를 '신앙'으로 전제하고 원시인들의 종교 이전의 신앙형태를 이해하는 것은 종교를 이해하는 데 도움이 된다.

1) 자연숭배(Nature Worship)

자연숭배란 원시인들이 하늘, 태양, 바다, 달, 산, 물과 같은 자연사물 또는 자연현상에 신성한 힘이 존재한다고 믿는 행위를 말한다. 고대인들은 이처럼 자연의 특정대상과 현상에 대하여 특별한 힘의 상징성이 있어 숭배의 대상으로 여겼던 것이다. 일반적으로 원시인들은 하늘을 상징적으로 신격화시킨 경우가 많다는 것이다. 이렇게 원시인들은 자연물이나 자연현상을 숭배함으로써 일종의 종교인식을 갖게 되었다.

2) 애니미즘(Animism)

애니미즘이란 자연현상과 생명이 있는 사물이든 생명이 없는 사물이든 타고난 내재적 혼을 갖고 있다고 믿는 원시적인 믿음을 말한다. 'Animism'은 라틴어 '*anima*'에서 비롯된 것으로 '영혼, 숨쉬기, 중요한 원칙' 등의 의미를 가진 말로 정령숭배精靈崇拜, 물활론物活論으로 '영혼'을 믿는 고대인들의 종교관을 말한다.

'Animism'이란 말을 최초로 사용한 사람은 영국 인류학자인 타일러E.B. Tylor(1832~1917)였는데 그는 그의 저서 『원시문화Primitive Culture』(1871)에서 애니미즘을 '영적인 존재들에 대한 믿음'이라 정의하면서 애니미즘을 모든 종교의 기원이라고 주장했다. 생명이 없는 대상은 아무것도 없으며 움직이든 움직이지 않든 모든 것은 영혼과 더불어 있다고 보는 것이 애니미즘이고 그것이 종교라는 것이다. 타일러는 모든 사물이 생령生靈을 가지고 있으며 이러한 생령과 유령은 몸으로부터 분리될 수 있다는 것이다. 결론적으로 타일러는 원시인들이 주변의 물리적 대상과 살아있는 모든 존재에 자신의 것과 같은 영혼을 부여하는 데서 종교가 발생되었고 종교는 영혼과 인간 자신의 관계를 다루는 것이라 주장했다.

사실상 우리나라에서도 돌무더기, 나무, 산, 땅, 강, 해, 달, 바위 등에 영적인 힘이 있다는 민간신앙에서 애니미즘적 흔적을 볼 수 있다.

3) 토테미즘(Totemism)

토테미즘이란 원시인 또는 원주민이 자연물이나 동물이나 식물을 가족과 조상의 상징으로 숭배하는 믿음을 말한다. 'Totem'이란 말은 알곤킨 인디언Algonkin Indian들이 사용한 형제자매의 혈연관계를 뜻한 'ototeman'에서 유래되었다 한다. 이렇게 토테미즘은 한 부족이나 개인이 동물, 식물, 자연물과 맺는 '친족관계'를 의미하는 믿음이었다.

'Totem'이란 말은 1791년 인디언과의 무역을 하던 영국인 제이 롱J. Long에 의해서 처음 유럽에 소개되었는데, 토테미즘이 학문적인 주목을 받게 된 것은 영국인 맥클레넌J.F McLennan(1827~1881)의 논문 「동물과 식물의 숭배The Worship of Animals and Plants」(1869)에 의해서였다.

그 후 프랑스의 사회과학자인 뒤

르켐E.Durkheim(1858~1917)이 그의 논문 「종교 생활의 기본형태Elementary Forms of Religious Life」(1915)에서 종교는 토테미즘에서 시작되었다는 주장을 폈다.

그러나 프랑스의 인류학자인 레비 스트로스C.Lévi-Strauss(1908~1991)는 「오늘날의 토테미즘Le Totémisme aujourd'hui」(1963)에서 토테미즘은 임의로 모아 놓은 여러 가지 현상이나 관습에 불과한 것이며 이를 믿는 것은 환상일 뿐이라고 토테미즘의 실재성은 거부하였다. 토테미즘에 대한 이해는 종족들이 다양한 것처럼 다양함을 알 수 있다.

그러나 우리나라의 토테미즘 이야기는 원시 종교에 대한 흥미를 잘 보여 준다. 단군 신화의 곰 토템에서 확인할 수 있는데 곰을 고조선의 시조 단군의 어머니로 이야기를 하고 있다. 이 뿐만이 아니라 경주 김씨의 시조 김알지는 '닭알'에서 나왔고, 창령 조씨의 시조 조계룡曺繼龍은 용의 자손이라는 것이다. 이런 설화는 무수히 많은데 이는 한국의 토테미즘이라고 볼 수 있다.

4) 샤머니즘(Shamanism)

'Shaman'은 알타이어 계통의 퉁구스족이 사용한 말로 '아는 사람'이란 뜻에서 비롯했다. 즉 샤먼은 병을 고쳐주고 영적인 의사소통을 주관할 수 있는 능력을 가진 치유자, 제사장, 심령술사의 기능을 뜻하는 말이다. 'Shaman'은 한자로 '무격巫覡'이라 하는데 무巫는 여성, 격覡은 남성

을 지칭하는 것으로 샤머니즘을 무교巫教, 무격신앙巫覡信仰이라 한다.

샤먼은 신성에 대한 구체적인 체험을 갖고 영의 세계와 인간의 세계를 매개함으로써 신적인 세계에서 이탈되어 있는 타락한 인간세계를 원초적인 시간의 세계로 재현하는 것을 종교적 과제로 삼고 있다.

우리나라에서 무교는 역사적으로 가장 오래된 종교현상이라고 할 수 있는데, 단군신화에서 '단군檀君'은 하늘에 제사를 지내던 천관天官으로 이를 한국 무교의 유래로 본다. 한국 무교는 신앙의 대상인 신령과 기자祈者로서의 인간 그리고 신령과 인간을 중재하는 무당이 구성요소이다.

샤머니즘의 특징은 민족과 각 개인의 기질에 따라 그 현상이 차이가 있지만, 몰아沒我와 함께 신들림을 의미하는 빙의현상憑依現象, Possession은 공통적인 특징이다. 이러한 신내림 체험을 통하여 신적 영력을 부여 받고 엑스터시ecstasy의 기능을 수행하는 것이 샤머니즘이다.

3. 종교이해의 자세

종교가 신과 인간과의 관계를 다루는 것이라는 점에서, 종교를 이해하려는 자세는 다각도에서의 통찰이 필요하다.

첫째, 종교는 과학이다. 실제로 과학에 대한 이해 없이 종교만 존재할 수 없고, 종교에 대한 의존 없이 과학만이 존재할 수 없다는 것이다. 역사적으로 과학Science이 종교Religion에 또한 종교가 과학에 상호교차적으로 영향을 끼쳐 오면서 서로 성장해 왔다. 일반적으로 과학이 취급하는 내용이 점점 새로워지고 넓어지고 깊어짐에 따라 종교와 종교연구에 영향을 주어 왔다. 과학은 영적으로 살고자 하는 사람까지 포함해서 모든 인류의 삶에 지적으로나 현실적으로 영향을 줌으로써 인간의 생각과 말과 행동양식에 변화를 일으켜 왔다. 과학의 구체적인 형태는 철학, 심리학, 사회학, 경제학, 수학, 물리학, 생물학 등 기초과학과 응용과학에 이르기까지 점점 그 폭과 깊이가 심화되고 있다. 과학을 떠난 인간의 삶은 있을 수 없으므로 종교 역시 과학을 따로 떼어놓고 말할 수 없다. 그래서 '종교는 과학이다'는 자세가 필요한 것이다.

둘째, 종교는 다양하다. 지구상에는 여러 민족이 있고 여러 국가가 있는 만큼이나 다양한 '믿음'이 존재해 왔다. 오늘날에도 수많은 종교집단이 공존하고 있다. 종교공동체들은 각각 유구한 역사와 찬란한 문명을 창조해 오면서 '신앙'을 선포해 오고 있다. 또한 서로 다른 종교 공동체와 서로 다른 종교 신앙인들이 개인적 접촉과 사회적 교류를 통하여 다른 종교 공동체의 존재를 인정하지 않을 수 없는 현실을 맞고 있다. 우리가 아주 지성적이고 도덕적이고 경건한 신앙인들을 특정 종교에서만 찾아볼 수 있는 것은 아니다. 그들은 그리스도교, 힌두교, 불교, 이슬람교 등 다양한 종교집단에서 찾아 볼 수 있다. 그가 그리스도교인이거나 불자佛子이거나 그가 살고 있는 세계에 무슬림, 유대인, 힌두인들이 공존하고 있음을 인정해야 한다. '종교브랜드'의 이론적 근거는 바로 종교의 다양성이다.

셋째, 종교도 변화한다. 이 세상에서 신神을 제외하고 변화하지 않는 것은 없다. 모든 종교공동체가 여러 단계를 거쳐 변화하면서 오늘의 모습이 된 것이다. 인간도 출생에서 죽기까지 유년기, 청년기, 성년기, 노년기 등 생의 변화단계를 숙명으로 받아들인다. 마케팅학에서도 제품생명주기life cycle of products이론이 있는데, 이는 제품이 시장에 출시되는 단계 즉 도입단계introduction stage를 거쳐 성장단계growing stage, 성숙단계maturity stage 그리고 쇠퇴단계declining stage를 거치게 되므로 쇠퇴단계 전에 추가적인 노력을 하여 제품이나 브랜드를 지속적으로 성숙단계에 머물게 하는 전략적 개념이다. 인간이나 제품이 생명주기에 따라 발전적이든 쇠퇴적이든 변화를 겪는 것과 마찬가지로 종교도 역사적인 발전단계를 거쳐 왔고, 앞으로도 어떤 변화가 있으리라는 예견이 필요하다. 아무튼 종교는 결코 사라지지 않을 것이지만 변화하거나 진화할 것이다. 그것은 인간이 변화하기 때문이다. 종교는 인간과 함께 존재하기 때문에 인간의 변화를 수용해야 할 것이다.

넷째, 종교는 이중적이다. 종교는 실로 암흑에서 빛을 창출하고 악과 죽음에 대항해 오면서 인간에게 열망과 비전이기도 하고 기근, 죄악, 실패의 현실을 초월케 하는 인간의 희망이기도 하다. 이런 측면에서 종교란 인류가 이루어 온 업적들 중에서 가장 위대한 것이다. 유대교든 그리스도교든 이슬람교든 힌두교든 불교든 모든 종교는 불후의 미술, 건축, 음악, 드라마, 춤, 문학 작품의 원천과 영감으로 작용해왔다. 이렇게 종교는 위대한 진리로서 인간에게 긍정적인 영향을 주어 왔다.

그러나 종교는 인류에게 지고至高의 선善을 남겨 왔음에도 불구하고 아이러니컬하게도 악惡을 남겨 왔음도 부인할 수 없는 사실이다. 인류는 종교 때문에 피비린내 나는 투쟁이나 전쟁 그리고 비타협적인 논쟁을 일삼아왔다. 북아일랜드, 보스니아, 사이프러스, 카슈미르, 수단, 스리랑카 등지에서 일어났던 종교 분쟁들이 그 예들이다. 레바논 분쟁, 이스라엘과 이집트 간 전쟁, 이스라엘과 팔레스타인 간의 분쟁이 지금도 여전히 존재하고 있다. 뿐만 아니라 국가 간 또는 한 국가 내에서도 너무나도 강한 종교 간의 경계선 긋기가 현존하고 있다. 가톨릭과 프로테스탄트 간의 배타성, 이슬람교 내의 수니파Sunnis와 시아파Shiites간의 갈등이 여전히 지속되고 있는 것이 현실이다. 매스미디어에 폭로되고 있는 '성희롱 사건', '교회 매매 사건', '도박 사건' 등은 비종교계의 비리 못지않은 추악한 일들로 종교의 이중적인 면을 보여주고 있다.

우리는 종교가 인간에게 열망, 비전, 희망, 자비, 사랑, 평화, 행복의 원천으로써 긍정적인 영향을 주어 왔음도 사실이지만 전쟁, 살상, 갈등, 분쟁, 편가르기 등 악의 원천이기도 한 것 또한 사실임을 인정해야 한다.

제2장

고대 종교들

'고대 종교'라는 말은 논리적으로 존재할 수 없는 말이다. 그것은 '종교'가 개념적으로 정착되기 훨씬 이전에 인간이 가졌던 원시적 형태의 믿음이었기 때문이다. 메소포타미아, 고대 이집트, 고대 그리스, 고대 로마 등지에서 발전되었던 고대 종교들은 이미 지구상에서 사라진지 오래 되었다. 그럼에도 이들을 살펴보고자 하는 것은 고대 종교들이 유대교, 그리스도교, 이슬람교 등 현대 종교들 속에 그 흔적을 남겨 놓았기 때문이다.

1. 메소포타미아 종교

메소포타미아Mesopotamia는 그리스어로 '두 강江, 즉 유프라테스Euphrates강과 티그리스Tigris강 사이에 있는 땅'이라는 뜻으로 인류 문명의 발상지로 가장 오래된 지역이다. 두 강은 터키의 산악지대에서 발원하여 시리아를 가로질러 남동쪽으로 흐르다가 이라크 남부에서 합류, 페르시

— cuneiform
쐐기문자

아만에 도달한다.

기원전 32세기경부터 고대 메소포타미아에서 문자를 쓰기 시작하였던 수메르Sumer 사회는 최초로 인류 역사와 문명의 시대를 열었다. 유프라테스강과 티그리스강 주변에서 나오는 진흙으로 점토판粘土板을 만들어 그 위에서 문자를 기록하였는데 그 안에는 인물이야기, 상거래 명세 등이 있었다. 이 문자를 설형문자 또는 상형문자라 하는데 점토판 위에 얇은 갈대 줄기로 삼각뿔이나 쐐기뿔을 새기는 것이라 쐐기문자cuneiform 라고도 한다. 기원전 26세기경부터 점토판에 수십 행을 기록한 문학작품들이 나오기 시작했고 그 내용으로는 마귀를 내쫓는 주문, 신과 신전을 찬양하는 시, 아버지가 아들을 가르치는 잠언, 전쟁사 등이 있어 메소포타미아 종교의 생생한 흔적을 볼 수 있는 것이다.

고대 메소포타미아에서는 '운명의 일곱 신'이 있는데 2,000여 개의 신성들이 들어 있다는 만신전pantheon, 萬神殿에서 가장 큰 일곱 신이 세상의 운명을 결정한다고 믿었다.

우르크Uruk의 수호신이었던 '하늘의 신'인 안An이 하늘로 올라갔고, 나머지 여섯 신은 수메르 도시 국가 연맹체의 주요 도시의 수호신이었다.

수메르 중앙지역인 도시 니푸르Nippur의 '바람 신' 엔릴Enlil, 북쪽 케쉬Kesh의 '산등성이 신' 닌후르사가Ninhursaga, 남쪽 에리두의 '지하수 신'이며 항상 '지혜의 신'으로 등장하는 엔키Enki, 우르의 '달 신' 난나Nanna, 우르크 동쪽에 있는 라르사Lars의 '정의의 신'인 태양 신 우투Utu, 우루크의 '금성'을 상징하는 '사랑의 여신'인 이난나Inanna 등이었다.

이 큰 신들은 가족 관계가 있는 것처럼 묘사되어 있는데 하늘 신과 땅 여신 사이에 바람신 엔릴, 엔릴의 아들인 달 신 난나, 그 자식들이 태양 신과 사랑의 여신이었다.

2. 고대 이집트 종교

이집트는 기원전 8세기경부터 그리스 세계에 알려지면서 그리스어 '아이귀프토스'를 거쳐 라틴어 '에집투스Aegyptus'에서 '이집트Egypt'로 발전되어 오늘에 이르렀다.

고대 이집트는 기원전 4천년 이전에 시작된 메소포타미아와 간헐적으로 접촉하면서 동시대에 존재했던 민족 국가로서 여러 왕조의 역사를 가졌다.

고대 이집트 종교는 각 지역의 신앙과 관습을 수용하면서도 전체적으로 통일적인 형태를 유지했던 것이 특징이다. 실로 방대한 고대 이집트 영토에는 강력한 중앙통치와 공유해야 할 '믿음'이 필요했는데, 파라오와 종교가 함께 이를 제공했었다. 파라오의 고대 이집트 왕국은 31대 왕조 기원전 3100년~323년까지 지속되었다. 즉, 기원전 323년 마케도니아의 알렉산드로스가 멤피스를 점령함으로써 그리스 시대가 시작되었던 때까지였다. 파라오Pharaoh는 원래 '위대한 집great house'이란 뜻이었는데 '가장 중요한 사람' 결국 고대 이집트 왕을 통칭하는 용어가 되었다.

파라오는 신격화神格化된 왕으로 왕권을 유지하기 위하여 다양한 신앙과 신들을 활용했다. 고대 이집트 최초의 신은 자연신이었는데 태양신 레Re, 송골매의 신 호루스Horus, 하늘의 신 누트Nut, 땅의 신 겝Geb 등이었다.

파라오를 태양 신으로 연계하여 파라오는 '태양의 아들Son of Re'로 불

— Pyramid
피라미드

리었다. 태양 신 레는 하늘을 여행하면서 혼돈과 악마를 물리쳤다. 그리고 밤에는 악마가 되고 해가 뜨면 다시 태어났다.

신왕神王, God-king인 파라오는 멸망하지 않고 죽음으로도 파괴되지 않는 존재였다. 왕(파라오)은 곧 신이었다. 파라오는 영생불멸의 존재로 더욱 그 지위가 강화되었다. 파라오의 시신을 미이라 처리한 방법은 이를 잘 말해주는 것이다.

초기 왕조의 거대한 피라미드는 파라오의 영생불멸을 잘 말해주는

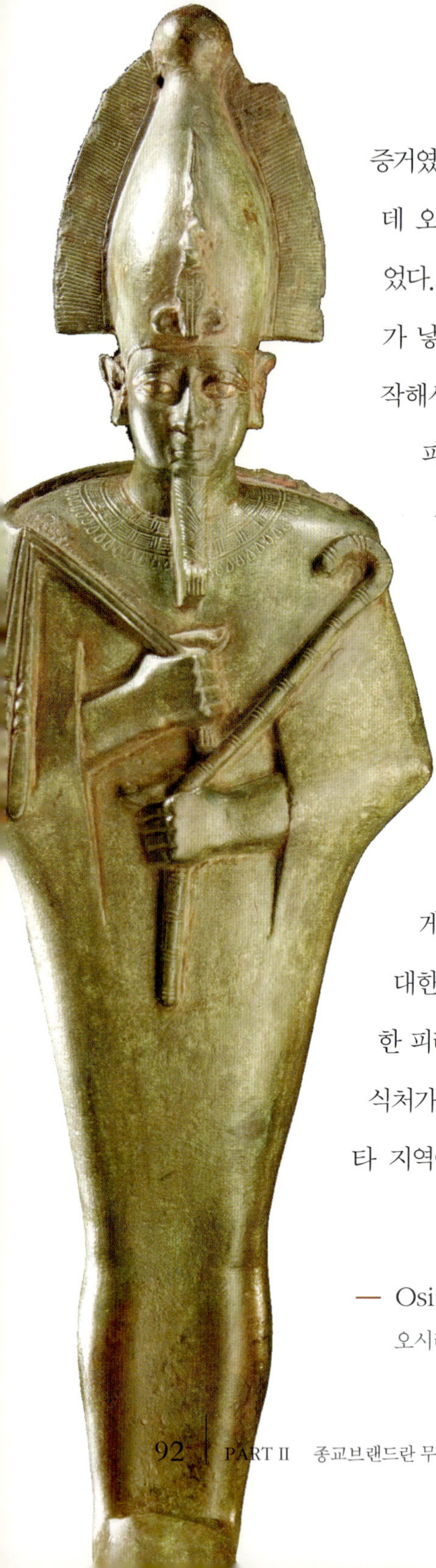

증거였다. 고대 이집트에는 수많은 신들이 있었는데 오시리스Osiris와 이시스Isis는 가장 유명한 신이었다. 오시리스는 땅의 신 겝과 하늘의 여신 누트가 낳은 아들로 하부 이집트의 풍요의 신으로 시작해서 죽은 자의 통치자로 성장했다.

파라오들이 죽음에 대한 힘을 행사할 때는 오시리스를 레와 동등한 지위로 취급했다. 즉, 피지배자들의 행동을 다스리는 방법으로 오시리스를 죽은자의 심판자로 만들었다. 오시리스는 본래 풍요의 신이었으나 그의 형제한테 살해당한 후 '저승의 신'이 되어 유명해졌다. 이집트인들은 오시리스를 통하여 사후세계에 대한 희망을 갖게 되었다. 오시리스가 현세보다 사후세계에 대한 희망을 인간들에게 품게 한 증거로는 장엄한 피라미드와 '왕들의 계곡'에 있는 파라오들의 안식처가 대표적이었다. 이시스에 대한 숭배는 북 델타 지역에서 독자적으로 시작되었으나 후에 오시리

— Osiris, God of the Underworld
오시리스, 저승의 신

— 상형문자

스와 결합되었다.

오시리스의 악마 형제 세트Set가 오시리스를 물에 빠뜨려 죽였을 때 이시스가 그 시신을 재생시켜 그에게서 아들을 낳고, 오시리스에 영생불멸의 생명을 회복시켜 주었다.

고대 이집트 종교는 태양과 물이라는 생명에 관한 것 그리고 사후 세계가 중요한 요소였다. 태양은 나날의 생명과 연결되었고 나일강의 물은 식물을 자라게 하고 기름진 땅을 만들어 주는 것과 연결되었다. 태양신 레에게 생명을 기원했고, 범람하는 나일강 신 하피Hapi에게 축복을 간구했다.

고대 이집트의 '상형문자'는 기원전 3200년부터 서기 394년까지 3,600년 동안 사용되었는데 경배와 제례에 대한 기록을 남겨 놓았다.

「사자死者의 서」Egyptian Book of the Dead는 기원전 1500년부터 모든 죽은 자들의 저승길을 안내해주고 영생의 믿음을 근거로 하는 장례 매뉴얼을 기록한 것이다.

고대 이집트 종교에 빼놓을 수 없는 것은 이집트 신전이었고, 그 신전에서 죽은 파라오들은 물론 이집트 신들을 위한 예배가 있었다. 이집트 신전에는 오직 사제만 입장할 수 있었고 사람들이 엿보는 것을 막기 위해 신전 주변에 높은 담을 쌓았다. 이러한 종교 행위는 알렉산드로스 대왕이 이집트를 점령할 때까지 지속되었다. 고대 이집트와 창세기, 탈출기 등 구약의 연결은 빼놓을 수 없는 종교 이야기이다. 모세, 아브라함, 요셉 이야기가 고대 이집트와 파라오의 이야기 속에 함께 묻어 있음이 고대 이집트 종교를 개괄하는 이유이다.

3. 고대 그리스 종교

그리스 '신화神話'를 빼놓고 고대 그리스 종교를 말할 수는 없다. 플라톤이 처음 사용했다는 'muthologia'라는 말은 'muthos = story'와 'Logos = speech'의 결합어로 라틴어 '*mythologia*'를 거쳐 오늘의 영어 'mythology신화'』가 되었다.

'Mythology'란 한 마디로 'story telling(이야기하기)'으로 민족, 국가의 기원, 초자연적 존재와 그 사적事績을 말한다.

이런 신화는 고대 그리스 종교의 전부라 하더라도 틀린 말은 아니다.

— Zeus, King of the Gods
제우스, 신들의 제왕

고대 그리스 신화는 고대 그리스인들의 신앙체계를 이야기로 모아 놓은 것이었다.

고대 그리스 종교의 특징은 계시나 교리 따위는 없는 철저한 시민 사회적 신앙이었다. 여러 신들이 세상을 나누어 지배하면서 각기 맡은 직분을 통해 인간에게 그들의 존재를 현시하는 다신교 형태였다.

좀 더 구체적으로 고대 그리스 종교를 말하자면 올림포스 12신에 대한 숭배였다. 올림포스 산 꼭대기에 살았다는 제우스Zeus는 12신의 제왕이었고 모든 신들은 서로 다른 직분을 갖고 있었다. 예컨대 아폴론Apollon은 태양신으로 빛과 음악을 관장하였고 아테나Athena는 아테나 수호신으로 지혜와 전쟁의 여신이었다.

고대 그리스 종교의 현실은 수많은 지방신들이 있어 매우 복잡했다. 그 후 지방신의 대다수는 올림포스 신으로 행세했다. 복잡한 신들의 체계 때문에 퓨전식fusion 예배 형태를 취했다. 실제로 그리스에는 '종교'란 말이 없었다. 그럼에도 불구하고 종교는 확산되었고 도시 국가의 모든 활동에 일익을 담당했다. 또한 '성聖과 속俗' 사이에는 특별한 구분이 없었다.

신에 대한 숭배의 핵심행위는 제물을 바치는 것이었다. 동물의 머리를 제대 위의 신에게 드리는 것이었는데 이 같은 희생제물의 목적은 신들에게 해를 끼치지 말고 보살펴 달라는 구원기도였다. 그리스 신들은 본질적으로 시기 질투심이 많고 화를 잘 내는 신들이었다. 그래서 제물 선택과 제례를 중요시 했다.

고대 그리스 종교의 특징은 축제 행위에 있었는데 그리스는 일 년 내내 축제로 가득 차 있었다. 그리스 축제 중 가장 유명한 것은 '범 그리스' 축제로 4년마다 아테네에서 열렸다. 이 축제에서는 무도회와 연회 그리고 야간 행렬이 벌어졌고 모든 사람들이 아낌없이 축제에 참여했다. 고대 그리스인들은 적어도 1년에 120일 간은 축제에 몰입했고 이때 아크로폴리스Acropolis 즉 도시에서 제일 높은 곳에 많은 신전을 세웠다.

이처럼 공개적인 축제의 숭배의식도 있었지만 입문자들만 참여할 수 있는 '신비의식'도 있었다. 가장 신비스런 종교행위는 아테네 근교에 있는 엘레우시스Eleusis에서 행하던 신비의식이었다. 지옥의 신 하데스Hades에게 납치된 자기의 딸 페르세포네Persephone를 찾아 온 세상을 돌아다니는 지모신地母神 데메테르Demeter의 신화를 재현했던 것이다.

— Persephone and Hades

페르세포네와 하데스

고대 그리스 종교의 어두운 면은 마법과 저주를 믿었던 흔적이 뚜렷하고 많다는 것이다. 저주의 판板이라고 하는 카타데스모이Katadesmoi가 수없이 발견되었는데 그 판에는 괴물이 나타나 파멸시켜 줄 것을 빌었던 저주의 인물들 이름이 적혀 있었다. 또한 고대 그리스인들은 유령을 믿었고 죽은 영혼들은 저승에서 불완전하게 살아간다고 여기고 이들을 위하여 헌주하는 예식을 했다.

고대 그리스 종교를 말하기 위하여 그리스 신화를 이야기한다면 끝이 없을 것이므로 개괄적으로 고대 그리스 종교를 요약하고자 한다.

BC 2,000년경 북유럽 평야에서 내려온 그리스인들이 지중해와 에게해의 여러 섬에 도착했고 그들은 그곳에서 동방에서 온 페니키아인, 소아시아인, 이집트인들을 만나 다민족 다문화를 형성했다. 그 구성 민족들은 자신들만의 신과 경배방식, 신앙을 가지고 있었다. 그래서 고대 그리스 종교는 단일신만을 믿을 수 없었고 다민족이 수용할 수 있었던 퓨전식 종교예식 그리고 다신多神을 믿는 신앙이 되었다고 볼 수 있다.

지금 지구상에는 고대 그리스 종교 또는 그들의 신화를 믿는 사람은 없다. 고대 그리스 종교는 '신화'로서 '전설과 이야기'로 남겨져 있을 뿐이다.

4. 고대 로마 종교

고대 그리스인들처럼 고대 로마인들도 '종교'란 말을 사용하지 않았다. 종교에 가장 가까운 말을 사용했는데 그것은 '*cultus deorum*' 즉 'worshiping the gods'(신을 숭배하기)였다.

고대 로마인들에게 종교란 말은 보다 엄격한 윤리와 준수의 개념으로 받아들여졌다.

고대 로마 종교의 핵심적 특징은 종교적 의식, 축제, 희생제물을 중시하는 경배행위였고, 그 경배행위의 주된 목적은 신의 가호를 비는 것이었다. 고대 로마인들은 대체로 그리스 신들을 그대로 영입했다. 예컨대, 쥬피터Jupiter는 그리스의 제우스Zeus, 비너스Venus는 그리스 사랑의 여신 아프로디테Aphrodite, 숲의 신 파우누스Faunus는 그리스의 판Pan에서 그대로 받아들인 신들이었다.

고대 로마 종교는 대중 생활과 매우 밀접하게 연계되었다. 로마신들은 국사國事와 운명의 변화에 깊이 연관되었다. 그래서 종교와 정치가 겹쳐 있었다.

The Sun God Apollo
태양 신, 아폴로

제사장들은 정치 엘리트 집단의 하부조직이었을 뿐, 정치 엘리트들이 종교에 관한 충고와 의식, 희생제물 봉헌에 직접 관여했다. 인간과 신과의 관계를 규정하는 삶도 제사장이 아니라 의회 의원들이었고 그들이 신과의 관계에 있어서 인간의 행위를 조정했고 발생할 수 있는 종교적 이슈를 다루었다.

종교와 대중생활과의 관계를 보다 분명하게 한 것은 아우구스투스 황제Augustus(BC 27~AD 14)의 통치기간에 이루어졌다. 그는 종교를 활용하여 그의 통치권을 강화시켰다. 그는 시의적절하게 팔라틴 언덕에 아폴로 신전을 세웠는데 그것은 아폴로가 평화와 문명의 신으로 새 시대에 딱 들어맞기 때문이었다. 아우구스투스 시대부터 대부분의 종교 예식은 황제 자신들에게 초점을 맞추었다.

신의 도움 없이는 위대한 일을 성취해낼 수 없다는 믿음으로 로마의 유명 인사들은 전통적으로 자기 자신들 스스로를 어떤 특정한 신과 연계되어 있다고 확신했다. 그래서 스스로를 신격화했다.

로마제국에서는 모든 종교의식과 대중 축제에서 '로마황제는 신이다'라고 선언했다. 모든 동전의 한 면에는 황제의 두상과 이름이 새겨졌고 또 한 면에는 그의 힘과 성공을 상징하는 그림을 새겨 넣었다. 이와 같은 관행은 종교와 정치 체제에 중요한 역할을 했다.

고대 로마 시대에는 대중적 종교의식도 중요시 되었을 뿐만 아니라 개인적 종교의식도 함께 중시되었다. 예컨대, 라레스Lares는 조상들이 묻히는 농지의 신으로 가정집 사당에 신봉되었다. 페나테스Penates는 가

— The Lares and Snake
라레스와 뱀

정집 식품창고의 수호신으로 신봉되었고 베스타Vesta는 난로의 여신으로 어느 가정집에서나 숭배 받았고 국가를 수호하는 여신으로 영원한 화염속에서 사는 신으로 여겼다.

고대 로마 종교는 고대 그리스 종교와 비슷한 것이 많았다. 특히 신화의 인물들은 그리스의 이름이 로마의 이름으로 바뀌었을 뿐 그 역할은 거의 비슷했다. 쥬피터가 그리스의 제우스, 바쿠스Bacchus가 그리스의 디오니소스Dionysus, 포르투나Fortuna가 그리스의 튀케Tyché에서 이어온 이름들이었다. 또한 고대 로마는 동방의 여러 종교 혹은 신을 받아들였다. 고대 이집트의 이시스Isis와 오시리스Osiris, 시리아의 아도니스Adonis, 페르시아의 미트라Mithra가 로마에 들어왔다.

아우구스투스 황제시대를 지나 고대 로마의 멸망기에 접어들면서 국가 종교는 순전한 형식주의로 타락해버렸고 알맹이 없는 공허와 껍데기뿐이었다. 종교는 이제 저녁식사 시간이나 친구와의 담소의 주제가 되었을 뿐 정치적인 결집력을 제공하는 요소로서의 가치를 상실했다. 황제

숭배로 시작된 고대 로마 종교는 더 이상 인간을 변화시킬 만한 생동력이 없게 되었고 이집트, 메소포타미아, 페르시아에서 들어온 신들과 로마의 신들을 융합시켜 만들려던 로마 국가 종교는 '신화'만 남긴 채 사라지고 그리스도교의 새로운 종교역사를 맞이하게 되었다.

5. 조로아스터교

조로아스터교Zoroastrianism는 고대 페르시아의 예언자였던 조로아스터로 또는 짜라투스트라Zoroaster 또는 Zarathustra의 가르침을 추종했던 사람들의 믿음이었다. 조로아스터교도 일부는 무슬림의 박해가 시작된 후 인도로 들어가 조로아스터교도의 후손인 파시교도Parsi가 되어 오늘날에도 10여만 명이 전 세계 특히 인도와 이란 등지에 잔존하고 있다. 조로아스터교는 BC 1,200년 경 이란의 동북부 지역에서 번창하기 시작했던 종교로 인도와 멀지 않은 곳이라는 것은 오늘날의 파시교도가 인도에 잔존하고 있다는 사실과 연관되어 있다.

고대 종교들 중에서 오늘날에도 유일하게 전 세계에 10여 만명의 신도가 잔존하고 있는 것은 조로아스터교 뿐이다. 예수, 무함마드, 고타마 싯다르타(석가모니)와 같은 종교 창시자 반열에 놓일 수 있는 사람이 조로아스터라고 말할 수 있다.

조로아스터의 출생연대와 출생지는 불분명하다. 대개는 BC 628년에 태어나 BC 551년, 77세에 죽었다고 하며 이란 동중부 지역을 그의 출

— The Guardian Spirit, Ahura Mazda
선신善神, 아후라 마즈다

생지로 추정하고 있다. 15세에 성스런 노끈 '쿠스티Kusti'를 받았고 20세에 부모와 아내를 떠나 종교적 방랑의 길을 걸었고 30세에 계시를 받았다고 한다. 그 계시 내용은 "육신의 껍데기를 벗어 던지고 순수한 영혼으로서 지혜의 신, 아후라 마즈다Ahura Mazda를 섬기라"는 것이었다. 그는 계시를 받고 제사장이 되었다.

조로아스터교에는 상반되는 두 세력이 존재하였는데 하나는 생명과 선의 창조신 아후라 마즈다Ahura Mazda이고 또 하나는 악마와 파괴의 신 앙그라 마인유Angra Mainyu였다. 조로아스터교의 사상과 교리는 인간의 운명은 아후라 마즈다와 앙그라 마인유에 의해서 결정된다는 것이었다.

조로아스터교는 세상을 선신善神 아후라 마즈다와 악신惡神 앙그라 마인유의 싸움터로 보고 인간은 자신의 자유로운 선택으로 선신과 악신의 싸움에 참가하여야 한다는 것이었다. 당연히 조로아스터교는 인간의 영혼과 육체가 함께 선신과 악신의 싸움에 참가해야 하는데 선신인 아후라 마즈다의 편에서 악신에 맞서 싸워야 한다는 것이었다. 사실상 조로

아스터교는 아후라 마즈다만을 유일한 선신으로 믿었다.

조로아스터교는 인간이 죽고 나면 그 영혼은 데나Daena의 안내로 '심판의 다리Bridge of Judgement'라 불리는 '친바트 다리Chinvat Bridge'로 인도되어 심판을 받게 된다고 믿었다. 살아서 선행을 많이 한 사람은 천국으로 가고 악행을 많이 한 사람은 지옥인 '거짓의 집House of the Lie'으로 가게 된다고 믿었다.

조로아스터교의 장례 예식은 독특했는데 우선 시신은 악신 앙그라 마인유가 심하게 침범되어 있는 곳으로 간주되었다. 조로아스터교에서는 육신은 본래 선善의 창조물이므로 악신이 들어 있는 시신을 매장하거나 수장 또는 화장해서는 안 된다고 믿었다. 그래서 '침묵의 탑'인 다크마Dakhma를 세워 그 위에 시신을 올려 놓아 독수리들이 살을 뜯어 먹게 했다.

조로아스터교의 가르침은 본질적으로 낙천적이었는데 그것은 무엇이 선善인가를 선택하는 일은 어렵지 않았기 때문이였다. 조로아스터가 태어날 때 울음대신 웃음을 보였던 유일한 아기였다고 전해지는 전설은 그의 낙천적 기질을 말해주는 이야기다.

기원전 7세기까지 조로아스터의 가르침은 이란 고원지대로 퍼져 나갔다. 기원전 6세기에 시루스 대왕Cyrus The Great이 페르시아 제국을 세웠을 때 조로아스터교는 공식적인 국교가 되었고 그리스에서 이집트, 북인도까지 전교되었다.

조로아스터교도들은 타 종교에 관대했는데 심판은 사람의 신앙에 대한 것이 아니라 행위의 결과에 이루어지기 때문이라고 믿었다. 결과적으로 이 같은 조로아스터교의 가르침이 타종교인 유대교, 불교, 이슬람교에까지 영향을 끼쳤다고도 전해진다. 특히 그리스도교의 천사, 세상의 종말, 최후의 심판, 부활, 천국과 지옥 등은 형식과 내용 측면에서 조로아스터교의 영향이 있었다는 것이다. 그러나 단정적으로 조로아스터교가 타종교에, 또는 타종교가 조로아스터교에 어떤 영향을 주었는지는 말하기는 어렵다. 서기 651년 사산왕조Sassanian가 이슬람에 정복당하면서 10세기경에 조로아스터교는 사실상 종말했기 때문이다.

그러나 오늘날 10여 만의 사람들이 조로아스터교의 후손인 파시교도로 잔존되고 있어 완전히 사라지지 않은 유일한 고대 종교로서 조로아스터교를 재음미할 가치가 있다.

제3장

종교브랜드란 무엇인가?

1. 종교브랜드가 필요한 이유

세속화 이론

1960년대까지 수용되었던 고전적 세속화 이론世俗化理論, Secularization Theory의 핵심 내용은 고대 사회가 현대 사회로 변화되면서 종교의 위상, 종교 조직의 구조, 종교에 대한 개인들의 태도가 변화된다는 것이다. 즉 사회가 산업화, 도시화되면서 특히 첨단기술이 발달되면서 종교에 대한 인간의 신앙태도 역시 바뀌었다. 한 마디로 사회와 그 구성원에 대하여 종교가 갖고 있었던 권위의 깊이와 범위가 감소되고 있다는 것이 세속화 이론의 내용이다.

1990년대에 들어와 여러 학자들이 주장한 신 세속화 이론Neo Secularization Theory은 고전적 세속화 이론을 다듬어 사회 수준의 세속화, 조직 수준의 세속화, 개인 수준의 세속화로 세분한 것이다.

사회 수준의 세속화란 정치, 경제, 교육과 같은 사회제도 영역에 대한 종교 지도자의 통제 능력이 감소되고 있다는 것이다. 조직 수준의 세속화란 종교 조직 내에서 조직 구성원에 대한 종교 권위자의 통제력이 감소되고 있음을 뜻하며, 마지막으로 개인 수준의 세속화란 개인의 행동이 종교적 통제를 받는 정도가 감소되고 있다는 것이다. 사회가 산업화 되어 가면 갈수록 '종교적 영향력'은 그만큼 줄어들고 있음을 지적하고 있는 논리이다.

인간은 점점 과학과 첨단 기술의 발달로 인간의 잣대로 세상을 분석하는 능력을 키워가면서 종교의 존재가치와 필요성을 덜 느끼고 있으며 종교체제 자체에서도 '세속화'가 진행되고 있다는 것이 '세속화 이론'의 지적이다. 그러나 세속화로 종교권위가 미치는 범위가 감소될 지라도 지구상에서 종교가 사라질 것으로 보는 극단적인 주장은 없다. 오히려 성聖스런 것은 세속화되고 속俗적인 것은 성聖스러워지는 양방향의 상호의존적 관계로 발전된다고 본다.

일본 작가 사이토 다키시가 그의 저서 『세계사를 움직이는 다섯가지 힘』(2009)에서 종교를 그 중 하나의 힘으로 꼽고 있듯이, 종교는 오히려 세속화를 수용하면서 발전되어 갈 것이다. 다른 말로 표현하자면, 종교가 세속화되어 감으로써 종교적 권위를 감소시키는 것이 아니라 종교가 세속적 시스템을 현실적으로 접목시킴으로써 오히려 성장할 수 있다고 보는 것이다.

'세속'이라는 말이 라틴어로 '수도원의 바깥'이라는 의미로 볼 때 울타리의 안쪽이냐 바깥 쪽이냐 하는 나눔에 불과한 것이다. 따라서 종교가 성聖의 세계이고 일반 사회가 속俗의 세계라면, 종교는 세속을 떠나서 존재할 수 없다. 성聖과 속俗은 서로 다르면서도 배척관계에 있는 것이 아니라 서로 교차적으로 영향을 주고받으면서 공존할 수밖에 없는 상호관계에 있다.

종교는 세속을 대상으로 선교하여야 하고 세속에 존재하고 있는 힌두교, 유대교, 그리스도교(가톨릭, 정교회, 프로테스탄트), 이슬람교, 불교 등의 공개 종교시장에서 경쟁해야 하는 세속적 필연의 한계에 있다. 그래서 종교를 브랜딩branding할 필요가 있는 것이다.

종교의 공개시장

공개시장open market이란 상품이나 서비스를 파는 다수의 공급자들과 이를 필요로 하는 다수의 수요자들, 즉 소비자들이 자유롭게 상품과 서비스를 팔고 사는 시장체제를 의미한다. 공급자들은 자유공개시장에서 살아남기 위하여 상품이나 서비스의 품질을 향상시키고 소비자들의 니즈를 파악하고 소비자들과의 커뮤니케이션 강화 등 마케팅 활동을 하지 않으면 안된다.

한편, 소비자들은 상품이나 서비스 브랜드들에 대한 정보를 쉽게 갖게 되고 고려 대상의 브랜드군에서 가장 선호하는 브랜드를 구매하게 된다. 예컨대, Samsung, LG, Apple, Sony 등 전자제품 브랜드들이 경쟁하고 있고, Nike, Adidas, Fila 등 운동화 브랜드들이 경쟁하는 공개 경쟁시장에서 소비자들은 자기가 선호하는 브랜드를 선택한다. 마찬가지로 종교도 공개 경쟁시장 환경 안에 존재하며 세속의 상품이나 서비스 브랜드들처럼 브랜드 시장 또는 브랜드전장battle of brands에 놓여 있을 뿐이다. 유대교, 그리스도교(가톨릭, 정교회, 프로테스탄트), 이슬람교, 힌두교, 불교 등 다양한 종교들이 공급되어 사람들은 다양한 종교들 중에서 자신이 기대하는 종교를 선택하게 된다.

종교의 공개시장을 부추기는 요소 중에서 가장 원초적인 요소는 지구상의 대다수 국가들이 '종교의 자유'를 헌법에 명시적으로 선언하고 있다는 점이다. '종교의 자유'란 종교를 가질 수 있고 갖지 않을 수도 있는 포괄적 자유를 의미한다. 뿐만 아니라 이는 어떠한 종교라도 선택할 수 있는 자유를 보장한다. 어느 종교도 시장을 독점할 수 있는 환경에 놓여 있지 않다. 종교는 다양한 종교 공급자들 즉 다양한 타 종교들과 공존해야 하고 더욱이 불확실한 시장에서 경쟁을 해야 한다.

이제 종교는 사회적 규범이나 신앙적 명령이 아니라 하나의 서비스 브랜드로 간주되어야 한다. 그래서 종교가 공개시장에서 생존하기 위하여 종교 브랜딩이 필요한 것이다.

종교 선택의 자유

앞에서 설명하였듯이 종교시장이 변하는 것은 사람들에게 주어진 종교 선택의 자유에서 비롯된다. 종교 선택의 자유는 어느 종교를 선택하느냐는 자유와, 종교를 갖지 않는 자유뿐만 아니라 현재의 자기 종교를 떠나 다른 종교로 개종할 수 있는 자유까지를 포함한다. 과거보다 오늘날 이혼율이 급격히 높아지고 있듯이 이제 사람들이 자기가 믿었던 종교를 쉽게 떠나거나 다른 종교로 개종하는데, 이는 이미 놀랄만한 일이 되지 못하고 있다.

웨이드 클라크 루프Wade Clark Roof가 저서 『영성시장Spiritual Market Place』(1999)에서 미국인들의 개종현황을 지적했는데 그의 설명에 따르면 1960년대에 들어와 개종하지 않고 처음의 종교를 믿고 있는 사람은 1/3 정도이고 2/3정도가 어렸을 때 믿었던 종교를 떠나 다른 종교로 개종한다는 것이다. 종교 선택의 자유들을 부추기는 요인들은 무엇일까?

첫째, 오늘날의 사람들은 종교에 대한 인식을 자의적이고 매우 개인적 차원에서 갖고 있다는 것이다. 현대인들은 종교의 의식, 전례, 종교 지도자들에 대한 전통적 존경이나 이해보다는 개인적 차원에서 '편하게' 종교를 해석하려는 경향을 갖는다.

둘째, 오늘날의 젊은이들은 부모의 종교를 따라 종교를 갖기 보다는 자신들의 정서와 문화, 가치관에 맞는 종교를 선택한다.

셋째, TV, Internet, Cable TV 등 미디어 산업의 폭발적 성장과 더불어 모든 종교가 드러나 있다. 종교 지도자, 선교자 등 종교 관련 전

문가들이 커뮤니케이션 매체들을 통하여 종교마케팅을 하고 있기 때문에 종교 고객들은 쉽게 종교를 비교해서 선택할 수 있기도 하고 개종하기도 한다.

고객들은 언제나 Merzdes-Benz를 타다가 BMW로 바꾸거나, Samsung TV에서 LG TV로 브랜드를 바꿀 수 있는데 이를 브랜드 전환Brand Switch이라 한다. 마찬가지로 불교에서 가톨릭으로, 프로테스탄트에서 불교로, 이슬람에서 힌두교로 개종하는 것을 종교 전환Religion Switch이라 부른다. 앞으로는 종교브랜드 전환은 더욱 많아질 것이다.

종교 선택의 자유가 종교 고객들에게 주어져 있고 종교 고객들이 충분한 종교 정보를 습득할 수 있어 종교를 가질 수도, 종교를 갖지 않을 수도, 종교를 떠날 수도, 종교를 전환할 수도 있다. 그래서 종교 브랜딩이 더욱 필요한 것이다.

2. 종교브랜드란 무엇인가?

종교브랜드 정의

'종교브랜드Religious Brand'라는 용어 자체가 저자가 처음 소개하는 것이므로 그 정의가 제대로 설정될 필요가 있다. 종교브랜드는 종교를 하나의 상품 또는 서비스 개념으로 파악하는데서 비롯한다. 뿐만 아니라 종교브랜드 개념은 종교 선교를 마케팅 활동으로 이해하고 가장 발전된 마케팅 활동의 하나인 브랜딩branding 혹은 브랜드 매니지먼트brand management 시각에서 파악하려는 시도이다.

저자는 제품이나 서비스 브랜드의 정의를 원용援用하여 종교브랜드 정의를 설정하고자 한다. 이런 측면에서 종교브랜드란 어느 특정 종교가 추구하는 가치, 제도, 전례, 의식 등에 대한 정체성identity, 경쟁 또는 비교되는 타 종교들과의 차별성differentiation 그리고 그 종교에 대한 연상성associations을 잠재 신자들에게 전달하기 위하여 활용하는 종교 이름, 종교 심볼, 종교 슬로건 또는 이들의 결합체를 의미한다. 예컨대, 힌두교Hinduism, 불교Buddhism, 유대교Judaism, 그리스도교Christianity, Catholic, Orthodox, Protestants, 이슬람교Islam 등이 대표적인 종교브랜드라 할 수 있다.

종교브랜드 아이덴티티 요소

종교브랜드 아이덴티티 요소Religious Brand Identity Elements란 종교브랜드의 정체성, 타 종교와의 차별성을 나타내는 브랜드 구성 요소들을 의미한다. 대표적인 요소들은 종교브랜드 네임, 종교브랜드 심볼, 종교 경전, 종교 지도자의 복장, 교회, 성당, 모스크, 시나고그 등 종교 건물 등이다.

— 종교브랜드 네임Religious Brand Name

종교브랜드 정체성 요소로서 가장 핵심적인 것이다.

사실상 종교를 구분하고 차별화시킬 수 있는 가장 강력한 요소는 종교브랜드 네임이다. 힌두교Hinduism, 불교Buddhism, 유대교Judaism, 그리스도교Christianity, Catholic, Orthodox, Protestants, 이슬람교Islam, 조로아스터교Zoroastrianism, 자이나교Jainism 등이 종교브랜드들이다.

종교브랜드 네임 중에서 정확한 정의 없이 활용되고 있는 것은 그리스도교Christianity이다. 특히 한국 프로테스탄트개신교가 '그리스도교'에 대한 잘못된 해석과 잘못된 사용을 하고 있어 이를 바로 잡아야 한다.

그리스도교의 유래는 '예수가 참 하느님의 아들, 그리스도이시다' 라는 신앙에서 형성된 종교이름이다. 논리적으로 가톨릭, 정교회, 프로테스탄트개신교가 그리스도교이다. 이는 가톨릭, 정교회, 프로테스탄트가 하나의 종교브랜드, 그리스도교로 통일되어야 함을 의미한다. 그러나 현실적으로 가톨릭, 정교회, 프로테스탄트가 제각기 정체성을 갖고 독립된 종교로서 분화되어 있다.

엄밀히 말하자면 그리스도교는 존재하지 않는다. '그리스도'의 한자 음역이 '기독基督'이고 그래서 '그리스도교'라는 말은 '기독교'라는 한자어식 발음이 나왔는데 우리나라의 프로테스탄트개신교는 자신들만을 '기독교'라 칭하고 있고, 더욱이 가톨릭에서도 이를 수용 또는 묵인하고 있는 자세를 취하고 있다. 언어적 시각으로 이를 해석하면 그리스도교는 한자 음역으로 '기독교基督教'일 뿐이고 프로테스탄트가 자신만을 "기독교"로 표현하는 것은 잘못이다.

한편 가톨릭도 '가톨릭', '천주교', '구교' 등으로 종교이름을 혼란스럽게 사용하고 있는데 이는 브랜드 정체성 시각에서는 잘못된 사용이라 할 수 있다. 그래서 외래어 표기법에 따르자면 외래어는 원 사용국가의 발음으로 표기해야 옳다.

'Catholic'은 전 세계 공통적으로 사용되는 단 하나의 이름, 즉 가톨릭으로 표현되어야 한다. '가톨릭'을 '천주교'나 '구교' 등 서로 다른 브랜드네임을 사용해서는 브랜드 정체성이 희석된다. 더욱이 'Catholic'은 글로벌 브랜드global brand로 포지셔닝되어 있는데 이를 한국적 해석의 '천주교'로 또다른 브랜드 네임을 갖는 것은 궁극적으로 브랜드 정체성의 혼란을 야기할 수 있다. 따라서 이 책에서 저자는 '가톨릭Catholic', '프로테스탄트Protestants, 개신교'로 통일하여 사용한다.

— 종교브랜드 심볼

심볼Symbol은 상징, 표상, 기호를 의미하는데, 종교마다 그 종교를 상징하는 도형이 있다. 그것을 종교브랜드 심볼 또는 종교브랜드 심볼 마크라 한다.

대표적인 종교들의 심볼 마크를 살펴보면 다음과 같다.

<table>
<tr><th>종교</th><th>심볼마크</th></tr>
<tr><td rowspan="2">유대교</td><td> Star of David(다윗의 별)</td></tr>
<tr><td> Menorah(촛대)</td></tr>
<tr><td rowspan="2">가톨릭</td><td> Crucifix(십자고상)</td></tr>
<tr><td> Christ</td></tr>
<tr><td>힌두교</td><td> om(모든 소리의 근원)</td></tr>
</table>

프로테스탄트	 Cross(십자가): 죽음과 부활의 상징
이슬람교	 Star and Crescent(별과 초승달)
불교	 Wheel of Dharma(법륜)

위 '종교브랜드 심볼'에서 알 수 있듯이 종교브랜드 심볼의 특징은 일반 제품이나 서비스 브랜드 심볼과 달리 다양한 심볼 요소들을 갖고 있다는 것이다.

가장 다양한 심볼을 갖고 있는 종교는 가톨릭이다. 어느 한 가지 상징으로 가톨릭이라 정의하기 어렵다. 십자고상, 알파 오메가, 성모상, 예수상 등 다양하다. 비교적 간단명료하고 단일 심볼 마크를 갖고 있는 종교는 유대교와 이슬람교를 들 수 있다.

— 종교 경전經典

종교 경전은 종교의 교리를 기록한 글이나 책으로서 종교브랜드의 정체성을 가장 극명하게 드러낼 수 있는 브랜드 요소이다. 경전 없는 종교는 존재할 수 없고 종교브랜드 마케팅은 경전을 얼마만큼 깊이 있게 올

바르게 얼마나 많은 사람들에게 이해시키고 이를 실행할 수 있게 하느냐에 있다고 볼 수 있다.

종교 경전이 인간의 삶과 죽음의 문제를 다루는 데 있어 얼마나 많은 사람들에게 얼마나 깊은 영향을 어떻게 줄 수 있을 것인가에 따라 종교가 서로 차별화할 수 있기 때문에 가장 중요한 종교브랜드 요소라 할 수 있다.

유대교의 경전은 토라Torahn, 율법라 하는데 그것은 구약 성경의 모세 5경이다.

그리스도교의 경전은 성경Bible인데 이는 구약 성경과 신약 성경을 모두 합친 것이다. 가톨릭, 정교회, 프로테스탄트개신교는 성경 즉 구약 성경과 신약 성경을, 성경의 권수 등 약간의 차이가 있으나 대체로 공히 경전으로 삼고 있다.

이슬람의 경전은 꾸란Quran인데 이

— 그리스도교 성경

— 불교 불경

— 이슬람교 꾸란

는 아랍어로 쓰여 있고 읊거나 읽을 때는 반드시 아랍어로 읽어야 하고 번역해서 읽으면 안 된다고 믿는다. 이슬람의 꾸란은 상당 부분에 있어서 그리스도교의 신약성경과 내용이 일치하고 유사하다. 알라하느님로부터 예수까지 신약성경에서 나오는 인물들이 그대로 소개되고 있으며 무함마드는 예언자 중 한 사람으로 이슬람교의 창시자로 소개되고 있다.

경전의 측면에서 보면 유대교와 그리스도교는 절반의 형제교이고 그리스도교 내의 가톨릭, 정교회, 프로테스탄트는 한 형제이다. 또한 그리스도교와 이슬람교의 관계도 이복 형제로 볼 수 있다. 따라서 유대교와 이슬람교 관계도 완전한 남남으로 볼 수 없는 사이다.

힌두교의 경전은 베다Veda로 BC 1,500년부터 BC 200년 사이에 이루어진 것이다. 내용으로는 찬송, 기도, 의식 등이 있는 성스러운 찬가 또는 시이다.

불교의 경전은 석가가 죽은 후 100년이 지나서 시작되어 AD 2세기 초까지 이루어졌다. 불경은 경經, 율律, 논論이라는 세 권의 교리서다. 경經, Sutra Pitaka은 불타의 전기와 그의 가르침이고, 율律, Vinaya Pitaka은 수도승들이 지켜야 할 계율이며, 논論, Abidharma Pitaka은 불교의 원리를 철학적으로 논술한 것이다.

— 기타 종교브랜드 아이덴티티 요소

위에서 살펴보았듯이 종교브랜드의 정체성 요소는 종교브랜드 네임, 종교브랜드 심볼, 종교 경전 외에도 뚜렷한 차별화 요소들이 있다. 예

가톨릭 사제

가톨릭 수녀

불교 스님

유대교 랍비

— 종교복장 비교

컨대, 가톨릭 사제의 복장, 수도자(수녀)의 복장이 타 종교지도자들의 복장과 차별되고, 대표적인 것은 종교 지도자들의 복장과 종교 건물의 디자인이다. 불교 스님들의 복장 또한 타 종교 지도자들의 복장과 뚜렷이 차별된다.

유대교의 시나고그Synagogue, 유대교 회당, 가톨릭의 성당, 이슬람교의 모스크Mosque, 이슬람교 사원 불교의 사찰은 종교의 정체성을 나타내는 또다른 브랜드 아이덴티티 요소들이다.

— 가톨릭 성당

유대교 시나고그

— 불교 사찰

— 이슬람교 모스크

PART

III

글로벌 종교브랜드

종교는 누구나 헤아릴 수 있는 삶의 기본 원리이다

– 레흐 니콜라예비치 톨스토이

종교와 신앙교육에 있어서 문제점은 사람들이 자기가 믿는 종교나 신앙이 최선의 것으로 이해하고 주장하는 편견을 갖고 있다는 데 있다. 뿐만 아니라 사람들은 자기의 종교가 아닌 타 종교의 보편적 가치와 차별된 가치를 무시하는 배타적 태도를 갖고 타 종교에 대하여 이해하려고 노력하지 않는다.

세계의 모든 국가들이 헌법적으로 종교의 자유를 보장하고 있다. 헌법적 종교의 자유는 종교를 가질 수도 갖지 않을 수도 있는 자유와 종교 선택의 자유를 의미한다. 그러나 이러한 종교의 자유에도 불구하고 사람들은 종교에 대한 종합적인 교육기회가 없고 종교들을 비교할 지식과 정보를 갖지 못하고 있어 종교에 대한 편견이 더욱 심해지고 있다. 사실상 종교 전쟁, 종교 갈등, 또 이로 인한 인종 분열 등 평화를 깼던 역사가 있었고, 지금도 종교 분쟁이 여전히 존재하고 있다.

글로벌 종교브랜드의 소개 목적은 적어도 20여 개국 이상 국가에서 일정 수준의 신자를 갖고 있는 종교브랜드에 대하여 그들의 보편적 가치와 사상, 타 종교브랜드와의 차별적 가치를 이해하는 데 있다.

인류 문명사에 영향을 끼쳐온 현존 종교브랜드로서의 세계분포 현황, 역사성, 신자수 등의 크기로 5대 글로벌 브랜드 즉, 유대교, 그리스도교(가톨릭, 정교회, 프로테스탄트), 이슬람교, 힌두교, 불교 등을 선정했다. 5대 글로벌 종교브랜드는 Part V에서 취급할 종교브랜드 가치평가의 대상 브랜드들이다.

제1장

유대교 Judaism

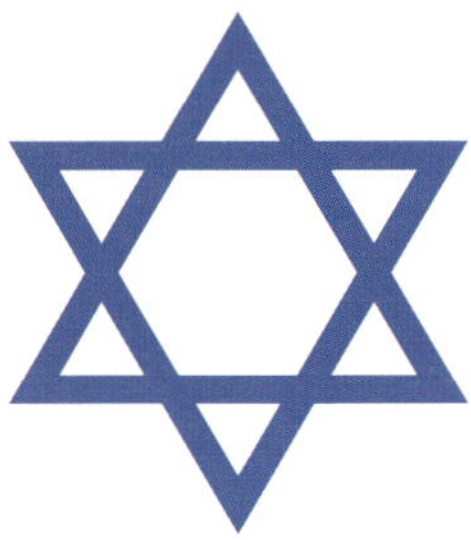

— Star of David

다윗의 별

— Menora

촛대

1. 유대교 개괄

기원

세계의 유일신 종교 가운데서 가장 오래된 종교가 유대교이다. 유대교 역사를 관통하고 있는 하나의 관념이 있는데 그것은 바로 유일하고 정의로운 신이 사회와 자연의 질서를 주재한다는 것이다. 유일신 종교로서 그리스도교와 이슬람교는, 유대교의 후속 종교라 볼 수 있다.

유대교는 유대인들의 종교이며 유대인들의 믿음이고 실천의 원칙이다. 넓은 의미에서 유대교는 아브라함으로 시작되는 족장 시대부터 지금에 이르기까지 4천년에 걸친 유대민족의 종교 현상 전체를 뜻한다. 그러나 좁은 의미에서는 기원전 5세기에 유대 민족이 바빌론 유배에서 돌아와 유대교를 재건한 때부터 지금까지 2,400년 동안 믿어온 신앙 체계이다.

유대교의 선조는 아브라함Abraham, 그의 아들 이삭Issac 그리고 야곱Jacob으로 이루어진다. 창세기 32장의 이야기는 꾀 많은 야곱이 '하느님과 씨름하다'는 뜻으로 '이스라엘Israel'이란 이름이 붙여지면서 이스라엘이 등장한다.

'너는 하느님과 겨루고 사람들과 겨루어 이겼으니, 너의 이름은 이제 더 이상 야곱이 아니라 이스라엘이라 불릴 것이다.' (창세32,28)

즉, 이스라엘은 '하느님과 씨름하다' 라는 뜻을 가진 이름이다. 국명이 창세기에서 시작하여 오늘날까지 현존하는 나라는 이스라엘 밖에 없다. 유대인들이 그들의 조국 이스라엘에 대한 특별한 열정과 자존심을 가질만한 이유는 이미 창세기에 기록되어 있는 것이다. 이런 의미에서 유대교는 유대인이고, 유대인은 곧 유대교라는 기원을 갖고 있다.

선민사상

"선민"의 개념은 하느님이 보잘 것 없었던 이스라엘을 선택하였다는 유대교의 선택사상에 근거를 두고 있다. 구약성경 신명기는 하느님의 이스라엘 선민을 이렇게 기술하고 있다.

"이는 너희가 주 너희 하느님의 거룩한 백성이며, 주 너희 하느님께서 너희를 선택하시어 땅 위에 있는 모든 민족들 가운데에서 너희를 당신 소유의 백성으로 삼으셨기 때문이다." (신명7,6)

이 같은 집단적인 선민사상에 따르면 이스라엘이 존재할 수 있는 것은 하느님이 선택하지 않고서는 불가능한 일이고 따라서 하느님의 선민은 이스라엘의 존재 이유가 되고 있다. 유대인들은 짧은 신명기 이야기를 통하여 스스로 하느님과의 특별한 관계에 있는 민족Special relationship with God 이며, 그것이 하나의 큰 특권이라고 생각한다. 이러한 선민사상은 모세 이후 이스라엘 신앙의 핵심이었다. 뿐만 아니라 이스라엘이 2,000년 이상 나라를 잃고 떠돌면서도 정체성과 민족결속을 강하게 지켜갈 수 있는 것도 선민사상에서 비롯된다고 볼 수 있다.

유대인

유대교 혹은 유대인이라면 무엇이 떠오르는가? 탈무드, 통곡의 벽에서 기도하는 유대인의 모습, 히틀러의 600만 유대인 대학살, 디아스포라로 나라 없이 떠돌다가 1948년 이스라엘이라는 나라를 세운 사람들, 유대교는 곧 유대인, 유대인은 곧 유대교인으로 동일시되는 나라와 민족 등이 연상된다.

전 세계 유대교 신자 수는 1천 4백만 정도이다. 2012년 현재 전 세계 인구수는 70억 2천만 명이고 그 중 88%, 즉 62억 명이 종교인인데 유대교 신자 수 1천 4백만 명은 세계 종교인 총 수의 0.22%에 불과하므로 유대교는 극히 소수의 종교이다. 이 중 6백만 명이 미국, 5백만 명이 이스라엘 그리고 3백만 명 정도가 러시아, 동유럽 등지에 퍼져있다.

유대교인들은 숫자적으로는 소수이지만 이제까지의 노벨상 수상자 829명 중 179명이 유대인들이니 세계 인구의 0.2% 밖에 되지 않는 소수 민족이 역대 노벨상 수상자의 22%를 차지하고 있으며, 사실상 유대

마이클 블룸버그 재닛 옐런 헨리 키신저 제이컵 루

교인들이 가장 많이 살고 있는 미국에서는 언론계, 금융계, 정치계, 학술계, 예술계에 이르기까지 유대인들의 파워는 막강하다. '유대인의 노벨상'으로 불리는 '제네시스Genesis(창세기) 상' 1회 수상자인 뉴욕시장 마이클 블룸버그는 물론 미국 중앙은행 연방준비제도Fed의 차기 회장으로 지명된 재닛 옐런은 유대인 출신 회장의 전통을 지키고 있으며, 그 밖에도 헨리 키신저 전 국무장관, 제이컵 루 현 재무장관, 디자이너 캘빈 클라인과 랄프 로렌, 골드만삭스의 창업자인 마르커스 골드만과 새뮤엘 삭스 등 미국을 움직이는 유대인들은 헤아릴 수 없을 만큼 많다. 유대교는 '민족종교라는 약점'과 '민족종교라는 강점'을 동시에 갖고 있는 지구상 유일한 종교라 할 수 있다.

2. 유대교 역사

아브라함(Abraham) – 모세(Moses)

유대인의 역사는 아브라함으로부터 시작되었다. 아브라함은 그의 부족들을 설득하여 하느님을 믿게 하였고 하느님은 그에게 그의 자손들은 선택된 사람들이고 이스라엘 땅의 주인이 되리라 약속해 주었다.

아브라함의 아들 이삭은 자기 부모들처럼 아들 야곱을 잘 길렀다. 야곱은 4명의 부인들한테서 12명의 아들을 얻고 이들을 길러 가문의 전통을 이어 받게 했다. 야곱 열두 아들이 마침내 이스라엘의 12지파 조상이 되어 고대 이스라엘의 역사를 태동시켰다.

본래는 야곱이라는 한 뿌리에서 시작된 12지파는 서로 협력과 갈등의 공동체 경험을 갖게 되었다. 그 후 이집트로 이주하여 사는 동안 고난과 결속을 반복하면서 이스라엘 민족은 정신적으로 강한 민족이 되어갔다.

모세가 80세 때 이집트에서 유대민족을 탈출, 즉 이집트 탈출Exodos을 감행하였고 탈출 49일째 되던 날 하느님으로부터 시나이 산에서 토라를 받아 '유대국가'를 태동시켰다. 광야에서 40년간 고난의 생활을 마감하고 마침내 이스라엘 땅으로 들어온 유대민족은 명실공히 유대 국가를 창건했다.

유배생활(Exile)

다윗왕의 아들 솔로몬Solomon왕은 예루살렘에 1차 성전을 완성하여 410년간 존속시켰다. 솔로몬 왕이 죽고 나서 이스라엘은 북 왕국과 유대왕국으로 쪼개졌다. 바빌론에 의해 1차 성전이 파괴될 때까지 쪼개진 두 왕국은 존속되었고 성전 파괴와 함께 이스라엘 민족들은 70년 동안 바빌론에서의 유배 생활에 들어갔다. 바빌론에서의 유배생활이 끝날 무렵 '부림Purim'의 기적이 일어나 페르시아 제국에 있었던 유대인들은 사악한 하만Haman으로부터 기적적으로 벗어나 유배생활을 청산하고 이스라엘 땅으로 귀환하여 2차 성전을 재건하고 고국에서의 삶을 다시 시작했다. 그러나 로마군이 예루살렘을 침공하여 로마 통치가 시작되었고 성전은 완전히 파괴되었다. 겨우 남은 것은 '코텔 마라비Kotel Maaravi', 히브리어로 '서쪽의 벽Western Wall'을 의미하는 소위 '통곡의 벽' 뿐이었다.

2차 성전이 파괴된 후 유대인들은 세계 각지로 분산되기 시작되어 바빌론, 스페인 그리고 북아프리카에서 유대공동체 생활을 시작했다. 그러나 박해가 심해지자 이 나라에서 저 나라로 추방당하면서 유배지를 옮겨갔다. 서쪽의 스페인에서 프랑스, 독일, 폴란드 그리고 동쪽의 러시아로 유배 생활 터전이 바뀌었다. 유대인들은 그들이 어느 곳에 있던 고통을 참고 살았다. 이와 같은 암울했던 유대인의 유배생활을 통해서 유대 공동체 의식이 견고해졌다. 유대인의 역사는 유배생활을 빼놓고는 설명될 수 없다.

유대인 대학살(Holocaust)

역사적으로 유대인은 박해의 운명을 피할 수 없는 민족이었다. 유대인은 이질적이고alien 불길한sinister 소수 민족으로 여겨졌다.

'반셈족주의anti-Semitism' 즉 반유대인주의는 '유대인 증오주의'라 표현되어야 할 말로 1870년대 독일의 한 언론인이었던 빌헬름 마르Wilhelm Marr가 처음 사용했던 것인데 이 말이 결국 유대인 대학살이라는 인류 문명사에 최대 비극을 낳게 하였다. 빌헬름 마르는 유대민족을 생물학적으로 '이질적인 인종'으로 매도했다. 1차 세계대전에서 패한 독일은 계속되는 경제 위기에 놓였고 1933년 아돌프 히틀러가 총통이 되면서 유대민족의 비극은 더해갔다. 히틀러는 전쟁에서 패한 이유를 세계에 퍼져있는 유대인의 음모로 확신하여 유럽에서 유대인을 제거하기로 결심했다.

2차 세계대전 중 독일군이 유럽을 점령하면서부터 유대인들을 한 곳에 몰아넣어 계획적인 집단 살해를 자행하였다. 1945년 1월 27일 폴란드 아우슈비츠의 유대인 포로수용소가 해방될 때까지 600만 명에 이르는 유대인이 '인종 청소' 라는 명목으로 나치스에 의해 학살되었다.

1942년 중반 독일이 유럽 전역을 점령할 무렵, 나치스는 헬름노, 아우슈비츠, 트레블린카, 소비보르 마즈다, 벨제크에 집단 수용소 즉 학살 캠프를 설치하고 도착한 유대인들을 분류하여 늙은 사람들은 바로 죽이고 젊은 사람들은 노역을 시켰다. 구타, 굶주림, 고문 그리고 집단 가스 학살이 600만 유대인에게 자행되었던 것이다. 인간의 폭력성, 잔

인성, 배타성, 광기의 극치였던 홀로코스트는 20세기 인류 최대의 치욕적인 사건이었다.

"신은 과연 존재했었는가?" 하는 홀로코스트에 대한 한맺힌 질문은 유대인들에게 뿐만 아니라 모든 인류에게 남겨지고 있을 만큼 비극적이다. 히틀러가 결심했던 유대인 말살은 오히려 유대인 응집이 되었고 "신은 과연 존재했었는가?" 라는 질문에 유대인들은 철저히 토라와 미츠보트 613을 지키면서 하느님의 존재에 응답하고 있다.

3. 유대인 신앙

기본신앙

유대인은 매우 율법적이고 철저한 신앙인들로 하느님에 대한 강한 믿음을 갖고 있는 민족이다. 가장 핵심적인 유대인의 신앙은 다음과 같다.

- 나는 하느님을 믿는다. 하느님은 한 분이다. 과거에도 현재에도 그리고 앞으로도 그분은 한 분이다.
- 나는 하느님은 어느곳에든지 계심을 믿는다.
  하느님은 형체가 없으신 분이다.
  하느님은 만물을 창조하시고 만물을 보실 수 있는 분이다. 하느님은 영원무궁하시다.
- 나는 하느님이 사람에게 말씀하심을 믿는다. 사람은 예언자들이다.

가장 위대한 예언자는 모세였고 하느님은 모세에게 토라Torah를 전수하셨다.

– 나는 토라가 진리라고 믿는다.

또한 하느님께서는 토라를 지키는 자들에게 보상을 주리라 믿는다.

– 나는 어느 날 '모시야크Moshiach'라 불리는 한 유대 왕이 나와 모든 유대인을 모아 에레츠 이스라엘Eretz Yisrael에 살게 하리라 믿는다.

그가 우리를 통치할 것이고 온 세상은 평화가 깃들 것이다.

나는 하느님이 죽은 자에게 생명을 도로 주실 것이라 믿는다.

유대교 교리

첫째, 유대교는 보편성과 배타성이 강한 종교이다. 즉 하느님은 우주 전체의 주인이면서도 또한 유대인들의 민족적 하느님이라는 강한 선민 사상을 갖고 있는 종교이다.

둘째, 유대교는 유일신론주의 종교이다. 하느님은 오직 한 분이며 독특하다는 철저한 믿음의 종교이다. 유대교는 인류 역사상 최초의 유일신 종교이고 유일신(하느님)을 믿는 그리스도교와 이슬람교의 모 종교라 할 수 있다.

셋째, 하느님을 절대자로 믿는 종교이다. 하느님은 전지전능하며 인간사를 마음대로 지배하는 절대자이며 인간의 주인으로 섬기는 종교이다.

유대교는 하느님은 한 분이시고 천지창조자이시며 생명의 원천이니 모든 존재가 그의 뜻에 의존한다는 믿음의 종교이다. 그러나 유대교는 교리보다는 관습을 더 중요시하고 있다.

예컨대, 타 종교에서 유대교로 개종할 때 신앙고백 보다는 '유대인들의 전통적인 관습을 채택'하라는 요구를 한다거나 만일 유대교를 배신하면 '유대인 조상들의 관습에 따라 살지 않는 사람'으로 묘사하는 것은 유대 민족의 역사성과 선민사상에서 비롯하는 것으로 볼 수 있다.

시나고그(Synagogue)

제2 성전시대와 랍비시대에 발전한 것은 종교의 민주화인데 이는 성전에서 회당으로 옮겨갔기 때문이다. 제사장만 출입할 수 있었고 제사장만 제사드릴 수 있었던 성전에서 누구나 출입할 수 있는 회당으로 변경되었기 때문이다.

시나고그Synagoge는 그리스어로 "쉬나고오게"인데 그 뜻은 "만남의 장소a place of meeting"라는 뜻이다. 실로 시나고그는 유대인 공동체 생활의 센터였는데 전통적으로 시나고그는 중요한 3가지 기능을 갖

고 있다.

첫째는 기도의 집이다. 안식일과 축제일에 예배의식이 거행되는 기도의 장소이다.

둘째는 만남의 집이다. 유대인들은 여러 가지 목적으로 함께 만날 수 있는 장소로 시나고그를 활용한다.

셋째는 공부의 집이다. 토라와 탈무드를 공부하는 장소로 시나고그를 활용한다.

시나고그의 가장 중요한 특징은 동쪽 벽 맞은 쪽에 예루살렘을 향해서 벽장이나 법궤가 놓여 있다는 것이다. 법궤 안에 양피지에 히브리어로 쓰인 오경의 두루마리가 있다. 토요일마다 아침 예배 때 법궤가 열려 있고 율법 두루마리는 높이 들려서 화당 예배 좌석 사이를 돌아간다.

시나고그는 유대교의 정체성을 유지해 주는 한 요소로 기능하고 있다.

4. 유대교 경전

유대교의 경전은 그리스도교에서 '구약성경'이라 부르는 것을 '타낙Tanak'이라 부르는 것이다. 유대교의 타낙은 율법서인 '토라Torah' 예언서인 '네빔Nebbim', 성문서인 '케투빔Ketubim'의 두 문자 TNK를 취하고 자음 사이에 모음 a를 넣어서 'Tanak'으로 명명되었다.

율법서 '토라(Torah)'

율법서는 히브리어로 'Torah'인데 그 뜻은 '가르침'이다. 하느님이 인간에게 준 가르침이라는 뜻으로 '법전', '율법' 형식인 토라는 인간을 구속시키려는 조문들이 아니라 인간의 삶을 건강하고 정결하게 유지할 수 있고 공동체가 더불어 살아가는 비결을 가르치는 내용으로 가득 차 있다.

하느님은 충복인 모세를 통하여 모든 유대민족들을 가르치려고 시나이 산에서 모세에게 토라를 전수시켰다. 일반적으로 '모세5경'이라 불리우는 토라는 창세기, 탈출기, 레위기, 민수기, 신명기 등 5권의 책을 말한다. 토라는 유대인들에게는 바로 삶이고 존재 이유이다. 유대인들은 토라를 공부하고 토라의 지침대로 삶을 영위하면서 기쁨과 행복을 느낀다.

토라 안에는 613계명이 있는데 이를 '미츠보트(Mitzvot)'라 한다. 즉 토라(모세5경) 안에는 613가지의 하느님 명령이 있는데 이 중 248개는 긍정적 계명(하라)이고 365개는 부정적 계명(하지 마라)으로 이루어져 있다. '미츠보트 613'은 토라 안에 있는 하느님 계명들인데 유대인은 하느님과의 관계를 미츠보트를 통하여 갖는다.

하느님이 시나이 산에 내려와 인간에게 준 토라는 '성문 토라Written Law'와 '구두 토라Oral Law' 2개의 부분이었다. 성문 토라는 2개의 석판에 쓴 10계명Ten Commandments이고 구두 토라는 하느님이 모세에게 말로 전한 613계명 즉 미츠보트이다. 모세가 죽기 전에, 모세는 요수아Yoshua에게 구두 토라를 전수했고, 그후 계속 후대에 전수되어 로마 통치시대까지 'Oral law'는 성문화되지 않았다. 로마 통치 시절 유대인에 대한 박해가 심했을 때, 랍비 예후다 하나씨Rabbi Yehuda Hanassi가 구두 토라 전부를 성문화 하였는데 이를 '미쉬나Mishnah'라 한다. 랍비 예후다 하나씨가 매우 정교하게 성문화 했던 미쉬나는 그가 죽고난 후 이에 대한 수많은 토론이 이루어졌다. 바로 그 미쉬나에 대한 '토론Discussion'을 집대성한 것을 '탈무드Talmud'라 한다. 탈무드는 '바빌론 탈무드Babylonian Talmud'(랍비 라비나Ravina와 랍비 라브 아쉬Rav Ashi 두 사람이 바벨론에서 편집했다 하여 붙여진 이름)와 '예루살렘 탈무드Yerushalem Talmud'(랍비 요차난Yochanan이 에레츠 이스라엘에서 썼다는 데서 유래된 이름)의 두 종류가 있다.

탈무드는 토론, 분석, 논쟁 등 미쉬나에 대한 깊이 있는 설명서이다. 오늘날까지도 모든 랍비들은 탈무드를 공부하는데 하루에 한 페이지씩 공부한다면 이를 마치는데 7년이 걸린다 한다. '하루에 한 페이지a page a day'는 히브리어로 '다프 요미Daf Yomi'라 하는데 이 말은 유대인들에게 익숙한 슬로건이다.

예언서 '느비임(Nebiim)'

예언서는 히브리어로 '느비임Nebiim'이라 하며 그 뜻은 예언자Prophet이다. 예언자들이 시대마다 하느님의 뜻을 전한 것을 수집되고 기록된 것이 예언서인데 전기 예언서와 후기 예언서로 구분된다.

전기 예언서는 여호수아, 사사기, 사무엘 상·하, 열왕기 상·하로 되어있다. 이때의 시대적 배경은 이스라엘 민족이 가나안 땅에 정착한 시대부터 바빌론에 포로로 끌려간 시대까지이다. 예언서에 나오는 예언자들은 장래의 일을 예언하는 것보다 하느님의 말씀과 뜻을 전하는 일을 맡았다.

후기 예언서는 이사야, 예레미야, 에제키엘 등 대예언서가 있고, 호세야, 요엘, 아모스, 오바댜, 요나, 미가, 나훔, 하박국, 스바냐, 학개, 스가랴, 말라기 등 12 소예언서가 있다.

성문서 '케투빔(Ketubim)'

시편을 비롯한 구약 성경의 나머지 부분을 모두 성문서라 부르는데, 히브리어로 성문서를 '케두빔Ketubim'이라 하는데 그 뜻은 기록물이라는 것이다.

시편, 잠언, 욥기, 전도서, 마가 등 지혜 문학이 성문서의 내용물이다.

제2장

그리스도교Christianity

— Christian cross

십자가

— Crucifix

십자고상

1. 그리스도교 개괄

그리스도교의 영향

『월드 팩트북World Factbook』에 따르면 2012년 7월 현재 세계 인구는 약 70억 2천만 명이고 그 중 약 88%가 종교인이고 12%가 비종교인이다. 절대 다수의 사람들이 종교에 관심을 갖고 있고 종교의 필요성을 느끼고 있다. 실로 사람들은 '종교적 인간homo religiosus'이라 할 만큼 사람은 본능적으로 종교를 필요로 하고 있다.

88%에는 그리스도교(가톨릭, 프로테스탄트, 정교회 등)가 33.39%, 이슬람교가 22.74%, 힌두교 13.8%, 불교가 6.77%, 유대교가 0.22%, 나머지 기타 종교들이 포함되어 있다. 그리스도교 33.39% 구성은 가톨릭이 약 19%, 프로테스탄트가 8%, 정교회가 5%, 성공회가 1.3%이다. 전 세계 인구의 $\frac{1}{3}$을 그리스도교인들이 차지하는 만큼 그리스도교는 세계적으로 막강한 영향력을 갖고 있는 종교이다.

기원

그리스도교는 유대교에 깊이 뿌리를 두고 있으나 유대교와는 차별되는 정체성을 갖고 성장한 세계 최대의 종교이다. 핵심은 나자렛 예수 즉 그리스도Christ 구세주의 가르침을 따르고 믿는 종교이다. 나자렛의 예수Jesus of Nazereth는 로마 제국의 절정기, 헤롯왕이 유대를 다스리던 무렵에

베들레헴에서 목수의 아들로 태어났다.

'그리스도Christ'라는 말은 그리스어 'Xristos'로 '기름 부어진 자, 구세주the anointed one'로 번역될 수 있으며 히브리어로 '구세주Messiah'와 같은 말로서 예수 그리스도Jesus Christ는 '구세주 예수'로 그의 신분을 말해주는 호칭이다. 사실상 예수는 유대인 소년으로서 유대 전통을 따라 어린 시절을 보냈다. 예수는 30세가 되기 전까지 모습을 드러낸 적이 없었다.

당시 유대인들은 로마의 직접 통치를 받거나, 로마제국이 임명한 왕의 통치를 받는 등 외세의 지배 아래 있었다. 이들은 로마의 지배를 수용하는 사람들과 선지자들의 예언에 따라 자신들을 구해줄 메시아를 기다리는 사람들로 나뉘어 갈등이 생겼다. 이때 예수는 완전히 새로운 주장을 펼쳤는데 그것은 율법학자들처럼 율법의 전통적 해석이 아니라 '아버지 하느님' 이라 부르는 신의 이름으로 새로운 해석을 제안했다.

예수는 율법의 글귀가 아니라 정신을 따를 것을 요구했다.

예수의 가르침

예수는 30세에서 33세에 십자가형으로 죽기까지, 3년 간 공생활公生活을 하면서 가르침을 설교했다. 예수는 종교적 가르침에 있어서 기성의 권위에 도전했는데 율법학자와 바리사이파의 위선을 책망했다.

마태복음 23장은 율법학자와 바리사이파 즉 위선자에 대한 책망으로 이들을 경고했다.

"불행하여라. 너희 위선자 율법학자들과 바리사이들아! 너희가 사람들 앞에서 하늘나라의 문을 잠가 버리기 때문이다. 그러고는 자기들도 들어가지 않을 뿐만 아니라, 들어가려는 이들마저 들어가게 놓아두지 않는다."

(마태 23, 13)

예수는 전통적인 종교적 관념을 뒤집어엎는 새로운 가르침을 서슴지 않았는데 "안식일"에 대한 것은 그 대표적인 새로운 도전이었다.

"안식일이 사람을 위하여 생긴 것이지, 사람이 안식일을 위하여 생긴 것은 아니다." (마르코 2, 27)

이러한 예수의 혁명적 발언은 자주 유대 전통과 충돌을 빚기 시작했다. 그러나 그는 여전히 율법서와 예언서의 정신을 따르고 있었는데 무엇이 첫째가는 계명인가에 대한 율법학자의 질문에 다음과 같이 답하였다.

> '네 마음을 다하고 네 목숨을 다하고 네 정신을 다하여 주 너희 하느님을 사랑해야 한다.' 이것이 가장 크고 첫째가는 계명이다.
> '네 이웃을 너 자신처럼 사랑해야 한다.' (마태 22, 37-40)

예수의 하느님 나라에 대한 가르침은 인간의 사상을 변화시킨 교리 중에서 가장 혁명적인 교리 중의 하나이다. 하느님 나라에 대한 핵심적 교리는 예수가 친히 가르친 '주님의 기도'에 잘 요약되어 있다.

> "그러므로 너희는 이렇게 기도하여라." '하늘에 계신 저희 아버지 아버지의 이름을 거룩히 드러내시며 아버지의 나라가 오게 하시며 아버지의 뜻이 하늘에서와 같이 땅에서도 이루어지게 하소서. 오늘 저희에게 일용할 양식을 주시고 저희에게 잘못한 이를 저희도 용서하였듯이 저희 잘못을 용서하시고 저희를 유혹에 빠지지 않게 하시고 저희를 악에서 구하소서.'
> (마태 6, 9-13)

2. 경전

그리스도교의 경전은 구약과 신약으로 이루어진 성경Bible이다. 'Bible'은 파피루스의 내피를 뜻하는 비블로스의 축소형으로 '책들'이라는 의미를 지닌 말에서 비롯되었다. 유대교 경전과 그리스도교 경전을 구분하기 위하여 2세기 이후 전자를 구약 성경 후자를 신약 성경으로 명칭하여 오늘날에 이르렀다. 구약 성경은 히브리어로 쓰였고 신약 성경은 그리스어로 쓰였다.

성경은 구약의 39권과 신약의 27권 그리고 외경(11권~15권)으로 구성되어 있다. 구약 성경이 1,000여 년 동안 기록되었다면 신약 성경은 50여 년 동안 기록되었다. 그리스도교는 모세 오경, 즉 유대교의 토라구약성경와 예수 그리스도를 통하여 하느님과 맺은 새로운 계약이라는 신약 성경을 경전으로 삼고 있다.

구약 성경이 하느님과 이스라엘 백성과 맺은 약속을 통해 하느님의 뜻이 이루어지는 것이라면 신약 성경은 예수 그리스도를 통해 구약에서의 예언이 성취되었음을 선포하며 예수를 하느님의 아들Son of God로 믿는 모든 사람들은 구원을 받는다는 약속이다.

신약 성경은 복음서, 사도행전, 사도서한, 요한 묵시록으로 구성되어 있다.

'GOSPEL복음서'은 'god spell, 혹은 good spell'에서 온 'God's good news' 즉 '하느님의 기쁜 소식'이라는 뜻으로 죄와 죽음으로부터 자유,

즉 '좋은 소식'은 모든 사람이 함께 나눠야 한다는 것이다.

복음서는 마태오 복음서Matthew, 마르코 복음서Mark, 루카 복음서Luke 그리고 요한복음서John 등 4권으로 구성되어 있는 예수의 생애와 가르침이 중심이 된 내용이다. 이를 소위 4대 복음서라 하는데, 마태오 복음서, 마르코 복음서, 루카 복음서 등 3개의 복음서는 동일한 자료를 활용하여 예수에 대한 이야기를 전개하였다 하여 '공관共觀복음서'라 한다. 공관복음서에 비해 요한복음서는 예수에 대해 보다 깊은 통찰과 의미를 말하고 있다.

사도행전The Acts of the Apostles은 예수의 부활 승천 후 예수의 제자들의 행적과 예수의 죽음과 부활을 전파하는 내용이 중심이 된 기록이다.

마태오 복음서
(심볼: 사람)

마르코 복음서
(심볼: 사자)

루카 복음서
(심볼: 황소)

요한 복음서
(심볼: 독수리)

— 4대 복음서

서신Letters은 바오로서신과 일반서신으로 예수의 제자들이 성령의 감화를 입어 기록한 서신들로 바오로의 서신으로 알려진 13편과 베드로, 야고보, 요한, 유다의 서간 등으로 구성되어 있다. 신약성경의 마지막 책인 『요한 묵시록Revelation』은 인류의 종말과 앞으로 다가올 하느님 나라, 즉 예수 그리스도를 통한 하느님 나라의 최후 승리를 예언한 내용이다.

3. 그리스도교 교리

육화(肉化, Incarnation)

'Incarnation'은 라틴어 'in carne', 즉 'in the flesh' 즉 육체의 형태로, '이승의 몸이 되어'의 뜻으로 '육체를 갖춤'이다. 그리스도교에서의 'incarnation'은 하느님께서 인간의 모습인 예수로 이 땅에 오셨음을 나타내는 말이다. 그리스도교인들은 예수는 영원 불멸의 하느님의 본성과 인간의 본성을 지닌 진정한 신(하느님)인 동시에 진정한 인간으로 믿는다. 예수의 삶 안에 하느님 아버지의 현존을 명쾌하게 밝히고 있다.

"아버지와 나는 하나다." (요한복음 10, 30)

"나를 본 사람은 누구나 아버지를 뵌 것이다." (요한복음 14, 9)

하느님 아버지와 예수의 관계를 "육화"로 가르치는 이유를 살펴보면 다음과 같다.

첫째, "말씀이 사람이 되어The Word became flesh"는 예수의 육체 안에 하느님의 영원한 말씀이 표현되어 있음을 말해주고 있으며 '말씀'인 성자는 인간을 하느님과 화해시켜 구원하고자 육화하였다.

둘째, "말씀"인 성자는 인간이 하느님의 사랑을 깨닫도록 하기 위해서 사람이 되었다.

셋째, "말씀"인 성자는 인간에게 거룩한 표양을 보여주기 위해 사람이 되었다.

> "나는 길이요 진리요 생명이다. 나를 통하지 않고서는 아무도 아버지께 갈 수 없다." (요한복음 14, 6)

위에서 보는 바와 같이 "육화"는 그리스도교의 중심 교리이다.

삼위일체(三位一體, Trinity)

삼위일체의 요지는 하나의 신하느님이 서로 다른 세 개의 위격으로, 즉 성부God the Father, 성자God the Son, 그리고 성령God the Holy Spirit이 하나로 존재한다는 것이다. 'Trinity'는 언어적으로 '3의 하나임three-oneness'으로 trithree와 unitone의 결합어이다. 삼위일체의 정신을 성경에서 찾아 볼 수 있으나 '삼위일체'라는 말은 성경에 없다.

삼위일체를 등변 삼각형으로 설명하면 쉽게 이해될 수 있다.

삼위일체

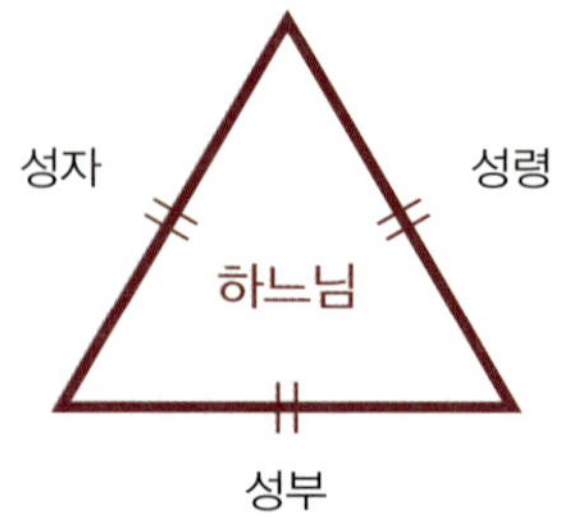

성부, 성자, 성령이 변의 길이가 같은 정삼각형을 이루고 있는데 이 중 어느 것도 서로 분리될 수 없다. 그래서 전체적으로 한 몸의 하느님이 되는 것이다.

— **성부**God, the Father

성부는 삼위일체의 첫째 격格인 '하느님' 또한 '아버지 하느님'으로 호칭된다. 하느님은 모든 것을 관장하고 계획하며 성자를 통해서 구원사업을 계획한다. 그리스도교인은 하느님을 우주 만물의 창조자로 믿고 있다. 그러나 우주만물이 하느님으로부터 시작되었지만 성자를 통해서 창조가 완성된 것으로 믿고 있다.

— **성자**God, the Son

삼위일체의 두 번째 격인 성자는 세상의 죄를 대신하여 죽기까지 한 사람으로 이 땅에 온 예수 그리스도를 말한다. 성자는 언제나 성부의

— Guiard des Moulins, Bible Historiale, 15th century

뜻을 실천한다. 그리스교인은 성자 예수 그리스도에게 가장 가까움을 느낀다. 왜냐하면 예수 그리스도는 인간으로 이 땅에 와서 세상 죄인을 대신하여 실제로 죽었기 때문이다.

— 성령God, the Holy Spirit

삼위일체의 세 번째 격인 성령은 성부와 성자의 의지를 실천하기 위해 존재한다. 그러나 많은 사람들은 삼위일체의 한 격인 '성령'에 대한 명료한 개념을 이해하는 데 어려움을 느낀다. 그 이유는 'Spirit영'이라는 애매한 개념 때문이다. 그럼에도 불구하고 성령은 그리스도교인의 삶 속에서 중요한 역할을 한다. 예컨대 '성령의 세례'를 통하여 인간을 구원하는 역할과 영적인 확신, 죄에 대한 인식, 기도 등의 신앙으로 그리스도교인의 삶 안에 존재한다. 성령은 하느님성부으로부터 오는데 성자예수그리스도를 통하여 온다는 것이다.

삼위일체를 해석하는 데는 크게 두 가지 이론이 있는데 하나는 성부, 성자, 성령이 동등하다는 것이고 하나는 동등하나 서로 구별되고 역할과 활동이 다르다는 것이다.

첫째, 아버지와 아들은 영으로 동등하다.

'하느님은 영이시다' (요한복음 4, 24)

'주님은 영이십니다' (2고린 3, 17)에서 영은 하느님의 본질이고 능력이므로 하느님이 영을 통하여 현존하고 활동함을 뜻한다. 영으로서의 하느님 능력은 부활한 그리스도에게서 드러났다. 하느님은 볼 수 없고 불사불멸하며 영이고 아버지와 아들과 영도 모두 영이다.

둘째, 성부, 성자, 성령은 동등할 지라도 서로 구별되고 역할과 활동이 같지 않다. 창조와 구원사업에서 아버지와 아들과 영이 맡은 역할이 다르다. 세 분의 호칭에는 순서가 있고 이것이 지켜져야 한다는 것이다.

아버지는 아들을 그리고 영을 파견하였지만 스스로는 파견되지 않았다. 아들은 아버지로부터 영은 아버지와 아들로부터 파견된 인격이다. 파견하는 사람과 파견되는 사람은 구분되어야 하고, 아들과 영은 아버지처럼 같은 본질을 갖고 있지만 그 본질은 아버지로부터 받은 것이다. 한마디로 아버지는 아들이 아니고 아들은 아버지가 아니다. 영은 아버지로부터 파견되었지만 아들을 통해서 왔으므로 아버지도 아들도 아니다.

삼위일체는 그리스도교를 관통하고 있는 매우 중요한 교리이나 쉽게 이해하기는 어려운 개념이다. 유대교인들은 삼위일체를 부인하고 있는데 그들은 하느님과 예수 그리스도를 동격으로 하는 개념 자체를 인정하지 않고 있다. 이슬람교인들도 삼위일체를 부인하고 있음은 마찬가지이다. 유대교와 이슬람교가 그리스도교의 삼위일체를 부인하는 핵심 근거는 예수는 그저 'Son of a man'일 뿐 'Son of God'로 인정하지 않는데서 비롯된다. '삼위일체'는 그리스도교의 본질적 교리이지만 크게는 한 형제라는 유대교와 이슬람교와 정면으로 충돌되는 요인이기도 하다.

그리스도교는 유대교의 히브리 성경, 즉 구약성경과 예수의 이야기인 신약성경을 경전으로 믿고 있다. 이는 구약성경의 '하느님'과 신약성경의 '예수'와의 관계성 정립이 필요함을 의미한다. 따라서 그리스도교의 삼위일체는 하느님성부과 예수성자는 동격이고 예수성자는 하느님성부의 이 세상에서 온 모습인 것으로 성령을 통해서 성부와 성자를 드러내는 그리스도교의 커뮤니케이션 틀로 이해된다.

예수의 십자가 형벌

'십자가라틴어 Curx, 영어 Cross'는 예수가 그 위에서 못 박혀 죽음을 당했기 때문에crucifixion 그리스도교의 가장 오래되고 보편적인 표시이고 상징이다. 뿐만 아니라 십자가는 대속代贖, redemption의 상징이기도 하다. 예수의 십자가 위에서의 못 박혀 죽음은 온 인류의 죄를 대신한 죽음이라는 의미 때문만이 아니라 곧 부활resurrection이라는 대 사건으로 이어지기 때문에 이는 그리스도교의 출발점이라고 볼 수 있다.

왜 예수는 로마제국에서도 가장 참혹한 사형 형태의 하나였던 십자가형을 받았을까?

예수는 하느님이 모세에게 주신 율법은 메시아가 이 땅에 하느님 왕국에 오실 때까지 지켜져야 한다는 성전파율법학자의 권위에 충돌했었다. 하느님과의 새롭고 진정한 계약을 주장한 예수의 사상과 성전파들의 사상과는 판이하게 달랐다. 결국 예수는 대사제에게 굴복을 거절하고 죽음을 받아들여 로마 집정관에게 넘겨져 십자가형 사형집행을 감수했다. 그러나 형식적인 예수의 죄목은 그가 "유대인

— 십자고상

들의 왕"이 되려고 했다는 것이다. 이렇게 맞이한 예수의 십자가형 죽음에 대하여 그리스도교인은 예수의 죽음은 인류를 구하기 위한 속죄 atonement와 하느님과의 일치하고자 하는 수단으로 믿는다.

예수의 십자형 죽음에 대한 가장 중심적인 믿음은 예수는 하느님과 그의 사랑은 죽음으로도 파괴되지 않음을 보여주기 위하여 죽음의 고통을 감수했다는 것이다. 또한 그리스도교인은 사랑을 통하여 세상을 구하려는 하느님의 뜻과 예수의 사랑을 위한 죽음을 따르려는 신앙을 갖는다.

부활(Resurrection)

'Resurrection'의 동사형은 'resurrect'인데 이 말의 어원은 라틴어 'resurgere'이고 그 뜻은 'to rise again' 즉 '다시 일으키다'이다. 그리고 'resurrection'은 소생, 재기, 부활, 시체도굴의 의미가 있지만 일반적으로 '예수의 부활'을 의미한다. 이렇게 언어적으로 'resurrection'이란 말은 죽은 생명이 다시 살아남을 의미하기 보다는 '다시 일으킴'의 의미가 더 강하게 내포되어 있다고 본다.

부활을 좀 더 올바로 이해하기 위해서는 '부활'이 사용된 언어적 의미를 살펴보자.

부활은 잠자는 사람을 깨움, 잠에서 깨어남으로 사용되었고 죽음으로부터 한 인간이 구제되었다는 전통적 의미에서 생명으로 다시 돌아

옴, 죽은 이들이 잠에서 깨어남, 죄인의 회개로 구제됨, 세례로 죽음에서 구제됨으로 사용되었다.

예수의 부활은 죽음으로부터의 최종적인 구제를 의미한다. 그리스도인에게 부활의 의미는 죄로부터의 해방이고 죽음으로부터의 자유이다. 이렇듯이, 예수의 부활은 그리스도교의 핵심신앙이고 그리스도교의 모든 것이다. 그리스도교 신앙의 뿌리는 예수의 부활을 통하여 죄와 죽음 그리고 삶의 고통으로부터의 자유와 해방을 믿는 것이다.

4. 그리스도교의 변천사

그리스도교 공인(公認)

그리스도교는 AD 313년 콘스탄티누스 대제의 종교 자유법령으로 박해에서 해방되어 '합법적인 종교'가 되었다. 그리스도교의 의미가 팽배해져 황제 자신이 그리스도교인이 되고 로마제국은 그리스도교 왕국이 되었다. 제국주의 교회로 발전되면서 교황의 권위가 강화되었다.

동서 분열

1054년 동서 로마의 분열 후, 동로마 제국비잔틴제국의 콘스탄티노플이 제2의 로마가 되었고 콘스탄티노플 주교는 교황로마의 주교 다음 가는 명예와 권위를 누렸다. 이렇게 서방교회와 동방교회가 서로 분열이 심화되어

1054년 마침내 동서분열Great Schism로 서방교회는 로마가톨릭Roman Catholic으로 동방교회는 정교회Orthodoxy로 갈라졌다.

동서분열의 시작은 콘스탄틴 대제(273~336)가 로마제국의 수도를 로마에서 콘스탄티노플로 옮겨간 때로 거슬러 올라간다. 1054년 레오 11세 교황이 동방교회의 수장인 콘스탄티노플 총대주교를 파문하는 정치적 사건이 터지고 말았다. 이에 동방교회 총대주교는 교황을 비난함으로써 그리스도교는 그 후 서방의 로마 가톨릭 교회와 동방의 정교회로 영원히 갈렸다. 동서분열의 이유는 여러 가지가 있지만 가장 핵심적인 것은 라틴어 "필리오케filioque" 라는 니케아 신경의 문구에 있었다. 필리오케는 "그리고 아들로부터" 라는 뜻인데 서방교회는 성령은 아버지로부터 나온다는 말 바로 다음에 필리오케 즉 '그리고 아들로부터 나온다'는 말을 첨가하였고, 동방교회에서는 '필리오케'는 '신이 모든 것의 원천이라는 신앙을 거부하는 것'이라 믿고 이 말에 격렬한 반대의사를 표명하여 동서분열로 이르게 되었다.

서방교회의 'Catholic'이란 말은 그리스어 'Katholieos'에서 나온 말로 범세계적, 일반적, 보편적이라는 의미이다. 안티오키아의 이냐시오Ignatius가 '가톨릭교회'라는 용어를 최초로 사용하여 오늘에 이르고 있다.

동방교회는 처음에는 서방교회와 하나였으나 분열 이후 로마 가톨릭 교회와는 대비되는 교회로 정교회正敎會, Orthodoxy라 호칭하여 오늘에 이르고 있다. 'Orthodoxy'이란 말은 '정통, 정설, 정확한 영광'이라는 의미이다. 정통이라는 용어에는 예로부터 내려오는 교회의 가르침과 전통에 충실하다는 뜻이 내포되어 있다.

종교개혁(Reformation)

그리스도교의 변천사에서 1517년 종교개혁만큼 큰 변혁은 없을 것이다. 그리스도교가 1054년 서방교회와 동방교회로의 분열을 거쳐 로마 가톨릭에 항거한 종교개혁의 아픔을 거쳐 이제 그리스도교는 가톨릭, 정교회, 프로테스탄트로 크게 갈라져 오늘에 이르게 되었다.

종교개혁이란 16세기에 가톨릭에 항거하여 일어난 프로테스탄트의 운동이였다. 프로테스탄트의 기원인 독일의 루터M. Luther(1483~1546), 스위스의 독일어 사용권 취리히의 츠빙글리H. Zwingli(1484~1531), 스위스의 프랑스어 사용권인 제네바의 칼뱅J.Calvin(1509~1564)의 종교개혁과 유럽대륙의 종교개혁 그리고 영국의 종교개혁 등으로 일어났던 대 사건이었다.

종교개혁이 일어났던 것은 단순히 루터의 「95개조 명제」나 「면죄부」사건 때문만이 아니었다. 크게는 14~16세기의 르네상스 소위 인본주의로 시작

되었고 당시 유럽의 정치, 경제, 사회, 문화의 복합적인 배경에서 종교개혁이 발생하였다. 중세 암흑기의 경직된 신본주의神本主義와 교황권의 독선에 대하여 르네상스의 인본주의人本主義 즉 신이 아니라 인간이 중심이어야 한다는 신조류가 종교개혁을 낳았다고 볼 수 있다.

프로테스탄트의 종교개혁은 몇 가지 중대한 결과를 초래하였다.

첫째는 그리스도교의 파쇄화Fragmentation이다. 종교개혁 자체는 교회의 쇄신이었으나 결과는 그리스도교의 단일성, 정체성이 파괴되었다.

둘째는 그리스도교의 지역화이다. 프랑스, 스페인, 이탈리아는 가톨릭이, 네덜란드와 스코틀랜드는 칼뱅주의가, 독일 북부와 스칸디나비아 반도는 루터교가, 영국에서는 성공회가 국교 내지는 우세 교회로 유지되는 지역적 분열을 낳았다.

그리스도교의 분열

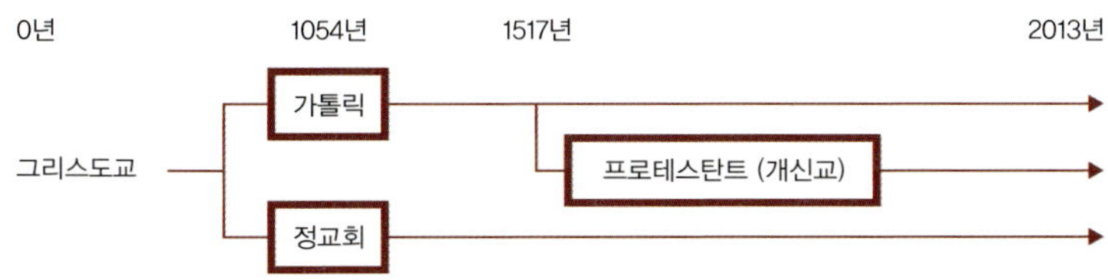

프로테스탄트(Protestants)

종교개혁은 '프로테스탄트' 즉 가톨릭의 교리에 항거하는 종교 집단을 낳았다. 1517년 10월 31일, 독일의 로마 가톨릭 신부였던 마르틴 루터(1483~1546)가 '95개조 명제' 벽보를 독일 비텐베르크 캐슬교회에 붙여놓음으로써 종교 개혁이 시작되었다. 루터는 교황의 권위를 부정하고 오직 성경만이 교회의 권위를 가질 수 있다고 주장했다. 교회가 개인과 하느님 사이의 중간 조정자 역할을 할 수 있다는 것이 루터의 주장이었다. 1521년 레오 10세는 루터의 주장을 받아들이지 않고 그를 파문시켜 마침내 프로테스탄트가 생기기 시작했다. 우후죽순으로 탄생한 대표적인 프로테스탄트들을 소개하자면 다음과 같다.

루터교Lutheranism, 칼뱅교Calvinism, 성공회Anglicanism, 장로교Presbyterianism, 감리교Methodism, 침례교Baptism, 예수재림교Adventist, 몰몬교Mormon, 퀘이커교Quaker, 유니타리안교Unitarian 등 수많은 프로테스탄트가 발생되었고 앞으로도 또다른 형태의 프로테스탄트가 생겨날 수도 있다. 종교개혁의 핵심은 '성경을 통하여through the bible' 인데 전적으로 틀린 주장이라고 할 수 없고 동시에 가톨릭이 점차 스스로 개혁해가면 가톨릭과 프로테스탄트와의 갭은 줄어들 것이다. 힌두교에서 파생된 불교를 힌두교가 용인함으로써 인도에서 불교가 힌두교에로의 회귀되었다는 사실은 많은 시사점이 있다.

5. 그리스도교와 타 종교와의 관계

그리스도교Christianity는 가톨릭Catholic, 정교회Orthodoxy, 프로테스탄트Protestants로 그 실체가 분리되어 있다. 가톨릭도 그리스도교이고, 정교회도 그리스도교이고 프로테스탄트도 그리스도교라 할 수 있는 것으로 3종파를 아우르는 경우에만 그리스도교라는 용어를 사용하는 것이 옳다.

이런 의미에서 그리스도교는 전체론적holistic이다. 타 종교와의 관계를 설명할 경우의 그리스도교는 전체론적인 시각에서 보아야 한다.

유대교와의 관계

그리스도교는 유대교와 가장 밀접한 관계에 놓여 있다. 그리스도교인은 유대인과 전통과 유산을 공유하고 있다. 특히 예수가 유대인이었다는 사실은 그리스도교와 유대교와의 관계를 충분히 말해주는 것이다. 그리스도교는 유대인들이 믿고 있는 히브리 성경 혹은 타나크Tanakh를 구약성경으로 믿고 있어 그리스도교와 유대교는 '구약 성경'을 공유하고 있다. 뿐만 아니라 노아Noah, 아브라함Abraham, 모세Moses, 다윗David을 공히 신앙의 중심인물로 믿고 있다.

그리스도교와 유대교의 큰 차이점은 유대교는 구약 성경을 통해 구세주 메시아의 오심을 예언하고 아직도 기다리고 있는 반면, 그리스도교는 바로 예수가 구세주 메시아라 믿는 것이다.

이슬람교와의 관계

'Islam'은 그리스도교와 마찬가지로 또 다른 중요한 유일신 종교monotheistic religion이다. 이슬람교도인 무슬림Muslims은 유대교와 그리스도교가 믿고 있는 하느님God을 알라Allah라고 믿고 있다. 유대교, 그리스도교, 이슬람교는 다 같이 유일신 '하느님'만을 믿는 종교라는 점에서 같다.

그러나 이슬람교도들은 삼위일체를 부정하고 그리스도교인들이 믿고 있는 것처럼 예수를 하느님의 아들Son of God인 동시에 사람의 아들Son of Man로 믿지 않고 예언자의 한 사람으로만 믿는다. 그들은 무함마드Muhammad를 하느님이 보낸 가장 위대한 예언자라 믿는다.

종교/신앙의 비교

종교브랜드	예수란?	신의 본질	경전	인간의 문제	구원방법
그리스도교	완전한 신이고 완전한 사람이다.(Fully God, fully human)	삼위일체	성 경 (구약, 신약)	죄(sin)	예수를 통해서 하느님의 은총을 받음으로써
유대교	한 인간일 뿐이다. (Just a man)	One God (한분의 하느님)	히브리성경 혹은 타나크 (구약성경)	죄(sin)	율법을 지킴으로써
이슬람교	한 인간이고 한 예언자이다. (Just a man, just a prophet)	One God (알라) (한분의 하느님)	꾸란 (Quran)	죄(sin)	오 행(五行)의 실천
힌두교	한 인간일 뿐이다. (Just a man)	브라흐만 (범, 梵)	베다 (Veda)	무지 (ignorance)	천국이 아닌 브라흐만의 세계
불교	한 인간일 뿐이다. (Just a man)	신의 존재 부인	불경	고통 (suffering)	깨달음 (enlighten-ment)

제3장

이슬람교 Islam

— Star and Crescent

별과 초승달

※ 이슬람교는 공식적으로 상징로고를 인정하지 않음.

— mosque

모스크

1. 이슬람교의 개괄

이슬람교의 영향

이슬람교는 유일신인 하느님을 믿는 종교로 유대교, 그리스도교와 함께 3대 유일신 종교다. 아랍어로 하느님God을 알라Allah라고 한다. '하느님God'의 아랍어 표기가 '알라'인 것이다.

현재 이슬람교는 약 15억 명의 신도를 가진 세계 최대의 단일 종교로서 50여 국가에 전파되어 있는 글로벌 종교브랜드이다. 중동 아랍국은 물론 북아프리카, 중앙아시아 일부, 인도네시아, 중국 등지에서 이슬람교가 크게 성장하였다. 프랑스, 독일, 영국, 미국 등 선진국에서도 소수이지만 제대로 자리를 잡고 있다.

통계에 따라 약간의 차이는 있으나, 이슬람교는 23억 명의 그리스도교 다음으로 큰 종교이다. 그리스도교를 세분하면 가톨릭이 13억, 정교회가 3억, 프로테스탄트는 6억, 기타가 1억이므로, 단일 종교로는 이슬람교가 세계 최대 신자수를 가진 종교이다.

이슬람교는 가톨릭과 함께 세계적 대형 종교브랜드로 포지셔닝되고 있다. 더욱이 놀라운 사실은 7세기에 시작하여 무함마드가 죽은 후 100년만에 급성장한 종교라는 것이다. '한 손에 꾸란, 한 손에 검'이라는 말로 유명한 이슬람교는 힘의 종교로 급전파되었다.

중세 이슬람 문명은 아랍의 전통 문명을 바탕으로 그리스-로마문명,

페르시아 문명 등과 융합하여 새로운 퓨전 문명을 창출했다. 인도가 발명한 영Zero의 개념을 활용하여 수학의 혁명을 일으킨 이슬람은 아라비아 숫자와 수학적 지식을 유럽에 전파하였다.

8세기 말경 중국의 종이를 받아들인 아랍인들은 더욱 질 좋은 종이를 만들어 12세기 중반에는 유럽에 수출하였다. 무슬림들은 알라가 만물을 창조하셨음을 강하게 믿고 있으며 모든 창조를 하느님Allah과 연관시킨다. 이슬람에서는 지식을 매우 높은 가치로 여긴다. 마음에 지식을 쌓는 것은 마치 육체에 음식을 제공하는 것과 같은 것으로 무슬림들은

— 이슬람의 세계지도

1100년경 부터 아랍 지리학자들은 세계지도를 그려냈다

지식을 영적인 양식으로 간주한다. 이런 바탕으로 무슬림들이 철학, 천문학, 화학, 의학, 수학, 기하학에 끼친 기여도는 지대한 것이다.

이슬람교는 오늘날 세계 인구 6명 중 1명이 무슬림으로 급성장하여 막강한 사회적, 종교적 영향력을 행사하고 있다. 특히 어느 다른 종교보다 연간 성장세가 가장 높다는 것은 주목해야 할 점이다.

세계 크리스찬 백과사전World Christian Encyclopaedia에 따르면 2000년, 2005년 사이의 종교별 성장 추세는 이슬람교가 1.84%, 힌두교가 1.57% 그리고 그리스도교가 1.32%로 이슬람교의 성장 추세가 가장 높게 나타났다. 『교회의 미래The Future Church』(2009)의 저자이고 바티칸 시국에 파견된 미국 언론인 존 알렌John L. Allen이 미래에 가톨릭을 혁명시킬 10대 요인들을 열거하는데 '이슬람'을 세 번째로 예시하고 있는 것은 이슬람이 전통적인 가톨릭에까지 영향을 끼치고 있음을 말해주는 것이다.

기원

명칭 'Islam'은 아랍어로 '복종submission'과 '평화peace'를 의미한다. 하느님Allah의 뜻에 절대복종함으로써 내면의 평화를 얻을 수 있다는 의미로, 경전에 종교브랜드 네임이 명기된 종교는 이슬람이 유일하다. 그리스도교가 사랑, 불교가 자비, 유교가 인이라면 이슬람교는 평화와 평등이 핵심사상이라고 볼 수 있다.

이슬람교의 정확하고 유일한 이름은 '이슬람Islam'이어야 하는데 특히 중국, 한국 등지에서 잘못된 표현들이 있었다.

이슬람교를 무함마드교 또는 마호메트교라고 하는 호칭은 잘못된 것이다. 무함마드는 하느님(알라)으로부터 계시받아 이슬람교를 태동케 한 예언자이지만 이슬람교에서는 무함마드를 그리스도교의 그리스도처럼, 불교에서의 부처처럼, 조로아스터교에서의 조로아스터처럼 신격화하지 않았고 그를 신으로 믿지도 않는다. 따라서 이슬람교를 무함마드교 또한 마호메트교라 호칭하는 것은 잘못이다.

이슬람교를 '회교回教' 또는 '회회교回回教'라고 한자문화권에서 호칭하는 것은 또한 잘못된 것이다. 이는 중국에서 위구르족을 회흘回紇, 회골回鶻이라 지칭하고 그들이 믿는 종교라 하여 이슬람교를 회교 또는 회회교라 하였다.

마지막으로 '무슬림교muslim'라는 표현도 잘못된 것이다. 무슬림은 이슬람교를 믿는 사람들을 뜻하는 아랍어일 뿐이다.

예언자 : 무함마드(Muhammad, 570~632)

이슬람교 전승에 따르면 예언자 무함마드는 사우디아라비아 메카 Mecca에서 AD 610년 가브리엘 천사를 통해서 하느님Allah으로부터 계시를 받아 그 받은 계시를 모두 외웠고 그가 외운 것을 추종자들이 기록하여 책으로 만든 것이 꾸란이다. 이렇게 하여 이슬람교가 창시되었다. 비록 이슬람교가 무함마드에 의해서 승계되었지만 무슬림들은 무함마드를 이슬람의 창시자로 믿지 않고 단순히 마지막 위대한 예언자로 믿는다. 무함마드가 하느님으로부터 받았던 계시는 유대교와 그리스도교의 연장선에 있었다.

그리스도교를 유대교의 장자로 이슬람교를 그 둘째 아들로 비유할 만큼 이슬람교는 그리스도교와 공유된 가치와 내용이 많다.

꾸란에는 25명의 예언자가 등장하는데 아담, 에녹, 노아, 후드, 살레, 아브라함, 롯, 이스마엘, 이삭, 야곱, 요셉, 욥, 이샤야, 이로드, 요나, 모세, 아론, 엘리야, 엘리사, 다윗, 솔로몬, 스카랴, 요한, 예수 등 24명의 예언자 다음 무함마드가 마지막 25번째이다. 이는 그리스도교와 이슬람교가 다르면서도 한 뿌리로부터 나왔음을 뜻한다. 그러나 이슬람교의 무함마드와 그리스도교의 예수는 서로 다른 정체성과 퍼스낼리티를 갖고 있다.

무함마드는 누구도 범접할 수 없는 겸손과 카리스마, 인간적인 덕목과 성품으로 15억 무슬림들을 사로잡고 지금도 생생한 모습으로 살아있는 것이다. 1,400년이란 긴 시간 동안 그토록 많은 사람들을 붙잡아

— 샤하다Shahada: 신앙선언

"알라(하느님) 외 신은 없다
There is no God but Allah"

두고 있는 그는 누구인가?

첫째, 무함마드는 유산을 남기지 않았다. 그는 임종 시 전 재산 7디나르를 가난한 자에게 모두 나눠 주도록 했다. 이는 이슬람 사회에서 유산 대부분을 국가와 가난한 이웃에게 환원하고 최대 3분의 1 이하만 자식들에게 나눠 주는 무슬림 유산 상속의 근간이 되었다.

둘째, 무함마드는 후계자를 지명하지 않았다. 이는 혈통보다 능력과 공동체를 지휘하는 지도력을 높이 평가하는 전통을 만들었다.

"무함마드를 섬기고 경배하지 마라. 그는 죽어 없어졌다. 하느님을 섬기고 복종하라. 그 분은 영원히 살아 우리와 함께 계실 것이다"라고 무함마드의 추종자 아부 바르크가 말했듯이, 무함마드는 비운 지도자였다고 볼 수 있다.

셋째, 무함마드는 누구보다도 순수한 인간이었다. 그는 어떠한 기적도 행하지 않았으며 결단코 신이 되기를 거부했다.

넷째, 무함마드는 적에 대한 관용과 가난하고 버림받은 자에 대한 낮춤의 자세를 가졌다. 용서를 비는 자에게 자비를 베풀어 자신의 편으로 만들었고 전쟁에서 전사한 동료의 가족은 물론 적의 가족까지 헌신적으로 살폈다.

다섯째, 무함마드는 종교적 열정과 온화함의 조화를 행동으로 보였다. 종교 창시자들 대부분은 자신의 근거지를 떠나 새로운 세상에서 그 뜻을 펼쳤지만, 무함마드는 박해의 진원지였던 고향 메카를 설득과 용서로 재정복했다.

여섯째, 무함마드는 여성지위를 혁명적으로 바꿔놓은 페미니스트였다. 남성이 마음대로 여성을 노예로 매매하고 자신들의 장식물로 여겼던 시대에 그는 여성들을 완전한 인격체로 존중할 것을 명령했고 여성들에 대한 상속을 법제화 했다.

위와 같은 무함마드의 리더십은 비움, 베품, 관용, 합리적 현실성에서 나왔다. 이러한 것들로 이슬람교가 세계적인 종교가 되고 있는 것이다.

2. 경전 : 꾸란(Quran)

이슬람교의 으뜸 경전은 꾸란이다. 'Quran'은 '읽다, 암송하다'는 아랍어 동사 '까라아Qaraa'에서 파생된 동명사로 '읽기'라는 뜻을 지닌 말이다. 이슬람교는 처음부터 기록된 책의 종교이고 신자들은 그 책을 읽어야 한다. 눈으로 읽는 것이 아니라 소리 내어 읽도록 한다. 꾸란은 시어체詩語体로 다듬어진 아랍어의 아름다움을 느낄 수 있게 해주는 문장이기도 하다.

꾸란의 특징은 꾸란의 내용이 철저히 알라의 계시임을 강조한 것이다. 꾸란에는 인간의 말이나 글이 포함되어 있지 않다고 무슬림들은 믿고 있다. 꾸란을 보조해주는 하디스Hadith: 전승 라는 준경전이 있는데 이는 주로 무함마드의 언행을 기록한 책이다.

꾸란의 또다른 특징은 일관성을 유지하고 있다는 것이다. 꾸란은 무함마드 한 사람이 그가 63세로 운명하기 전까지 23년 동안 알라의 계시를 받아 첨삭없이 한 언어(아랍어)로 쓰여진 경전으로 1,400년 간 보존되어 오늘에 그대로 전해지고 있다.

꾸란의 주요 내용으로는 만물의 창조주는 하느님Allah이며 존재하는 모든 것의 주인 또한 하느님이다. 따라서 인간은 유일신인 하느님에게 전적으로 복종해야 한다. 꾸란에는 구약성경에 나오는 인물들과 사건들이 고스란히 담겨져 있고 신약에 나오는 예수와 성모마리아에 대한 내용까지 포함되어 있다. 꾸란은 모세를 163번, 아브라함을 69번, 사탄을

— Quran

68번, 이스라엘을 47번, 솔로몬을 17번, 다윗을 16번이나 언급하고 있어 얼마만큼 유대교와 그리스도교와의 관계가 깊은 가를 증명하고 있다. 교육을 받은 적도 없는 문맹의 한 인간에 의해 계시되어 632년에 완성된 꾸란은 1,400여년이 지난 21세기 최첨단 시대에도 최고의 문학작품이자 법전으로, 생활규범으로 시대와 공간을 초월하는 보편적 도덕률로 인간의 삶에 영향을 끼치고 있다.

3. 이슬람교 교리

이슬람교의 교리는 단순 명료하다.

이슬람교는 '6가지 종교적 신앙'인 '이만'과 '5가지 종교적 의무'인 '이바다'가 교리의 핵심이다. '이만'은 알라하느님, 천사, 경전, 예언자, 최후의 심판, 정명定命 등 6가지에 대한 믿음을 말하는 것이고, '이바다'는 무슬림의 신앙생활을 떠받치고 있는 "5가지 기둥"을 의미한다.

이슬람교 교리의 핵심은 '신은 오로지 알라 뿐이다No God but Allah'와 '무함마드는 알라가 보낸 예언자'라는 것이다.

6가지 종교적 신앙(이만)

— 유일신에 대한 믿음

창조자 유일신에 대한 믿음이 으뜸이며 이것이 이슬람 교리의 최우선 신앙이다. 어떤 경우에도 하느님 외 다른 신을 섬기는 것을 용서하지 않는 유일신 사상이 이슬람의 본질이다. 무슬림들은 언제 어디서든지 "라 일랄라 일랄라알라 이외에 신은 없다"라는 구절을 암송하면서 자신의 정체성을 강화한다.

— **천사들에 대한 믿음**

이슬람교는 유일신을 강조하면서도 천사들에 대한 믿음을 갖는다. 천사들은 물질적 탐욕이 없고, 순수하고, 죄와 잘못이 없으며, 하느님의 명령을 성실히 수행하는 존재로 믿는다. 대표적인 천사는 계시의 천사 가브리엘, 심판의 천사 미카엘 등이 있다.

— **경전들에 대한 믿음**

이슬람에서는 무함마드의 꾸란, 모세의 율법, 다윗의 시편, 예수의 복음서를 모두 인정한다. 그러나 최후의 알라의 계시가 꾸란에 기록되어 있다는 점을 강조하면서 무슬림들은 꾸란을 믿는다.

— **예언자들에 대한 믿음**

이슬람교는 새로운 종교라기보다는 하느님이 태초 이래 인류에게 보낸 모든 예언자들에게 계시한 말씀과 지침을 포괄하는 종교다. 알라하느님가 인류에게 보낸 예언자들은 124,000명인데 여러 민족들에게 여러 종교의 형태로 보냈다고 한다. 그 중에서 꾸란이 거명하고 있는 예언자는 25명이고 무함마드를 마지막 예언자로 추대하고 있다. 25명 중에도 아브라함, 모세, 예수, 무함마드 4명을 알라가 직접 파견한 예언자인 성사聖使라 우대한다.

> "우리는 하느님만을 믿고 우리에게 계시된 것과 아브라함과 이스마엘과 이삭과 야곱과 그리고 그 자손들에게 계시된 것과, 모세와 예수가 계시받은 것과, 선지자들이 그들의 주님으로부터 계시받은 것을 믿나이다. 우리는 그들 어느 누구도 선별치 아니하며 오직 그분에게만 순종할 따름이라." (꾸란 2장 136절)

— 최후 심판에 대한 믿음

최후의 심판 날이 다가오면 모든 생명들이 부활하여 현세에서의 모든 행동이 하느님 앞에 기록으로 제출되어 심판을 기다린다. 하느님은 최종적으로 그들의 행위를 심판하는데 선행과 악행에 따라 천국의 구원과 지옥의 징벌로 나뉜다고 무슬림들은 믿는다. 이런 점에서 유대교와 그리스도교의 가르침과 크게 다르지 않다.

— 정명定命에 대한 믿음

우주의 법칙과 인간의 삶이란 본질적으로 하느님이 정해 놓은 명에 따라 움직인다는 믿음이다. 창조주인 하느님의 뜻에 완전히 순종하는 자세이다. 한마디로 알라가 정해준 운명대로 삶을 살아간다.

5가지 기둥(The Five Pillars, 이바다)

이슬람교인들은 의무적으로 '5가지 기둥' 즉 '이바다'를 준수해야 한다. 이는 무슬림의 삶을 지탱해주는 5가지 기둥이라 하여 'The Five Pillars of Islam'이라 한다.

— 첫째 기둥 : 신앙고백샤하다, Shahada

"하느님 외에는 신이 없다. 무함마드는 하느님의 사도이다"라는 고백을 소리내어 암송해야 한다. 이는 하느님이 유일신이며 하느님은 무함마드에게 계시를 내렸음을 의미한다.

— 둘째 기둥 : 기도살라트, Salat

모든 무슬림들은 메카에 있는 카바kaaba를 향하여 1일 5회씩 기도를 해야 한다. '카바'는 육면체의 검은 돌Black Stone로 만들어진 무슬림들의 지성소로 예배방향을 의미한다. 무슬림들은 카바를 지구상에 있는 알라의 집으로 여기는 곳이다. 매일 5회의 기도는 신을 향하여 자기 마음을 정화하는 의미가 담겨져 있다.

— 셋째 기둥 : 금식스왐, Swam

무슬림은 라마단Ramadan 기간 동안 매일 금식해야 한다. 라마단 기간 중에는 일출전 미명의 새벽부터 일몰까지 사이에 음식, 물, 성교 등이 금지된다. 금식은 종교적 훈련 뿐만 아니라 정신적이며 사회적인 훈련이며, 가난하고 약한 사람들에 대한 동정과 모든 무슬림의 연대의식, 동

— Kaaba

등의식을 권장하는 집단 훈련이다.

— **넷째 기둥 : 구제, 자선행위**자카트, Zakat

이슬람에서는 가난한 자와 자선을 위하여 연간 순수입의 40분의 1을 구제금으로 바쳐야 한다. 이러한 구제 또는 자선행위를 자카트라 한다.

— **다섯째 기둥 : 성지순례**하즈, Haji

모든 건강한 무슬림들은 일평생 한 번은 반드시 메카에 있는 성지를 순례해야 한다. 하즈Haji라 불리는 성지순례는 무슬림들의 평생의무로, 이슬람력 기준 12월에 거행된다. 모든 순례객들은 같은 복장을 하고 인종과 신분, 빈부귀천의 차별 없이 순례행렬에 참가하여 자신의 신앙심과 무슬림 공동체의식을 공감한다.

무슬림들의 신앙생활의 태도는 위와 같이 간결하면서도 엄격한 다섯 기둥에 의해서 굳혀져 전해져 왔다.

4. 이슬람교의 종파

무함마드는 632년 타계할 때까지 후계자를 지명하지 않았다. 그래서 그의 사후 후계자 선출방법 때문에 마침내 종파분열이 일어났다.

무함마드의 후계자를 칼리파Calipah라고 하는데, 칼리파는 당시 아랍 부족들의 오랜 대의정치 전통에 따라 민주적인 만장일치 제도로 선출해야 한다는 주장과 무함마드의 외동딸 파티마Fatima의 남편, 즉 사위이면서 무함마드의 사촌동생인 알리Ali의 가계 혈통에서 나와야 한다는 주장으로 종파가 생겼다.

전자를 수니파Sunnis, 후자를 시아파Shiites라 한다.

수니파(Sunnis)

"수니파"의 의미는 '선지자의 언행을 따르는 자들'로서 정통 이슬람교도 들이다. 가장 전통적인 종파로 오늘날 이슬람교도의 90%가 이에 속한다. 수니파는 꾸란과 순나Sunna(무함마드의 생애와 교훈)에 표현된 모든 내용들을 수용하며 온건함을 원하고 극단주의의 편협함을 배척한다.

수니파와 시아파가 신앙의례에서 나타나는 차이는 이슬람의 신앙고백인 샤하디에서 극명하게 나타난다. 수니파의 샤하디는 '알라 이외에는 신이 없고 무함마드는 알라의 사도이다'로 맺는데 시아파는 그 뒤에 '알리는 신의 사랑을 받은 자이며, 신자들의 사령관이고, 신의 친구이다'라는 말을 덧붙인다.

이슬람교의 종교지도자라 할 수 있는 이맘제도에 대한 양 파의 주장도 서로 다르다. 수니파는 시아파가 주장하는 알리와 그의 자손 중심의 이맘제도를 단호히 거부하는데 이는 양 파의 갈등을 증폭시킨 한 요인이기도 하다.

시아파(Shiites)

무함마드 사후에 아부바크르, 우마르, 오스만이 차례로 3대에 걸쳐 칼리파로 선출되었는데 이때까지 무함마드의 유일한 혈통이자 사위인 알리는 칼리파가 되지 못했었다. 656년 마침내 알리가 네번째 칼리파로 선출되었으나 661년에 살해되고 말았다. 이에 대한 알리의 추종자들의 분노가 극에 달했고 그들은 '시아' 즉 "떨어져 나간 무리"로 결속하게 되고 자연히 남아있던 무리들은 수니파가 되었다. 이렇게 수니파와 시아파가 생겨났다.

시아파는 무함마드 사후 선출된 3명의 칼리파들을 인정하지 않고 찬

탈자로 보고, 무함마드의 정통 승계권자는 알리로 보았다. 무함마드의 직계 후손만이 최고 지도자의 정통성이 있고, 그들에게 통치권이 주어져야 한다고 주장했다.

시아파는 이란을 중심으로 세계 무슬림의 10%를 차지하고 있다. 이란의 아야톨라 호메이니Ayatollah Khoumeni가 시아파의 총수였다는 사실은 암시하는 바가 크다.

수니파와 시아파 사이에 여러 가지 차이점이 있지만 공통점이 더 많다. 이슬람교의 기본적인 종교적 믿음과 교리를 공유하고 있을 뿐만 아니라 상대방의 모스크에서 자유롭게 예배를 드리기도 한다. 이런 측면에서 같은 성경을 믿고 있지만 같은 '성당(교회)'에서 함께 예배드리지 못하는 가톨릭과 프로테스탄트보다 수니파와 시아파의 관계가 더 너그럽다 하겠다. 수니파와 시아파의 갈등은 종교적이라기 보다 정치적인 성격이 강하며 양 파의 적대감이나 이질감은 실제로 심각하지 않다.

5. 이슬람교와 그리스도교와의 비교

이슬람교와 그리스도교는 서로 유사한 것 같으면서도 현격한 차이가 있다.

유일신 "하느님"을 섬긴다는 점에서는 이슬람교와 그리스도교는 유대교와 함께 공통점이 있다. 꾸란과 성경 내용에 있어서도 유사점과 차이점이 있는데, 아담에서 예수에 이르기까지 24명의 예언자들이 꾸란에 담겨져 있는 점은 성경 내용과 유사하다. 그러나 현격한 양자의 차이는 이슬람교가 예수를 하느님의 아들로 보지 않고 사람의 아들로만 보는 것과 예수의 부활과 삼위일체를 부정하는 것은 그리스도교와의 본질적인 차별을 말해주는 것이다. 그리스도교는 하느님, 예수, 성령이 한 몸이라는 삼위일체를 신앙의 중심으로 믿는다. 그러나 이슬람은 하느님(알라)만을 믿고 무함마드는 하느님의 계시를 받아 이를 전달한 사람일 뿐이라 믿는다.

이슬람교와 그리스도교는 계시종교라는 공통점을 갖고 있다. 성경과 꾸란이 하느님의 계시로 만들어졌다는 점은 같다. 그러나 성경은 하느님이 여러 사람들에게 주신 계시로 쓰여졌다면 꾸란은 무함마드 한 사람에게만 주어진 계시를 옮겨 놓았다는 것이다. 그래서 이슬람교와 그리스도교는 동질성과 이질성을 동시에 갖고 있는, 큰 의미에서 형제종교라 할 수 있다.

제4장

힌두교 Hinduism

— Sacred OM

성스러운 음절 '옴AUM'. 「A브라마, U비쉬뉴, M쉬바」은 모든 소리의 본질이다.

1. 힌두교 개괄

원래 'Hinduism'은 인도에 있는 다양한 종교들을 총칭하는 말로 1,800년대에 정착되었다.

'Hindu'라는 말은 인더스강 유역의 고대 명칭인 'Sindu신두'에서 유래되었는데 이는 산스크리트어로 'River강'를 의미하는 것으로 인더스강 유역과 궁극적으로는 인도인을 지칭하는 용어로 발달되었고 'Sindu'가 페르시아어 'Hindu'로 정착되었다.

한 마디로 'Hinduism'은 인도인들의 종교인 것이다. 그러나 오늘날에 와서는 힌두교Hinduism는 인도 종교들의 총칭이 아니라 좁은 의미로 '베다Veda'의 권위를 인정하는 전통적 종교만을 일컫는 말이다.

힌두교는 인도뿐만 아니라 네팔, 방글라데시, 모리셔스, 가나, 피지, 트리니다드토바고, 수리남, 스리랑카 등 서아시아 여러 국가에서 약 10억 명의 신도들이 믿고 있는 크기로 세계 3대 종교브랜드이다. 인도의 8억 3천만 명, 네팔의 2천 3백만 명, 방글라데시의 1천 4백만 명 등 크기로도 만만치 않은 세계 종교이며 역사적으로 가장 오래된 종교이다. 인더스 문명(BC 3,000년~1,500년)의 발견을 힌두교의 기원으로 보기 때문에 가장 오래 지속되어 온 종교로 보는 것이다.

힌두교는 그리스도교의 예수, 이슬람교의 무함마드, 불교의 붓다같은 종교의 창시자가 없는, 인도인들의 삶의 방식에서 태생되어 발달된 종교이다. 힌두교는 수천 년간 집성되어 온 다양한 전통으로 구축된 종

— Agni, God of Fire
아그니, 불의 신

— Indra, God of Storms
인드라, 폭풍의 신

교이기 때문에 "가장 고대적 종교", "가장 다양성 있는 종교"로서 포지셔닝되어 왔다. 한 마디로 힌두교는 수천 년간 인도인들의 지배적인 종교로 영향력을 가져 왔으며 힌두교로부터 불교, 자이나교Jainism, 시크교Sikhism가 파생되어 왔다는 점도 힌두교의 영향력을 말해 주는 것이다.

힌두교는 인도인들에게 종교라기보다는 삶의 전부이고 삶의 방식으로서 어느 다른 종교보다 인도인들에게 "삶"으로 영향을 강하게 주어 오고 있다.

2. 경전

힌두교의 경전은 베다, 우파니샤드, 라마야나, 마하바라타, 바가바드 기타, 푸라나 등 6가지가 있는데 대표적으로 베다와 우파니샤드를 소개한다.

베다(Veda)

유목민 아리아인Aryan들이 인도 북서부 지역에 침입하여, 고대 인도의 문화권에 자신들의 종교였던 베다종교를 정착시키고 발전시키는 과정에서 인도의 종교 즉 힌두교로 발전시켰다. 고대 아리아인족들은 브라만Brahman이라는 사제 계급에 속하는 사제들이 신들에게 바치는 찬송가를 만들어 이를 '베다Veda'라 했다. 산스크리트어로 베다는 '지식Knowledge'을 뜻하는 말이다.

힌두교는 '베다'와 함께 성장한 종교이므로 '베다'에 대한 이해는 힌두교를 이해하는데 중요한 요소이다. 베다는 BC 13세기경부터 약 2,000년 간 걸쳐 작성된 기록 문헌에 대한 총칭이다. 힌두교인들은 '베다' 문헌을 인간의 손으로 쓰여진 것이 아니라 '신이 성자들에게 가르친 것' 또는 '신이 성자들에게 스스로를 드러낸 것'으로 '들은 것that which is heard'으로 부르며 신성시한다.

'베다'는 리그베다Rig Veda, 야주르베다Yajur Veda, 삼마베다Sama Veda, 아타르바베다Atharva Veda 등 4개의 베다로 구성되어 있다.

리그베다는 4개 베다 중 가장 먼저 쓰여진 1,028개의 찬송시집이다. 우주의 기원과 구조에 관한 전통적인 힌두사상은 우주와 인간의 기원은 힌두의 신화 세계에서 찾아볼 수 있다는 것이다. 리그베다는 우주 창조에 대한 찬송 찬양시다.

야주르베다는 한마디로 희생제의서이다. 이는 신에게 제물을 바치는 동안 암송되는 의식집으로 사제들의 의식 안내서인 동시에 기도와 의식 규정집이다. 1,975개의 주문인 '만트라Mantra'가 야주르베다에 들어 있다.

삼마베다는 세 번째의 베다로 노래집이다. 사제들이 특별한 희생의식을 거행할 때 암송하는 멜로디와 노래가 수록되어 있다. 삼마 베다는 리그베다에서 따온 영성적 찬송가집이다. 리그베다가 말word이라면 삼마베다는 노래song이고 리그베다가 지식knowledge이라면 삼마베다는 실체화realization이고 리그베다가 아내라면 삼마베다는 남편이라는 식으로 양자를 설명하기도 한다. 삼마베다는 리그베다를 닮았고 삼마베다에 나오는 대다수의 만트라는 리그베다에서 따온 것인데 다만 찬송가 형태가 바뀐 것 뿐이다.

아타르바베다는 '주문Spells'의 베다로 앞의 3개 베다와는 완전히 다른 내용이다. 아타르바베다는 리그베다 다음으로 중요시 되는 베다로 보다 간결한 언어로 쓰여 있고 리그베다보다 더 특징적이다. 아타르바베다는 주문으로 구성되어 있고 이는 베다 사회를 보다 분명한 모습으로 묘사하고 있다.

베다는 한마디로 하늘이나 여러 신들에게 바치는 제사 중심의 내용을 담고 있다. 베다는 우주 만물이 계층적으로 서로 상응하고 있으며 신들 역시 계급질서가 있다고 가르친다. 베다는 자연의 구조나 신들의 기능, 사회질서는 신에 의해 규정되는 것으로 상호 의존한다는 것이다. 이같은 우주적 질서를 '리타Rita'라 하는데 이는 올바른 질서이며 진리를 의미한다. 베다의 목적은 인간들에게 현세에서의 덕행과 의무를 가르쳐 우주질서 안에서 세속적인 행복을 누리라는 것이다. 베다는 인간들이 제의를 충실히 수행함으로 행복을 찾을 수 있다고 가르치는 일종의 제의적 규범이다.

우파니샤드(Upanishad)

'우파니샤드Upanishad'는 (현인이나 스승한테 가르침을 듣기 위해) '가까이 앉다sitting near'라는 말이다. 우파니샤드 문헌은 BC 8세기부터 AD 3세기까지 걸쳐 쓰여진 200여 권의 사색서로 일관된 체계를 갖추고 있지 않는 책이다. 스승과 제자 간에 베다의 철학적 의미를 앉아서 되새기기 위한 대화체 형식으로 되어 있다.

우파니샤드의 특성은 베다에 비하여 보다 철학적이고 신비적인데 있다. 리그베다가 신들에 대한 찬송과 제사를 가르치는 것이라면 우파니샤드는 '말' 혹은 '깨달음'을 가르치는 것이다. 우파니샤드가 가르치는 앎 혹은 깨달음의 대상은 일반적인 존재가 아니라 궁극적인 실재 즉 우주만상을 초월해 있는 브라만Brahman=梵이다. 'Veda'는 우주 삼라만상을 서로 연결 시켜주고 서로 조화시키는 우주질서 '리타'가 있다고 가르쳤는데 'Upanishad'는 만물을 창조하고 보존하는 신적인 의식divine consciousness이 있는데 이 의식이 바로 브라만Brahman 이라는 것이다.

브라만은 여러 신들의 모습으로도 나타날 수 있으며 물, 나무 등 자연에도 스며있고 인간에게도 현존하는데 이를 아트만Atman:眞我라 한다. 우파니샤드는 아트만이 브라만과 동일하다범아일여, 梵我一如는 것을 가르치는데 이로써 아트만은 참 실재 브라만을 깨달아야 한다는 것이다.

우파니샤드에 따르면 우리 인간의 병에 대한 최적의 진단은 '우리 인간들이 실상을 모르는 채 살고 있다'는 것이고, 이 철학적인 병에 대하여 우파니샤드는 '우리 인간이 진실한 지식에 도달하는 것'이라 처방한다. 힌두교 사상에서 자유는 오직 올바른 사유에서만 온다는 것이다.

3. 힌두교의 삼신

브라마(Brahma, 梵)

창조의 신으로 대우주를 창조한 최고신격이다. 브라마는 네 개의 머리와 네 개의 손에 물 항아리, 활, 작은 막대기, 베다 성전을 들고 백조를 탄 모습으로 묘사된다. 창조의 신이라는 위치에도 불구하고 이미 창조가 끝난 현 시대에는 창조의 신으로서의 역할이 없기 때문에 인기가 없다. 브라마는 힌두교의 삼신일체설에 따라 창조주로 이해되고 있지만 실제로는 비쉬뉴와 쉬바에 가려져 그 중요도가 떨어진다.

브라마는 창조의 과업을 완수한 뒤라서 지상의 일에 관여하지 않는 민족의 원시 최고의 신이다.

비쉬뉴(Vishnu)

비쉬뉴는 힌두교 삼신 가운데 중심적인 권위를 갖고 있는 '보존의 신'이다. '창조의 신' 브라마, '보존의 신' 비쉬뉴, '파괴의 신' 쉬바 라는 삼신 체제를 갖추고 있으나 비쉬뉴는 전능하고, 어느 곳에든지 현재하고 전지한 신으로 토착민들이 가장 숭배하던 신이다.

'비쉬뉴Vishnu' 라는 이름은 'Vish' 어원에서 나온 말인데 '비쉬Vish'는 '널리 퍼지다to spread, to pervade' 라는 뜻으로 비쉬뉴는 실로 널리 확산된 신이었다. 비쉬뉴는 4개의 손을 갖고 있는데 한 손엔 연꽃, 한 손엔

철퇴, 한 손엔 소라, 한 손엔 원반을 쥐고 있는 것은 비쉬뉴의 힘을 상징하는 것이다.

비쉬뉴는 우주를 보존·유지·복원하는 힘을 가진 신의 속성들을 갖고 있는데 이를 '아바타라Avatara'라고 한다. 아바타라는 10개의 인간, 혹은 동물 또는 반수반인의 형태로 화신이 되어 혼란한 세상을 구제한다고 힌두인들은 믿는다. 물고기 형상의 마츠야Matsya, 거북이 형상인 꾸르마Kurma, 멧돼지 형상인 바라하Varaha, 반인 반사자 형상인 나라심하Narasimha, 난쟁이 형상인 바마나Vamana, 도끼 형상인 파르슈람Parsuram, 현군의 대명사인 라마와 크리슈나Rama, Krishna 그리고 붓다Buddha를 9번째 화신으로 여긴다. 마지막으로 칼키Kalki는 아직 세상에 나타나지 않았는데, 이 아바타라는 혜성과 같이 칼을 차고 백마를 타고 나타나 사악한 무리를 파멸시키고 새로운 세상을 다시 만들어 중생의 순수한 행위를 복원시켜 줄 것이라 믿는다.

힌두교가 비쉬뉴의 9번째 화신을 붓다로 만들면서 결국 불교를 힌두교 안에 흡수시킨 힘의 원천은, 힌두교가 인도 종교의 절대 다수(90%)를 차지하며 살아 남은 것에 있다고 할 수 있다. 그러나 대표 3신 외에도 사람들이 쉽게 다가갈 수 있는 여러 종류의 신들이 있다.

인도에는 수 억의 신들이 있는데 왜 인도인들은 이렇게 많은 신들을 우상하는가 하는 문제도 있지만 삼라만상에 신성을 부여하고 그들을 숭배하는 심신이 강하다는 것이다.

브라마 - 우주 창조의 신

비쉬뉴 - 보존의 신

쉬바 - 파괴의 신

— 힌두교 삼신

쉬바(Shiva)

쉬바는 '선신善神'으로 복잡하고 다양한 특성을 지닌 신이다. 쉬바를 상징하는 대표적인 것들은 다음과 같다.

힘의 상징인 '호랑이 가죽', 죽음의 상징인 '코브라', '더벅머리', '초승달', '성스러운 강가', '삼지창', '성스러운 황소', '구걸의 사발' 등으로 쉬바의 특성을 나타내고 있다. 이러한 심볼들 뿐만 아니라, 쉬바는 1,008개의 다른 이름들을 갖고 있을 만큼 매우 복잡하고 모순되는 성격을 지닌 신이다.

쉬바는 파괴의 신으로 신상보다는 발기한 남성의 성기 모습으로 숭배되고 있다. 그리고 많은 재미있는 신화가 뒤따른다.

쉬바가 히말라야에서 오랜 기간 수행하고 단숨에 집에 돌아와 보니 아내인 파르바티가 어떤 남자 곁에 있지 않은가. 그래서 쉬바는 그 남자의 머리통을 날려 버렸다. 파르바티가 화를 내면서 당신의 아들이 자라 이렇게 커졌는데 아들도 몰라 보느냐며 쉬바를 나무랐다. 인도의 모든 상점에는 가네사라는 코끼리 머리를 한 신이 걸려 있는데 이 가네사가 코끼리 머리를 한 것은 쉬바가 죽인 아들 가네사의 머리를 못 찾아 코끼리 머리를 달아 주었기 때문이었다.

4. 힌두교의 교리

삶의 네 가지 목적

— 첫 번째 삶의 목적 : 다르마Dharma: 의무, 덕행

다르마Dharma: 의무, 덕행는 주로 4계급의 카스트, 즉 브라만, 크샤 트리아, 바이샤, 수드라에 따른 의무를 말한다. 즉 브라만은 그의 의무에 따라 최선을 다하여 제사를 드려야 하며, 대장간 일을 맡은 바이샤는 최선을 다하여 그릇이나 기구를 잘 만들어야 한다. 다르마는 행동, 종교, 윤리의 규범을 설정해 주는 것이다. 인간 삶의 여러 상황에서 적절하게 살아 간다는 것은 인간이 항상 다르마를 수행한다는 것을 의미한다.

'Dharma'는 어근 'dhr' 즉 '지속 성장하다', '지탱하다to sustain'는 뜻에서 나온 말로 이는 개인과 궁극적으로 인간 사회를 지속 성장시켜 주는 도덕률을 의미한다.

— 두 번째 삶의 목적: 아르타Artha: 재산, 물질

아르타Artha는 물질적 번영과 복지 성취를 의미 한다.

'Artha'의 언어적 의미는 '물건, 물질'이며 이는 소유할 수 있고 즐길 수 있고 또는 잃을 수도 있는 모든 유형적 물건, 물질, 재산의 총칭이다. 부나 물질적 풍요 자체가 목적이 아니라 삶의 풍요로움이 목적이다. 힌두교는 인간이 부와 명예와 권력을 갖게 됨을 인정한다. 권력과 재산은 보통 다른 종교에서는 인생의 목적이 아니라 수단으로 간주되어 온 것과 비교해 본다면 힌두교는 권력과 재산을 현실적으로 인정한다.

— 세 번째 삶의 목적: 카마Kama: 쾌락

카마는 즐거움fun, 쾌락pleasure을 추구하는 목적이다. 인도신화에서 카마는 로마신화 큐피드Cupid: 연애의 신, 사랑의 신에 해당하는 것으로 힌두의 사랑의 신이다. 카마는 재산과 권력을 획득한 자는 그 대가로 육체적 쾌락을 추구할 수 있다는 것이고 이 또한 인생의 정당한 목적으로 인정해 주는 것이다.

힌두교에서는 인간이 쾌락을 추구하거나 고통을 탈피하려는 것은 인간의 본원적 심리라고 인정함으로써 쾌락은 인생의 목적이고 인간의 존재이유라는 것이다. 그러나 인간은 궁극적으로 쾌락은 오래 머물지 않음을 깨닫게 된다는 것이다. 실로 끊임없는 쾌락의 추구는 결국 일상의 평범한 일이고 마침내는 싫증나는 일이 되고 만다. 그래서 사람은 보다 영원한 무엇인가를 갈망하게 된다는 것이 카마의 내재된 목적이다.

— 네 번째 삶의 목적 : 목샤Moksha: 해탈

'Moksha'의 어원은 'muc'에서 나온것인데 'muc'은 'to loose, set free, liberate, deliver, to leave, abandon, quit풀다, 자유롭게 하다, 떠나다, 포기하다, 버리다'의 뜻이다. 그래서 'Moksha'는 'liberation해탈, 자유'를 의미하여 이것이 힌두교가 추구하는 인간의 최종 목적이라는 것이다. 이를 위하여 힌두교인들은 앞에 세 가지의 목적을 부정하면서 온갖 안락한 것과 가정을 버리고 명상에 집착함으로써 범아일여(브라마와 아트만의 일체)를 성취할 것을 강조한다.

결론적으로 목샤Moksha, 해탈가 힌두의 궁극적인 목표이다. 이 해탈을 위하여 자신의 다르마의무를 다할 것이고 세속적인 부, 아르타와 육체적인 쾌락, 카마를 섭렵하는 것이다.

결국 이 모든 것, 3개의 목적은 네 번째의 목적인 목샤를 위한 전제조건이 되는 것이다. 즉 진정한 해탈解脫을 위해서는 세속적인 부와 육체적인 쾌락까지 섭렵해야 한다는 것이다.

삶의 네 단계

힌두교는 삶의 단계를 설정하고 있는데 그것은 삶의 네 가지 목적에 상응하는 식으로 규정하고 있다.

먼저 유년 청년시절에는 '의무'를 추구하고 중년에는 '재산'과 '쾌락'을 추구하며 중년 이후에는 '해탈'을 추구하도록 권장하고 있다.

— 학생(10대)

명상 및 공부의 단계로 스승과 함께 거하며 '베다' 경전을 배우고 의무를 익힌다.

— 재가자在家者(20대)

의무를 수행하면서 가정을 꾸리며 '재산'과 '쾌락'을 추구한다.

— 은둔자 隱遁者(숲 속 거주자, 30대)

사회적 의무가 끝나면 은둔하여 명상하고 제사도 지낸다.

— 출가수행자出家修行者(40대)

가정과 결별하고 걸식하면서 고행苦行과 명상冥想에 전념하여 해탈을 추구한다.

요가(Yoga)

삶의 목적 중에서 가장 고상하고 최종적인 목적인 목샤해탈를 추구하기 위한 방법을 일컬어 요가라 한다.

'yoga'는 어원적으로 영어의 'yoke멍에, 굴레'와 같은 어원에서 나온 말로써 몸과 마음에 멍에를 메어 신성神性을 추구하는 방법을 뜻한다. 요가는 자아를 통합하는 목적으로 하는 일종의 영성훈련Spiritual discipline으로, 육체적 운동이지만 그 목적은 비육체적이며 신과의 결합이다. 즉 개인의 정신을 신과 연결시키려는 훈련이다.

요가는 4가지로 분류되는데 바가바드 기타Bhagavad Gita경에서 말하는 것으로 즈나나 요가Jnana, 박티 요가Bhakti, 카르마 요가Karma 그리고 요가 수트라Yoga Suttra에서 말하는 라자 요가Raja가 있다.

— 박티 요가Bhakti: 神愛

박티 요가는 신을 참으로 사랑함으로써 신성을 얻을 수 있음을 가르친다. 'Bhakti'는 'to adore, honor, worship찬미하다, 존경하다, 경배하다' 뜻으로 사랑을 통하여 신성을 직접 얻는 구도를 의미한다.

박티의 목적은 진심으로 순수하게 신을 사랑하는 것이다.

— 카르마 요가Karma: 行動

'Karma'는 '행위·행동의 법칙'을 의미하는 것으로 카르마 요가는 일을 함으로써 해탈을 얻을 수 있다는 것을 가르친다. 자신의 의무다르마

를 행하되 보상을 바라지 않고 신에 대한 희생 제사를 바치는 것처럼 행하여야 한다.

힌두교에서는 하나의 행위는 또 다른 행위를 낳으므로 윤회의 근거인 업보가 된다. 어떤 사람이 보상을 바라지 않고 신에게 하는 것처럼 행동할 때 이 행위는 업보가 되지 않음으로 윤회의 가능성을 약화시켜 해탈을 가져 올 수 있다는 것이다.

— 즈나나 요가Jnana: 지혜

'Jnana'는 실천적인 앎, 기술을 의미하는데 단순히 지적인 앎이라기보다 실천적인 지식 즉 지혜를 말한다. 즈나나요가는 궁극적 실재브라마에 대한 앎과 그와 하나 되는 실제적인 기술을 가르친다. 즉 나의 아트만眞我이 곧 궁극적 실재브라마와 동일하다는 것을 깨닫게 되는 것이 즈나나요가의 목표이다.

— 라자 요가Raja: 심신 훈련

라자 요가는 'Raja = royal' 즉 왕적인 요가는 세계를 의식하는 주체와 현상계를 나누는 이원론적 철학에 근거한 요가로서 수도자 자신의 주체적 의식을 중시하면서 이를 무상한 현실세계에 대한 의식으로부터 분리시키는 훈련이다.

라자 요가의 핵심은 "마음의 동요를 중지시키는 것"이다.

카스트 제도(Caste System)

카스트 제도는 처음부터 힌두교의 제도로 정착되어 왔는데, 초기 아리아인 시대부터 인도사회의 계층화 현상이 있었다.

1947년 영국으로부터 독립된 이후 카스트 제도는 공식적으로 법으로는 금지되었으나 여전히 인도의 전통으로 오늘날에도 그 영향력이 인도사회에 나타나고 있다.

브라만 계급만이 제사장을 맡아 온 전통 때문에 브라만은 인도문명의 토대를 쌓아 놓은 제일의 계급을 이루게 되었다. 그래서 힌두교는 원래 '브라만 종교'라 할수 있을 만큼 브라만 계급이 결정적 영향을 미쳤다.

— 브라만Brahman: 제사장 계급

카스트 제도에서 가장 높은 계급층인 브라만은 '브라민Brahmin'이라고도 부르는데 'Brahmin'이란 말은 베다에서 나온 말로 'Brahmin' 즉 '기도하는 사람'을 뜻한다. 그래서 브라만과 브라민은 동일한 의미의 말이다. 브라만 계급의 사회적 권위는 베다경에서 나온 것으로 이들의 책임은 베다를 전하는데 있다. 신성한 지식 즉 베다에 관한 지식을 소유한 자로서 브라만은 모든 공적인 제의를 관장하며 사적인 의식조차도 브라만에게서만 배워야 한다. 브라만은 그들의 고귀한 지위는 그들의 순수성에서 나온다고 주장한다. 예컨대 채식주의자 같은 사회적 행위규범 같은 것을 그들의 순수성이라 한다. 브라만은 그들의 순수성을 지키기 위해 다른 계급과는 혼인하지 않고 브라만 계급과만 혼인한다. 브라만은 그들의 절대적인 사회적 권위와 역할을 지키기 위하여 베다경 뿐만 아니라 그 이상의 지식을 쌓는다. 그들은 지적·영적 지도자로서 제사장(사제), 철학자, 예술가, 선생들이 브라만 계급에 속한다.

— 크샤트리아Kshatriya: 왕족 및 전사계급

브라만 계급 다음으로 사회적 지위가 높은 계급이 바로 크샤트리아이다. 왕족과 전사戰士 계급은 힌두인들의 전통적 고대 계급이다. 크샤트리아는 국가를 통치하고 보호해야 하는 무거운 책임이 있는 계급이다. 크샤트리아는 그들의 기능 때문에 항상 브라만 계급과 동맹 체제를 유지한다. 그러나 때때로 사회적 수직 계급을 통제하는 문제로 크샤트리아와 브라만은 서로 경쟁적이다.

BC 6세기에, 브라만의 정통성에 반기를 들었던 불교와 자니교Jainism의 이단 운동은 크샤트리아 계보 사람들에 의해 시작되었다. 싯다르다 고타마(후에 부다)와 바르다마나(후에 마하비라)가 바로 그들이었다.

— 바이샤Vaisha: 평민계급

바이샤 계급은 전형적으로 상인과 농부계층들이다. 이들은 상인과 농부로서 경제의 핵심주체로 인식되었고 오늘날의 용어로는 소위 중산층이다.

— 수드라Shudra: 하인계급

수드라는 사회 계층에서 가장 낮은 사람들로 위 세 계층의 사람들에게 봉사하는 하인계급을 의미한다. 브라만, 크샤트리아, 바이샤가 정복민들이라면 수드라는 피정복민들이다.

— 달릿Dalit: 제5계급

1947년 인도가 독립되어 카스트 제도는 공식적으로 폐지되었으나 수드라 계급 밑에 최하위의 비공식 계층이 있는데 이를 달릿 또는 '언터치블Untouchables' 즉 불가촉천민不可觸賤民이라 한다.

달릿은 청소부, 이삿짐꾼, 갖바치로 살아간다. 카스트 제도에서 달릿에 대한 배려는 아주 낮았고 그들을 마치 오염의 집단으로 여겨 윗계급에 속하는 사람들과의 접촉을 금했었다. 그래서 'Untouchables-불가촉천민'이라 불린다.

영국으로부터의 독립을 부르짖던 인도의 자유투사들은 카스트 제도를 비난하면서 '불가촉천민'을 영원히 폐지할 것을 주장했다. 불가촉천민 제도의 핵심 폐지론자는 모한다스 간디Mohandas Gandhi였는데 그는 '달릿'이란 말 대신 '하리잔Harijan' 즉 '신의 태생'이라는 새로운 말로 만들어 '불가촉천민'의 오명을 씻게 했다. 오늘날까지 인도의 불가촉천민들은 군사 정치적 지위를 얻어 계속적으로 신분상승을 해오고 있다. 대다수의 달릿들은 불교로 개종했다. 불교는 기본적으로 카스트 개념에 반대하고 평등정신을 주장해 왔다. 오늘날 인도에는 6천7백만 가량의 달릿이 있고 전 세계적으로는 2억 5천만 정도의 달릿이 살고 있다.

카스트 제도는 불평등의 문제점이 있었음에도 불구하고 수천 년간 인도사회를 지탱해온 힘이었다. 카스트 제도가 영속화될 수 있었던 이유는 다음에서 찾아 볼 수 있다.

첫째, 카스트 제도는 브라만들이 쓴 힌두교의 경전과 브라만들의 교육을 통하여 신성시 되어 왔다는 점이다. '마누법전'에서 브라만은 신의 입(교육), 크샤트리아는 신의 팔(방어), 바이샤는 신의 무릎(아기 양육), 수드라는 신의 발(짐을 지는 역할)이라고 가르친다.

둘째, 윤회·업보 사상에 따라 인도인들은 자신의 현재 카스트는 이미 전생의 업보에 따라서 숙명적으로 정해졌다고 받아들이기 때문이다.

셋째, 브라만들은 자신들의 계급을 독립적으로 유지하기 위하여 각 카스트를 철저히 세습화시켜 왔고, 특히 계급이 다른 카스트와의 결혼을 금지시킴으로써 가문에 의한 자신들의 지위를 영속시켜 왔다.

넷째, 각 카스트의 사람들은 그들의 의무를 다하는 것이 곧 그들의 삶의 목적을 달성하는 것이라 가르쳤는데 이것이 사회적 안정을 가져왔기 때문이다.

이러한 이유들 때문에 카스트 제도는 불평등하고 폐쇄성이 있지만 수천 년간 인도 사회에 고착되어 왔다. 물론 현재에는 공식적으로 카스트 제도는 폐지되어 있다.

5. 힌두교의 통찰

문제점

어느 종교도 보는 시각에 따라 문제점이 없는 종교는 없을 것이다. 때로는 강점이 될 수도 있기 때문에 동전의 양면과도 같은 것이 종교의 문제점이다. 힌두교의 문제점일 수 있다는 시각에서 몇 가지 문제점을 설명하고자 한다.

— 첫째 : 힌두교는 불평등주의 문제점이 있다.

엄격한 카스트 제도는 정치, 사회, 종교에서 본질적인 불평등 문제를 내포하고 있다. 카스트 제도를 유지하기 위해서 최고 계급인 브라만 계층을 포함한 상위 세 계급만이 목샤를 받을수 있다고 가르칠 수밖에 없다. 그러므로 다른 계급들은 평등할 수 있는 기회를 상실하고 만다.

— 둘째 : 엄격한 보수주의 문제점이 있다.

힌두교는 고대적 경전과 전통을 엄격하게 지킬 것을 중시하는데, 전문성이 떨어지는 세습적 브라만이 이를 독점함으로써 힌두교의 보수성이 가중된다. 유대교, 그리스도교, 이슬람교에 있어서 성직자들은 세습성이 거의 없기 때문에 창조적인 성직자들이 등장하기 쉽고 그들은 경전과 전통을 새롭게 해석할 수 있다. 그러나 힌두교 성직자들은 수천년간 세습적인 브라만들로 이루어져 변화를 기피하고 모든 것을 보수적으로 지켜오는 경향이 많다.

— 셋째 : 힌두교는 규범성과 통일성이 약한 문제점이 있다.

힌두교는 모든 경전, 행동 교리들이 종교적 가르침이라기보다 삶 자체가 되어 왔기 때문에 종교적 규정이 약하다. 예컨대 그리스도교는 사도신경, 이슬람은 다섯 기둥, 불교는 사성제 팔정도 등의 단순하지만 통일된 교리를 가르쳐왔다. 그러나 힌두교는 이에 버금가는 규범이 없다.

불평등주의와 엄격한 보수주의는 불교의 탄생을 가져왔다. 불교의 창시자 고타마 싯다르타Gotama Siddhartha (BC 563~483경)는 힌두교의 불평등 문제를 개혁하는 형식으로 불교를 발전시켰다. 이런 점에서 '불교가 힌두교의 프로테스탄트'라고 주장하더라도 틀린 말은 아니다. 또한 힌두교에는 규범성과 통일성이 약하다는 문제점에서 자이교가 탄생된 것이다. 마하비라Maha Vira (BC 599~527)에 의해 주도된 힌두교 개혁운동이었다. 그러나 또 한편 힌두교에서 파생된 불교와 자이교를 배척하지 않고 수용한 관용은 힌두교의 장점이 아닐 수 없다. 세계 힌두교인 수가 10억 명이라는 사실은 위에서 설명한 힌두교 문제점들이 문제인 동시에 해결이었음도 암시하는 것이다.

긍정적 측면

힌두교는 결코 평등주의자들은 아니며, 사회의 존속과 발전을 위하여 다양한 분야와 계층으로 나눠질 필요성을 인정하는 종교이다. 이는 카스트 제도의 필요성을 완곡하게 표현한 것이다. 그럼에도 불구하고 힌두교는 관용과 친절을 최대의 가치와 덕목으로 실천해온 종교라 할 수 있다. 종교에 있어서 관용이란 모든 종교를 동등한 구원의 길로 수용하는 것인데 바로 힌두교가 가장 수준 높은 종교적 관용을 베푸는 종교이다. 힌두교인들은 힌두교의 불관용이란 이유를 들어 힌두교인이 이슬람교나 그리스도교로 개종하는 사람들을 비난한다. 개종은 헌법적 권리이지만 힌두교가 관용의 종교인데 이를 부정하여 '불관용'이란 이유로 개종하는 사람들에 대해 비판한다는 뜻이다. 실로 힌두교는 타 종교에 대해 매우 관용스러운 종교라는 명성을 가질만한 종교이다.

"진리는 하나뿐이다. 다만 서로 다른 현자들이 이를 서로 다른 이름으로 부를 뿐이다"라는 힌두교인들의 격언은 종교적 관용을 충분히 암시하고 있다.

한 힌두교 지도자인 비베카난다Vivekananda는 "나는 이 세상에 관용과 수용을 가르쳐왔던 종교에 속해 있어 자랑스럽다. 우리 힌두교인은 모든 관용뿐만 아니라 모든 종교를 진리로서 받아들인다. 예컨대 우리는 이스라엘의 피난민, 조르아스터교의 피난민에게 그들의 피난처가 되어 주었다" 라는 연설로 힌두교의 종교적 관용을 설명했다.

힌두교의 종교적 관용에 대하여 설파한 인도의 사상가, 람 스와럽 Ram Swarup의 논리는 힌두교의 종교적 관용이 얼마나 잘 정리된 사상인가를 말해준다.

> "신과 당신의 이웃이라는 관점에서 두 가지의 영성적 범주를 살펴보고자 한다. 즉 당신의 이웃을 통해서 신을 바라볼 수도 있고, 또 당신의 신을 통해 이웃을 바라볼 수도 있다.
>
> 첫 번째 가정은 당신이 당신의 이웃을 통해서 신을 바라보는 관점인데, 이때 당신의 이웃이 당신처럼 좋은 사람이라면, 그가 믿는 신도 당신이 믿는 신처럼 틀림없이 좋은 신으로 여길 것이다. 그러나 두 번째 가정으로, 당신의 신을 통해 당신의 이웃을 바라본다면 전혀 다른 관점을 갖게 될 것이다. 즉 당신의 신이 당신에게 아주 좋은 신이라면 당신의 이웃에게도 아주 좋은 신이 될 것이다. 그런데 당신의 이웃이 동일한 신을 동일한 방법으로 경배하지 않는다면 그는 악마를 믿는 것이 틀림없을 것이므로 개종시켜야 할 것이다.

첫 번째 방법에서는 수많은 신과 다양한 경배 방법으로 관용을 증폭시키지만, 두 번째 방법에서는 하나의 신과 하나의 경배 방법으로 모아져 결국 불관용을 낳을 수밖에 없을 것이다."

출처: Hinduism Book, Kenneth Schouler, Ph.D.

힌두교의 긍정적 측면은 힌두교가 관용과 평화의 대표적인 종교라는 것이다. 카스트 제도의 영향 때문에 불평등한 종교 문화처럼 보일지라도 종교적 관용이라는 가치는 힌두교를 인도에서 점차 전 세계로 성장시키고 있는 힘이다.

제5장

불교 Buddhism

— Wheel of Dharma

— Buddha and Mucalinda

— The Hidden Buddha

1. 불교 개괄

불교의 영향

불교는 지난 2,500여 년간 유대교, 그리스도교, 이슬람교와는 달리 신의 존재나 절대자의 섭리에 의존하지 않으면서도 불교를 믿는 사람들에게 삶의 의미, 즐거움, 위안을 제공해 왔다.

불교의 전통은 철저히 인간의 주체성 확립, 우주의 삼라만상이 서로 융합 작용하는 밀접한 관계를 주장해왔다. 따라서 불교는 시대와 지역을 초월한 인본주의 가치와 자유와 평등, 자비와 평화를 보편적 가치로 주장하는 종교라 할 수 있다. 특히 불교는 아시아의 문명 형성에 큰 기여를 해 왔다. 전 세계 86여 개국에 퍼져 있는 불교의 신자 수는 약 3억 5천만 명쯤이고 그 중 대다수가 아시아에 있다. 또한 아프리카에 1만 3천명, 유럽에 22만 명, 남아메리카에 50만 명, 북아메리카에 20만 명, 러시아 등지에 32만 명으로 전 세계에 전파되어 있다.

기원

힌두교가 자이나교와 불교를 파생시켰으므로, 힌두교, 자이나교, 불교는 서로 공통점을 많이 갖고 있다. 자이나교는 계급이 어느 것이든 관계없이 모든 계급이 해탈과 구원이 가능함을 강조했고, 불교의 가르침은 생의 최고 목표를 열반 성취로 하였다.

힌두교의 최고 권위로 여겼던 경전 베다Veda가 그 권위를 상실해갔고 카스트 제도계급제도에 대한 전통적 가치가 무너지기 시작하던 시점에서, 힌두교의 가르침에서 찾지 못한 진리를 찾아 나선 것이 불교와 자이나교의 시작이라 볼 수 있다.

불교와 힌두교는 많은 가치와 믿음을 공유하면서도 서로를 배척한다. 불교는 베다 교리와 카스트 제도를 수용하지 않는다. 다만 윤회의 사상은 유지한다. 또한 불교는 힌두교와 많은 교리적 용어를 함께 사용하고 있다. 예컨대, 아트만Atman: 자아, 영혼, 요가Yoga: 명예, 카르마Karma: 행위, 행동 그리고 다르마Dharma: 법칙 등의 같은 단어를 사용하고 있어 사실상 많은 가치를 공유하고 있는 것이다.

'불교'는 말 그대로 '부처의 가르침'이다. '부처'란 '깨달아 환히 알아 터득한 사람'을 말한다. '부처'란 말은 산스크리트어인 'Buddha깨달음을 얻은 자'를 소리 나는 대로 한자로 옮겨 적은 것이 불타佛陀이고 여기에 '님'자를 붙여 '불타님' 또는 '부처님'이라고 칭한다.

'붓다Buddha'는 누구인가? BC 6세기에 인도는 종교적으로 혼란기를 맞이했다. 특히 카스트의 제일 고위급인 브라만 계급의 제식주의에 반하는 철학자들이 나타나기 시작했다. 이때 인도와 네팔의 경계선에 있던 작은 부족, 사카의 왕자였던 고타마 싯다르타Gautama Siddhartha, 석가모니 혹은 사카의 현자가 출가하여 고행과 수련을 거쳐 얼마 후 "깨달은 자" 즉 '붓다Buddha'가 된 것이다. 이런 '붓다'의 가르침이 불교Buddhism인 것이다.

우리가 불교의 창시자 고타마 싯다르타를 붓다, 부처 외 '석가모니釋迦牟尼, Sakyamuni'라 호칭하기도 하는데 그것은 '사카석가족 출신의 성자muni'라는 뜻에서 나온 말이다. 고타마 싯다르타는 사카족의 왕자 신분 시절의 이름이고, 고타마 붓다Gautama Budda는 '깨달음을 받은 자' 신분의 이름이다. 엄밀히 말해서 불교의 창시자라는 뜻에서 호칭할 때는 '고타마 붓다'가 옳은 이름이다.

불교의 종파

부처가 죽은 후 100년이 지나 불교는 크게 두 개의 파로 분리되었는데, 이를 보통 소승불교小乘佛教와 대승불교大乘佛教라 한다. 그러나 '소승'은 의미적 오해가 생길 수 있어 석존의 전통을 이어가며 지킨다는 의미로, 소승불교 대신 '상좌上座불교'라 칭한다. '소승'은 작은 수레, '대승'은 큰 수레의 의미로, 작은 수레는 자기 혼자만 타는 수레를 말하고 큰 수레는 자기뿐만 아니라 중생 전부를 태우는 수레를 의미한다. 소승, 대승의 구분은 대승불교 쪽의 해석이고, 상좌불교는 소승 쪽의 자기 호칭에서 유래된 것이다.

부처 사후에 보수파로 불리는 고승들은 절 안 깊은 곳에서 학문과 수행에 전념하면서 자기 자신의 인격 완성만을 목적으로 삼았다. 이런 보수파에 반기를 든 젊은 수행승들은 절을 나와 대중 속으로 들어가 대중을 구원하고자 하여, '모든 중생은 평등하며 성불할 수 있다'고 대중을 가르쳤다. 이들은 자기 자신의 깨달음만을 생각하는 좁은 마차小乘가 아니라 중생을 구원하는 거대한 마차大乘라는 의미로 '대승불교'라 스스로를 칭하였다.

출가한 승려만이 깨달음을 얻을 수 있다는 성좌 불교는 인도에서 동남아, 즉 스리랑카, 미얀마, 태국, 라오스, 캄보디아 등지로 전파되어 오늘에 이르렀다. 엄격한 수행과 금욕의 실천을 요구하고 현세에 선행을 쌓아야 내세에 혜택을 받을 수 있다는 '보수적' 성향이 있는 불교의 종파이다.

대승불교는 인도, 중국, 한국, 일본, 베트남 등지로 전파되어 현지 토착 신앙을 흡수하여 민중 속에서 발전된 불교의 또 다른 종파로 성좌불교에 비하여 '진보적'인 성향이 강한 불교 종파이고 우리나라에서는 불교를 말할 때는 대승불교를 의미한다.

2. 불교의 가르침

사성제(四聖諦)

붓다는 45년 동안 설법을 했는데 그 내용을 '법法', '진리眞理', '제諦'라 한다.

'법法'이란 깨침의 실상을 말한다. 깨침은 법을 스스로 깨달아 아는 것을 의미한다. 붓다는 6년간 수행한 후 마음의 눈을 열었고 그것을 성불成佛이라고 하고 그 세계가 곧 부처의 세계라고 인식했다. 이것의 내용을 정리한 것이 'Dharma다르마'라 하는데 이를 한역하여 '法법'이라 한다.

붓다가 다섯 비구에게 최초로 설했다는 법문은 '전법륜경'이라 하는데 이 법문의 골격이 네가지 성스러운 진리 즉 4성제로 집약된 것을 말한다. 즉, 그것은 고제苦諦, 집제集諦, 멸제滅諦, 도제道諦를 말한다.

— 고제苦諦: duhkha

모든 것이 자꾸 변하기 때문에 생기는 불안과 공포를 행고行苦라 한다. 불교에서는 '모든 것은 괴롭다duhkha'라는 진리를 말하는데, 나고, 늙고, 병들고, 죽는 '生老病死'의 4苦와 사랑하면서도 이별해야 하는 애별리고愛別離苦, 미워하면서도 함께 살아야하는 원증회고怨憎會苦, 구하여도 얻지 못하는 구부득고求不得苦, 오음이 무성한 오음성고五陰盛苦가 있다. 오음이란 色색, 受수, 想상, 行행, 識식에 대한 욕망을 말한다.

— 집제集諦

고뇌의 원인이 되는 업의 총체가 '집제'이다.

붓다는 괴로움의 원인으로 욕애慾愛, 존재를 위한 욕망 즉 유애有愛, 번영·존재를 위한 욕망, 즉 무유애無有愛를 들고 있다. 그런데 고뇌는 총 108가지가 있어 이를 '108 번뇌'라 하고 그 중요한 원인이 업業, Karma이다.

— 멸제滅諦

멸제는 고뇌쇠멸苦惱衰滅이다. 탐욕을 포기하면 고뇌가 사라진다. 고뇌의 원인이 되는 업을 멸하여 열반을 성취한다는 진리다. 업을 멸하기 전에는 수천만 번 윤회전생하여도 고를 벗어날 수 없다. 악업이든 선업이든 모든 업을 멸해야 해탈된다.

— 도제道諦

고苦를 불러오는 것이 집集이기 때문에 도제는 집을 멸하는 방법에 관한 수단이다. 괴로움을 끊는 길로서 경전에는 팔정도八正道가 제시되어 있는데 그 팔정도는 정견正見, 정사유正思惟, 정어正語, 정업正業, 정명正命, 정정진正精進, 정념正念, 정정正定을 말한다.

앞의 사성제 중 고·집·멸·제는 인생의 문제를, 도제는 그 문제 해결에 대한 수행방법을 제시한 것이다.

윤회(輪廻)

붓다가 힌두교의 주된 교리 가운데 두 가지 개념을 받아들였는데 '윤회사상'과 '업의 법칙'이 그것이다.

윤회란 산스크리트어로 '삼사라Samsara'라고 하는데 사람이 죽었다가 다시 태어나기를 반복하는 것을 말한다. 지금 존재하고 있는 나는 현생의 부모뿐만 아니라 무수한 전생의 부모를 가지게 된다. 인류 모두가나의 부모이니 차별 없이 존중하고 사랑하라는 가르침도 돌고 도는 윤회의 실체를 자각한 데서 비롯한 것이다. 차바퀴가 돌 듯이, 생명이 있는 것들은 삼계, 즉 욕계, 색계, 무색계를 빙빙 돌면서 지은 업에 따라 왔다갔다 한다는 것이다. 몸은 물거품처럼 인연이 다하면 사라지지만 행위의 축적은 사라지지 않고 윤회하니 모두가 '인과因果'의 두려움을 알고 악을 이겨, 이 땅과 저 땅을 극락으로 만들어야 한다. 전생은 꼭 죽은 뒤의 생을 말하는 것이 아니다. 지나간 생각이 '전생'이고 지금의 생각이 '현생'이고 올 생각이 '미래생'인데 한 생각이 윤회의 씨가 되는 것이니 한 생각을 잘 다스려 삼생전생,현생,내생의 윤회를 끊어야 고통을 벗어날 수 있다.

업(業, Karma)

업은 '버릇이 되어 버린 성질과 행동'이라 정의할 수 있으며 일종의 습관과 습성이다. 불교에서 습관과 습성은 전생, 현생, 내생의 삼생에서 익힌 모든 습관과 습성을 총칭하여 업業이라 한다. 중생이 지은 업은 쉽게 변하거나 사라지지 않는다. 그래서 전생의 업이 두터우니 인간의 삶이 고통일 수밖에 없다는 것이다.

업은 크게 셋으로 구분하는데 이를 삼업三業이라 한다.

즉 신업身業: 몸으로 짓는 업

구업口業: 입으로 짓는 업

의업意業: 생각으로 짓는 업

붓다는 마음으로 짓는 의업을 중시했고, 나쁜 의업을 지을 경우 고통을 수반하여 수행과 깨침에 장애가 된다고 가르쳤다.

3. 불교의 경전

불교의 경전은 우선 방대하고 종파에 따라 선택하는 경전이 다르다. 가장 오래된 불경은 산스크리트어梵語와 남인도의 방언인 팔리어Pali語로 쓰였고, 티베트어, 네팔어, 중국어 등으로 쓰여진 다양한 언어의 경전들이 있다. 우리에게 잘 알려진 합천 해인사의 고려 때 제작한 '팔만대장경'은 불교의 경전을 목판에 각인한 판이 8만여 개라는 것이다. 천 페이지짜리 책의 두께와 그 책의 80여 권 분량을 생각하면 불교 경전이 얼마나 방대한가를 짐작할 수 있다.

불교의 경전은 고타마 싯다르타(BC 563~483)가 죽은 후 100년이 지난 후부터 AD 2세기 초까지 이루어졌고 최근까지도 보완 결집되고 있다. 불교 경전이 편찬되는 것을 결집結集이라 하는데, 불경은 경經, 율律, 논論이라는 3개의 진리 바구니3 Pitaka라고 불리는 삼장경三藏經의 교리서가 있다.

경經, Sutra Pitaka은 붓다의 전기와 그의 직접적인 가르침이고, 율律, Vinaya Pitaka은 수도승들이 지켜야 할 계율이고, 논論, Abidharma Pitaka은 불교의 원리를 철학적으로 해석하고 논술한 것이다. 삼장경의 총 분량은 32장으

— 팔만대장경

로 그리스도교의 성경구약과 신약 분량의 11배 정도가 된다. 한문으로 된 대표적인 경전에는 반야경, 화엄경, 법화경, 법구경, 아미타경 등이 있다. 논論으로는 마명이 쓴 대승불교 해설서인 대승기신론大乘起信論과 세친이 쓴 소승불교 해설서인 구사론俱舍論이 있다.

— 반야경般若經

반야般若란 모든 생물이 배움 이전에 스스로 갖고 있는 지혜를 말하는데 즉 학습된 지혜가 아니라 인간이 태어나기 전부터 갖추어져 있는 지혜를 의미한다. 반야경은 대승불교의 최초경전이며 '대반야경'의 사상을 짧게 요약·압축한 것으로 600권에 달하는 내용을 260자로 압축시켜 놓은 경전을 말한다.

"반야의 지혜는 일체의 모든 모양이 있는 것은 본질에 있어서 비어空있다고 보는 것이고 이것을 꿰뚫어 보아 통달하면 지혜의 완성에 이른다는 것"이 반야경의 골자이다. 이 경전에 일관되게 흐르는 사상은 공사상空思想이다. 이 세상의 모든 것이 공空하므로 이를 철저히 터득하면 반야지혜를 얻어 깨달음에 이를 수 있다는 것이다.

— 금강경金剛經

금강경(정식 명칭은 금강반야바라밀경金剛般若波羅蜜經)은 우리나라 조계종의 소의경전으로 대반야경의 일부지만 가장 많이 알려진 경전으로 금강석과 같이 견고하고 예리한 반야지혜의 배를 타고 미혹으로부터 벗어나 열반의 세계에 도달한다는 뜻과, 금강석과 같이 단단한 번뇌를 능히 반야가 깨뜨린다는 두 가지 뜻을 내포하고 있다. 금강경도 반야경처럼 공사상에서 출발한다. 그러나 반야경에서처럼 '공空'자는 한번도 사용하지 않는 것이 특색이다. 금강경의 핵심어구는 '응무소주이생기심應無所住而生其心', 즉 '마땅히 머무르는住 바 없이 그 마음을 일으켜라' 또는 '일체의 것에 집착함이 없이 그 마음을 운용하라'는 것이다. 모든 것은 공하므로 집착해서는 안 되며 또 집착하지 않는 마음의 상태로 마음을 쓰라는 것으로 금강경은 무집착無執着의 마음을 강조한다.

— 화엄경華嚴經

화엄경의 정식 명칭은「대방광불화엄경大方廣佛華嚴經」이고 대방광大方廣은 대승의 다른 이름이다. '화엄'이란 '화환, 꽃다발로 장엄함'을 말하는 것으로 화엄경은 '부처님의 모든 공덕을 화려하고 호화로운 꽃으로 장식한 것과 같은 대승의 큰 경전'이라는 의미이다.

— 법화경法華經

"사랑하는 사람이 있어 너 아니면 못 살겠다고 맹세하더니 어느날 갑자기 돌아서서 싫다고 한다. 그러면서 마음이 아프다는 둥 슬프다는 둥 한다." 이 얼마나 신비하고 불가사의하고 묘한 작용인가? 법화경은 인간들의 이러한 묘한 작용을 근거로 진리의 말씀을 모은 집이다.

법화경의 원래 정식명칭은「묘법연화경妙法蓮華經」이다. 즉, 연화는 하얀 연꽃으로 더러운 물속에서도 더럽혀짐이 없이 순백의 꽃으로 아침 이슬을 머금고 청순하게 피어나는 꽃이다. 깨끗한 마음을 찾는 불교신자들은 이 꽃을 마음의 상징으로 존중한다.

묘법연화경, 즉 법화경은 '하얀 연꽃에 비유해서 바른 가르침의 묘한 법을 설한 경전'으로 이해될 수 있다.

— 열반경涅槃經

일체중생실유불성一切衆生悉有佛性, 즉 '일체의 중생은 불성을 갖추고 있다'는 말로 알려진 경전이 바로 열반경이다. 열반경의 정식명칭은 '대반열반경大般涅槃經'인데 '대반열반'이란 '완전하고 위대한 열반'이라는 의미이다.

석존석가모니은 자기 자신의 '죽지 않음'을 얻었다고 선언하면서 왜 죽었는가? 하는 질문에 대해서 '부처의 '육체'는 오래 써서 낡아 사라지지만 깨친 부처의 진리는 영원히 사라지지 않는다'는 해답을 써놓은 경전이 바로 열반경이다. 열반경의 핵심은 누구나 불타가 될 수 있는 불성이 있다는 주장, 즉 '모든 중생은 불성이 있다'는 말인데 이것이 불교의 교리를 세계화시키는 데 결정적 영향을 끼친 것이다.

4. 불교와 그리스도교의 비교

신앙의 대상

불교는 자기 실천 신앙으로 어떤 절대자의 힘에 의하여 신앙의 목적을 달성하려는 것이 아니라 자기 수양과 노력에 의하여 불타가 되는 것이다. 그리스도교에서는 인간은 인간의 문제를 스스로 해결할 수 없으므로 하느님을 의지하고 하느님의 뜻에 자신을 맡기는 것이다. 하느님은 창조주이고 인간은 피조물일 뿐이고 유한한 존재이고 무력한 존재로서 하느님께 자신을 전적으로 의존하는 것이다.

불교는 자기 자신의 끊임없는 수양과 수도를 통하여 깨침을 얻어 평화와 구원을 득하는 가르침이고 그리스도교는 하느님께 의존하여 하느님을 통하여 평화와 구원을 얻는다.

신관

불교는 신앙의 대상이나 목적에서 알 수 있듯이 무신론이다. 엄밀히 말해 무신론이라기보다는 불신론不信論이다. 불교 교리의 핵심은 공사상空思想으로 모든 존재 앞에는 어떠한 절대자도 있을 수 없다는 것이다. 불교에서는 신神이라 말을 사용하지 않을 뿐만 아니라 신의 존재 자체를 거부한다. 이에 비해서 그리스도교는 대표적인 유신론이고 그것도 유일신을 믿는 종교이다.

십계명

불교의 십중대계는

1. 중생을 죽이지 말라
2. 주지 않는 것을 훔치지 말라
3. 음행하지 말라
4. 거짓말 하지 말라
5. 술을 팔지 말라
6. 사대부중의 허물을 말하지 말라
7. 자기를 칭찬하고 남을 비방하지 말라
8. 자기를 아끼려고 남을 욕하지 말라
9. 성내지 말고 참회를 잘 받아라
10. 삼보를 비방하지 말라

ⓒ 김범석

인데 이는 불교가 인간의 윤리문제를 깊이 있게 다루고 있음을 보여주고 있다.

한편 그리스도교의 십계명Ten Commandments은 하느님이 모세를 통하여 이스라엘 백성에게 계시한 열 가지의 율법 또는 명령이다. 십계명은 하느님 의지의 총괄이고 그리스도교의 핵심사상을 명료하게 집약한 대강령이다.

제1계명: 한 분이신 하느님을 흠숭하여라

제2계명: 하느님의 이름을 함부로 부르지 마라

제3계명: 주일을 거룩히 지내라

제4계명: 부모에게 효도하여라

제5계명: 사람을 죽이지 마라

제6계명: 간음하지 마라

제7계명: 도둑질을 하지 마라

제8계명: 거짓 증언을 하지 마라

제9계명: 남의 아내를 탐내지 마라

제10계명: 남의 재물을 탐내지 마라

전통적으로 그리스도교에서는 하느님 사랑과 이웃 사랑을 강조하는데 처음 세 계명은 하느님 사랑과 관련되고 나머지 일곱 계명은 이웃사랑과 관련 된 것이다.

이렇게 볼 때 불교의 십중대계와 그리스도교의 십계명은 인간의 윤리에 관하여는 서로 공통점을 갖고 있다. 다만, 그리스도교의 하느님에 관한 처음 세 계명은 신에 관한 것으로 무신과 불신을 주장하는 불교의 가르침에는 없는 사상이다.

고타마 싯다르타(석가)와 예수의 권위

불교의 고타마 싯다르타는 그 자신의 권위적 요소를 주장하지 않았다. 불교의 권위는 각자의 각성에서 나오는 것이며 타력으로는 깨달음에 이를 수 없다는 것이다. 그러나 그리스도교에서는 예수 그리스도를 통하지 않고서는 구원이 불가능하다. 한마디로 그리스도교는 예수를 믿고 죄에서 속죄함을 받아 구원을 얻게 되는 타력他力 종교이다. 예수의 권위는 신앙 중심적이고, 고타마 싯다르타의 권위는 철학적이고 지혜 중심적이라 할 수 있다.

해탈과 구원

불교의 목적은 해탈이다. 불교의 창시자는 설법을 통하여 윤회에서 탈출·해탈하는 것을 원하였다. 두 번 다시 윤회하는 일이 없도록 하는 것이 불교의 이상이고 윤회로부터의 탈출이 바로 해탈이다. 해탈은 윤회의 세계와 연결된 속박으로부터 탈출하는 것을 뜻한다.

불교가 수행을 통하여 목적을 달성한다면, 그리스도교는 예수 믿음을 통해서 구원을 얻는 데 있다. 구원의 핵심은 죄의 용서함을 받는 데 있다. 그것은 예수 그리스도를 믿음으로써만 가능한 것이다.

불교에서의 인간관은 "그 무엇에도 예속될 수 없는 지극히 자유로운 존재"임을 천명하고 있다. 인간의 삶은 신의 의지에 의하여 결정된다는 유신론이나 운명에 의해 모든 것이 결정되어 있다고 보는 숙명론, 물질에 의해 결정된다고 보는 유물론 등이 인간을 완전히 속박한다고 보고 이에 대한 불교의 해석은 '이 모든 속박과 제약은 인간 스스로 만들어낸 업Karma때문이므로 업을 멸하고 해탈Nirvana의 경지에 이를 때 인간은 완전한 자유를 누릴 수 있다'는 것이다.

불교의 출발은 윤회의 세계로부터 해탈하는 것이며 궁극적 목적은 열반이다.

5. 불교의 쇠퇴와 강점

불교의 쇠퇴

7세기 이후 인도에서는 불교가 '비밀불교秘密佛敎', 즉 밀교화密敎化되면서 사실상 힌두교에 흡수되어 버리고 만다. 불교의 창조성과 정체성은 고갈되어 13세기에 이르러 제도 종교로서의 불교는 인도에서 소멸되고 만다. 불교가 인도에서 쇠퇴하게 된 이유 중 하나는 이슬람교도의 인도 침입이다.

1202년 무슬림이 북인도를 지배하기 시작하였고 1203년 비크라마실라 사원이 파괴되면서 불교는 인도 본토에서 그 모습을 감춰버렸다. 이슬람교도의 침입을 받고서도 살아남은 힌두교와 자이나교가 있는데 왜 불교는 치명적인 쇠퇴를 당했는가?

첫 번째 이유는 불교의 조직이 주로 사원을 중심으로 존재하고 있었는데 이 사원들이 이슬람교도들의 주요 약탈 표적이었다. 따라서 대사원의 파괴는 불교세력의 결정적 제거를 의미하게 되었다.

두 번째 이유는 불교의 힌두화이다. 불교가 민간에게 퍼져 있던 힌두교의 주문이나 주술적 의례를 받아들임으로써 일반대중과의 친밀도를 유도하였다. 그러한 과정에 불교의 독창성을 상실하고 힌두교와 구별할 수 없을 정도로 힌두교에 동화되어 버리고 만다.

불교의 강점

인도에서의 불교의 쇠퇴는 역설적으로, '인도'라는 지역적 한계를 벗어나 세계의 불교로 발전하는 계기가 되었다. 인도에서, 정확히는 힌두교에서 파생되었던 불교가 힌두교에 흡수되어 인도에서는 자리를 감춰버리게 되었는데 왜 우리나라를 포함한 동북아와 동남아부터, 유럽, 미국에까지 이르는 서구사회에서는 점차 관심의 대상이 되고 있는가?

그것은 불교가 전파 과정에서 각 지역의 민족문화와 융합, 공존공생하면서 생명력을 갖게 되었기 때문이었다. 그 출발점은 불교가 지닌 두

가지 큰 강점인데 하나는 신앙의 합리성과 또 하나는 평등과 평화의 종교라는 점이다.

첫째, 불교는 합리적 신앙이다. 불교는 무엇보다도 독단을 배제하고 인간을 속박하지 않는다는 것이다. 모든 인류가 스스로의 자각을 통해 인간 주체성을 회복할 수 있음을 의미한다.

서구인들이 관심을 가지는 불교의 선사상禪思想은 '직지인심견성성불直指人心見性成佛', 즉 '자신의 마음을 곧바로 꿰뚫어 참된 성품을 발견함으로써 부처가 된다는 것'과 '모든 중생이 불성을 갖추고 있다'는 "一切衆生悉有佛性일체중생실유불성"이 모든 인류에게 인간의 주체성을 회복할 수 있다는 희망과 자신감을 주고 있음을 의미한다. 이러한 사상은 절대자의 섭리를 강조한 서양종교와 이성을 절대시하는 서구의 합리주의와는 다른 불교만의 독특한 합리주의이다.

둘째, 불교는 평등과 평화의 종교이다. 고등종교로서 무력을 사용하지 않고 세계로 전파된 유일한 종교가 불교이다. 어떤 종교와도 폭력과 전쟁 없이 공존하는 종교가 불교이다.

붓다의 가르침은 모든 존재는 독자적으로 존재하는 것이 아니라 상호의존하고 있다는 '연기법緣起法'을 제시하였으며 인간은 상호의존적 관계임과 만유평등의 진리를 설파하였다. 붓다는 인간의 평등뿐만 아니라 모든 존재의 평등도 가르친다. '제행무상諸行無常' 즉, 모든 것이 평등하고 인간은 절대적으로 자유로운 존재로서 평등하다는 가르침은 불교의 관용적 태도라 볼 수 있다.

PART

IV

종교브랜드
가치평가

미래를 내다보는 것은 위험하다.
그러나 그 일을 하지 않는 것은 무책임한 것이다.

- 헨리 데터딩

브랜드가 있는 제품이나 서비스는 브랜드가 없는 제품이나 서비스보다 훨씬 많이 팔리고 더 비싼 값으로 판매될 수 있어 매출 이익이 많아지는 마케팅 효과를 얻는데 이를 브랜드 에쿼티Brand Equity라고 한다. 그래서 기업들은 자기 브랜드의 브랜드 에쿼티를 높이려는 노력을 하고 타 브랜드들과 치열한 경쟁을 하게 된다. 제품의 원료, 생산 원가, 품질 등은 경쟁 브랜드 간에 그 차이를 만들어 내기가 점점 어려워지게 됨에 따라, 이러한 한계를 극복하기 위한 수단으로 브랜드를 중시하게 이르렀다. 브랜드 에쿼티로 인해 마케팅 효과가 증대되어 궁극적으로 브랜드가 기업의 부를 창출해주는 핵심 수단으로 급부상되기 시작했다. 그리고 브랜드는 중요한 무형자산으로써 기업의 핵심 자산으로 중요시 되기 시작했다.

좋은 브랜드가 덜 좋은 브랜드보다 더 많은 부를 창출할 수 있기 때문에 기업을 사고 파는 M&A, 또는 합작투자 시 무형자산인 브랜드의 가치를 평가하기 시작했다. 뿐만 아니라 브랜드 소비자들에게 브랜드에 대한 정보제공이나 광고, 홍보의 목적으로도 브랜드 가치평가를 하게 되며, 브랜드 경영의 합리화를 위하여 브랜드 가치평가를 실시하게 된다.

이 책에서는 '브랜드 가치평가' 툴을 원용하여 주요한 글로벌 종교브랜드들을 비교평가함으로써 종교브랜드들의 차별점, 상대적 강약점, 세계화 정도 등의 차이점을 찾아보고자 한다. 그러나 종교라는 본원적인 속성 때문에 어느 종교브랜드가 다른 종교브랜드보다 우월하다든가 또는 어느 종교는 옳고 다른 종교는 그르다는 시비의 비교평가가 아님은 말할 나위도 없다.

어떤 종교브랜드가 더 많은 인류에게 더 큰 보편적 가치와 선명한 정체성을 제공하고 있는가를 통찰해 보려는 것이 종교브랜드 가치평가의 의도이다. 뿐만 아니라, 사람들로 하여금 특정 종교에 대한 편견을 줄이게 하고, 타인이 믿는 종교브랜드에 대한 이해력을 넓혀 주려는 의도가 포함되어 있다.

제1장

종교브랜드 가치평가의 배경

종교는 인간의 삶의 세계와 죽음의 세계를 다루는 영원한 과제이며 신비의 과제, 추상의 과제, 신성의 과제이다. 뿐만 아니라 종교는 신과 인간의 관계성에서 출발하고 마감되는 과제이다. 그래서 우리 인간들은 종교가 신성한 것을 다루는 영역이므로 세속의 시각으로 종교를 이해하려는 욕망을 억눌러 왔다고 본다. 그러나 종교나 신앙은 세속에서 출발하는 것이고 세속을 떠난 종교나 신앙은 존재할 수 없고 무의미한 것이다.

종교나 신앙은 철저하게 '세속'을 위하여 존재하여야 하고 세속과 신과의 관계를 강화시켜 세속의 평화를 증진시켜 세속을 구원시켜야 한다고 본다. '세속과 신과의 관계 강화' 즉 종교를 강화시키려는 노력이 종교의 과제가 된다. 다른 말로 표현하면 종교를 마케팅하는 것이고 가장 현재적이고 미래지향적인 종교 마케팅의 방법이 '종교브랜드' 전략 개념이다.

'종교브랜드'의 주된 개념은 '종교를 하나의 서비스 상품 브랜드'로 보는 것이다. 즉, 신이 인류에게 내려 주시는 '은혜'를 서비스로 보는 것이다. 그런데 신에 대한 개념과 신이 내려 주시는 은혜를 전달하는 방법과 은혜의 내용이 종교브랜드마다 다르다. 또한 점점 갈수록 오늘날의 인류는 자기중심으로 종교를 보려는 태도를 취하는 경향이 많다. 산업화, 도시화, 세계화, 첨단기술의 발달 등은 인간 생활태도와 가치관을 바꿔놓고 있다. 신비의 세계였던 종교가 아니라 종교도 개인이 평가하고 선택할 수 있는 하나의 비상업적 서비스로 보려는 태도가 일반화되어 가고 있다. 다른 측면에서 본다면 오늘날의 사람들은 인간과 신과의 관계 또는 인간과 종교의 관계를 덜 신비스럽고 덜 어렵게 보는 편안한 태도를 취하고 있다.

사람들이 종교에 대해 보는 관점과 태도가 변화되는 데는 인터넷, 케이블 TV, 홈페이지 등 각 매체들을 통한 종교브랜드와 종교 활동들의 빈번한 소개와 노출이 한 몫을 차지하고 있다. 이제 사람들은 자기가 믿고 있는 종교에 대한 정보뿐만 아니라 다른 종교들의 정보를 쉽게 얻을 수 있어 종교브랜드들을 비교할 수 있는 기회가 많아지고 있다. 그럼에도 불구하고 간과할 수 없는 것은 종교에 대한 편향된 이해와 한정된 지식으로 자신이 믿고 있는 종교뿐만 아니라 타인의 종교에 대하여 잘못 이해하고 있는 사람들이 많다. 그래서 글로벌 종교브랜드들에 대하여 객관적 자료와 근거를 중심으로 세계화 시각에서 비교 평가할 필요가 있는 것이다. 뿐만 아니라, 종교브랜드를 마케팅 즉 선교하거나 매니지먼트 즉 종교 단체 운용의 합리화의 근거로도 종교브랜드 가치평가가 필요한 것이다.

제2장

종교브랜드 가치평가의 목적

종교브랜드 가치평가는 종교브랜드의 화폐적 가치를 구하기 위해서 하는 것은 물론 아니다. '종교'는 화폐적 가치로 측정할 수도 없고, 그 측정의 대상이 될 수도 없다. 국가와 마찬가지로 종교란 믿는 사람들의 삶이고, 가치관이고, 문화이고, 수천 년간 쌓인 역사이고, 미래이고 희망이기 때문에 상업적 가치 척도로 종교브랜드의 가치를 평가할 수 없는 것이다. 이런 의미에서 종교브랜드 가치평가는 화폐적 가치평가인 'Religion Brand Valuation'이 아니라 종교브랜드의 힘, 즉 종교브랜드 에쿼티Religion Brand Equity를 평가하는 'Religion Brand Evaluation'을 의미한다.

Religion Brand Evaluation종교브랜드 가치평가는 몇 가지 중요한 목적을 갖는다.

1. 종교브랜드 지식제공

사람들은 자기가 믿고 있는 종교가 가장 좋은 종교라 믿고 다른 종교에 대하여는 깊은 관심을 갖지 않는다. 뿐만 아니라 신앙심은 있다 하더라도 자기 종교에 대하여 어떠한 믿음의 가치가 있는지, 정체성은 무엇인지, 다른 종교와의 차이점은 무엇인지를 깊이 생각하지 않는다. 종교가 사람의 삶과 죽음의 세계를 다루는 중요한 과제임에도 불구하고 실제로 사람들은 종교들에 대한 지식이 취약하고, 종교들에 대한 탐구열정이 종교의 중요성에 비하여 약하다.

많은 나라들이 종교의 자유를 허용하면서 국가의 종교가 아닌 타 종교에 대한 교육이나 신앙에 대한 열의가 없으며, 국가 종교가 없는 나라에서는 말할 나위 없이 종교에 대한 기초 교육조차 없다. 우리나라의 경우는, 고려시대부터 불교나 유교는 전통적으로 알려졌고 가톨릭과 프로테스탄트개신교도 비교적 깊이 소개되었다. 그러나 이슬람교, 힌두교, 유대교, 정교회 등은 한국인들에게는 제대로 소개되지 않아 익숙하지 않은 종교들이다.

종교브랜드 가치평가는 단순히 종교브랜드들에 대한 비교가 아니라, 각 종교브랜드들이 갖고 있는 속성들의 힘을 비교 평가함으로써 사람들에게 종교브랜드들에 대한 입체적 지식을 제공하려는 노력이다.

2. 종교브랜드 마케팅

종교시장은 다수의 종교브랜드가 존재하고 있는 공개시장이다. 어느 종교브랜드도 시장을 독점할 수 없는 경쟁시장 환경에 존재하고 있다. 뿐만 아니라 고객(현재의 신자와 잠재신자)의 지식수준과 소득수준이 높아지고 세계화 수준이 점점 확산되고 있어 고객들이 과거와는 달리 종교에 대한 태도가 변하고 있다.

부모를 따라 종속적으로 종교를 선택해 왔던 과거의 수동적 고객들과는 달리 능동적이고 독립적인 관점에서 종교를 선택하는 자기중심적 태도로 변하고 있다. 종교브랜드 시장 환경과 종교브랜드 잠재고객의 태도변화는 종교브랜드 마케팅이라는 새로운 선교전략을 필요케 하고 있다.

종교브랜드는 서비스브랜드의 일종으로 경쟁 브랜드와의 차별성, 고유한 정체성이 무엇인가가 중요한 평가요인이다. 예컨대, 가톨릭 브랜드는 어떠한 가치체계 즉 정체성이 무엇이고 프로테스탄트나 이슬람교와 차별점이 무엇인가를 잠재신자들에게 알려주는 일이 곧 선교하는 일이다. 이제 "예수를 믿으시오"하는 가두 캠페인식 선교나 가정방문으로 책자를 나눠주는 '여호와의 증인'들의 선교방식으로는 오히려 종교브랜드의 품위를 훼손시킬 뿐이다.

종교브랜드는 푸쉬 마케팅Push Marketing이 아니라 풀 마케팅Pull Marketing으로 잠재신자들이 종교브랜드에 관심을 갖게 하여 궁극적으로 스스로 종교브랜드를 선택할 수 있도록 하는 잠재신자 중심의 브랜드 마케팅 전략이 필요하다. 따라서 잠재신자들로 하여금 직접 판단하여 종교브랜드를 선택할 수 있는 지식제공에 의한 선교가 종교브랜드 가치평가의 또 다른 목적이다.

3. 종교브랜드 매니지먼트 가이드라인

종교브랜드 가치평가는 종교브랜드력의 강약점을 타 종교브랜드력과 비교 분석 평가함으로써 강점은 유지 발전시키고 약점은 보완할 수 있도록 종교브랜드 매니지먼트의 품질을 높여주는 지침이 된다. 종교브랜드 가치평가는 종교브랜드 가치경영의 지표로 활용할 수 있다. 브랜드 가치평가 과정에서 브랜드 파워분석 또는 브랜드 기능·역할분석을 하게 되는데, 이런 과정을 통하여 종교브랜드의 강약점이 분석되고 그 결과를 활용함으로써 종교브랜드 파워를 강화시킬 수 있는 브랜드 전략의 근거를 찾게 된다.

제3장

종교브랜드 가치평가 방법

1. 종교브랜드 가치평가틀

종교브랜드 가치평가틀은 평가대상 종교브랜드, 평가요인 및 요인별 가중치를 핵심근거로 이루어졌다.

평가 대상 종교브랜드

어떤 종교브랜드들을 비교평가 할 것인가?

한국인들에게 익숙치 않은 종교라도 세계적 종교Global Religion를 우선시 하였고, 인류문명에 가장 깊은 영향력을 끼쳐온 종교들, 오랜 역사를 가진 종교들, 또한 신뢰할 수 있는 기관들의 통계가 가능한 종교들을 평가대상 종교브랜드로 선정하였다. 유대교, 가톨릭, 프로테스탄트, 이슬람교, 힌두교, 불교 등 6대 종교브랜드들이다.

프로테스탄트개신교는 다른 종교에 비하여 역사가 짧으나 종교개혁(1517년)을 통하여 르네상스에 영향을 끼쳤고 짧은 역사 속에서 선교활동이 세계적이라는 점에서 선정하였다. 정교회는 역사에 비하여 세계화의 한계를 갖고 있으며, 객관화된 통계가 매우 한정적이므로 선정에서 배제되었다.

평가요인 및 가중치

사람의 건강을 진단하는 데 있어서 혈액검사, 요검사, 폐검사, 위검사, 간검사 등 각 종 요인별 검사를 통하여 사람의 건강 정도를 종합 평가한다. 마찬가지로 브랜드를 평가하는 데 있어서도 브랜드 파워 요인들에 대한 입체적인 평가를 통하여 종합적인 평가가 이루어져야 한다. 앞에서 설명한 바와 같이 어떤 종교가 더 브랜드력이 강한가를 평가하기 위하여 브랜드력에 가장 관련성이 높은 5대 요인들을 선정하여 그 중요도에 따라 다음과 같이 가중치를 두었다.

성장성Growth ………… 가중치(25/100)

세계성Globalization ………… 가중치(25/100)

안정성Stability ………… 가중치(20/100)

정체성Identity ………… 가중치(15/100)

활동성Activities ………… 가중치(15/100)

종교브랜드 가치평가 틀

평가 요인별 가중치와 각 평가 요인별 평점을 10점 만점으로 한 종교브랜드 가치평가 틀은 다음과 같다.

$$Y = 25 \times P_1/10 + 25 \times P_2/10 + 20 \times P_3/10 + 15 \times P_4/10 + 15 \times P_5/10$$

Y = 각 종교브랜드 가치

P_1 = 성장성의 평점

P_2 = 세계성의 평점

P_3 = 안정성의 평점

P_4 = 정체성의 평점

P_5 = 활동성의 평점

종교브랜드 가치평가의 핵심은 각 요인별 평점과 그것들의 합이다.

2. 종교브랜드 가치평가 요인분석

평가요인 1. 종교브랜드의 성장성(Growth) : 가중치 25/100

브랜드의 성장성이란 시장점유율, 판매량, 이익률, 매출 성장률, 시장지배력 등의 성장정도를 의미한다.

성장성이 높은 브랜드는 브랜드력이 강한 브랜드 또는 브랜드 가치가 높은 브랜드로 평가된다. 종교브랜드에 있어서도 타 종교에 비하여 세계적으로 더 많은 사람들이 믿는 종교가 힘 있는 종교이고 종교브랜드 파워가 높다고 평가될 수 있다. 뿐만 아니라 매년 신자 증가율이 높아질수록 힘 있는 종교브랜드라 할 수 있다.

요약하자면 신자 수와 신자 증가율이 종교브랜드 가치평가의 중요한 요인이다. 유대교가 유명하고 유대인들의 행동이 주목받고 있을지라도 유대교 브랜드의 성장성이 약한 것은 신자 수와 신자 증가율이 낮기 때문이다. 종교브랜드의 성장성을 평가하는 데는 세계 신자 수, 연간 신자 증가율을 기준으로 하며 그 중요도가 높기 때문에 가중치를 25/100로 산정하였다.

평가요인 2. 세계성(Globalization) : 가중치 25/100

세계적으로 많이 알려진 브랜드가 국내 브랜드나 지역 브랜드보다 브랜드력이 강하고 브랜드 가치가 높다.

스카치 위스키Scotch Whiskey가 참이슬 소주보다 브랜드 가치가 높은 것은 스카치 위스키가 참이슬 소주보다 더 널리 세계화되어 있기 때문이다. 종교브랜드에 있어서도 세계 각 지역에 전교되어 세계적으로 신자를 보유하고 있는 종교브랜드가 일정지역에 편중되게 분포되어 있는 종교브랜드보다 브랜드력이 강하다고 평가될 수 있다. 보다 많은 나라에서 보다 많은 사람들에게 영향력을 끼치는 종교브랜드가 강한 종교라 평가

될 수 있다.

종교브랜드의 세계성 평가는, '국가별 종교 분포도'를 근거로 이루어진다. 종교가 모든 인류를 위하여 존재하는 것이므로, 종교의 보편적 가치를 평가할 수 있는 객관적 근거는 종교가 얼마나 많은 나라에 골고루 분포되어 있는 가를 알 수 있는 국가별 종교 분포현황이다. 종교가 전 세계의 인류를 위하여 존재한다는 종교의 보편적 가치 때문에 종교브랜드의 세계성은 매우 중요한 평가요인이 된다. 그래서 세계성은 성장성과 함께 가장 높은 가중치 25/100가 부여된다.

평가요인 3. 안정성(Stability) : 가중치 20/100

브랜드가 시장에 런칭되어 오래 살아남아 소비자들에게 잘 알려져 있으면 힘있는 브랜드라 한다. 브랜드의 역사가 오래되었다는 것은 시장의 어려움을 극복하고 소비자의 니즈를 만족시키면서 소비자의 브랜드 인지도와 충성도를 축적해 왔다는 것이다. 종교브랜드의 안정성을 평가하는 데는 종교의 역사longevity, 종교의 정통성legitimacy, 종교의 체제system 등 세부적인 요인들을 평가하여야 한다.

종교브랜드에 있어서 종교역사가 오래 되었다 하여 반드시 브랜드력이 강하다고 단정할 수 없다. 종교브랜드의 안정성을 단순히 종교의 역사만으로는 평가할 수 없다는 것이다. 이런 측면에서 종교브랜드의 안정성 가중치는 20/100으로 성장성과 세계성의 80% 정도 중요시 된다.

평가요인 4. 정체성(Identity) : 가중치 15/100

브랜드의 생명은 정체성이다. 정체성이 뚜렷할수록 강한 브랜드이고 경쟁 브랜드와 차별화가 이루어진다. 어느 종교브랜드이든 나름대로의 독특한 정체성을 갖고 있다. 그러나 종교브랜드의 정체성은 우열의 문제가 아니라 서로 다름의 문제로 그 영향력을 객관적으로 평가하기란 결코 쉽지 않다. 예를 들면, 유대교, 가톨릭, 정교회, 프로테스탄트, 이슬람교는 서로 분명히 다르지만 서로 고유한 진리와 가치가 있어 그 정체성을 깊이 논하기란 쉽지 않다. 힌두교와 불교에 있어서 정체성의 차이란 무엇인가? 서로 다르면서 공유하고 있는 가치가 있어 정체성을 평가하기란 불가능에 가깝다. 따라서 종교브랜드의 정체성을 정성적으로 평가하는 데는 한계가 있어 종교브랜드의 정체성을 객관화할 수 있는 요인들 중심으로 평가하기로 한다. 즉 BI시스템종교브랜드 네임, 로고 등, 종파종교 내 파별, 경전 등으로 종교브랜드의 이미지 요인들을 정체성 평가요인으로 선정한다.

종교브랜드의 정체성은 종교 간의 우열이나 시비의 과제가 아니므로 그 중요도를 성장성이나 세계성에 비하여 낮게 산정하여 가중치를 15/100로 부여한다.

평가요인 5. 활동성(Activities) : 가중치 15/100

종교 활동들은 인류의 삶에 많은 영향을 끼쳐오고 있다. 가난·질병

에 관련된 종교의 봉사활동, 생명·자연환경에 관련된 계몽활동, 민주화·전쟁·평화에 관련된 영향력 발휘 등이 대표적인 종교브랜드의 활동성이다. 그러나 종교브랜드의 활동내용과 깊이를 구체적으로 파악하는 일은 쉽지 않다. 그것은 자료의 객관화가 쉽지 않기 때문이다. 종교브랜드의 활동성은 성장성 및 세계성과 밀접한 관계가 있다. 즉 종교브랜드의 성장성과 세계성이 클수록 그만큼 활동성도 활발하다고 볼 수 있다.

아프리카, 동남아시아, 남미 등 후진국에 봉사활동이 많은 종교들이나, 낙태 반대운동, 동성결혼 반대운동 등 생명존중 캠페인을 강화하는 종교, 자연환경 보호운동을 전개하는 종교, 민주화 운동이나 인권 보호, 전쟁 중단 등을 주장하는 종교들은 활동성이 높다고 평가될 수 있다.

종교브랜드의 활동성 평가는 성장성과 세계성의 크기에 비례되는 것으로 성장성과 세계성의 평가결과를 참고 하기로 한다. 또한, 종교브랜드의 활동성 평가는 객관화의 한계가 있으므로 그 가중치를 15/100로 상대적으로 낮게 산정한다.

3. 평가요인별 자료수집 및 분석

브랜드 가치평가는 무형자산Intangible Asset에 대한 평가이므로 평가 자료의 객관성과 공정성이 매우 중요하다. 더욱이, 종교브랜드는 객관화된 자료에 근거한 평가가 이루어져야 하므로 그 자료수집과 분석의 공정성이 평가의 관건이다.

저자가 채택한 통계나 자료는 세계적 권위를 갖고 있는 전문기관들이 발표한 내용들이며, 특정 종교단체에서 발표한 자료는 제외시켰다. 그러나 발표기관마다 통계의 차이가 있어 단일 발표기관의 통계자료를 채택하여 일관성을 유지하도록 했다. 종교브랜드의 성장성, 세계성, 안정성을 평가하는 데는 객관적인 통계자료와 보편적으로 활용되는 근거를 기준으로 평가함으로써 객관성 유지가 용이하였으나 정체성과 활동성은 통계에 의한 정량적 평가가 아니라 내용중심의 정성적 평가가 이루어져야 하는데, 조사의 한계가 있어 이에 대한 객관적 평가에는 한계가 있었다.

종교브랜드의 정체성 평가는 BI시스템 즉 종교네임, 심볼마크 등 가시적 시스템의 일관성 등을 중점으로 평가하였으며, 종교브랜드의 활동성 평가는 일반적 인식과 보도자료 등을 기준으로 삼아 평가의 객관성을 높이려 했다.

종교브랜드 가치평가 자료 종합

평가요인 \ 종교브랜드	유대교	가톨릭	프로테스탄트
성장성			
–세계신자수	14백만명	1,300백만명	560백만명
–신자증가율			
①1970~1985	1.09%	1.64%	1.64%
②1990~2000	통계불능	1.36%	1.36%
③2000~2005	통계불능	1.32%	1.32%
세계성			
–주분포지역	이스라엘: 80% 미국: 2.8%	유럽지역, 남미지역, 필리핀, 동티모르, 미주, 오세아니아 등 전세계분포	북부유럽, 미국, 한국
안정성			
–종교역사	BC 1600	0년	1517년
–종교정통성	토라, 하느님 창시종교	성경(구약, 신약) 그리스도교/삼위일체	종교개혁/ (가톨릭 에서 분파) →Protestants
–종교체제	민족종교/국가종교	전 세계 단일구조	종파난립
정체성			
(Name, Logo)	다윗의 별: 유대인=유대교인 창시종교로서의 강한 정체성·배타적 종교	예수고상, 성모상 등 다양한 로고가 있음. 유대교에서 발전된 종교	십자가의 일관된 로고, 가톨릭(그리스도교의 본질)을 벗어날 수 없는 정체성
활동성			
–봉사활동	특이한 봉사활동 없음	–아프리카, 아시아 등 후진국 봉사활동 활발 (마더 데레사)	봉사, 선교활동 활발
–사회 및 국제정치 영향력	–미국 정치, 경제활동에 영향력 행사 –이슬람교 국가 특히 아랍국가들과의 분쟁, 갈등 유발 –유대교출신의 세계 노벨상 수상자 20% 이상 차지	–생명존중,낙태반대, 생태보존, 정의구현운동 강한 활동 –전쟁, 민족분열반대 등 세계평화운동이 매우 강함	–미국, 독일 등 특정 지역에 있어서 지대한 정치 영향력 행사

이슬람교	힌두교	불교	자료출처
1,500백만명 2.74% 2.14% 1.84%	1,000백만명 2.34% 1.69% 1.57%	469백만명 1.67% 1.67% 통계불능	①세계연감2005년 ②World Christian Encyclopedia ③Wikipedia
사우디아라비아, 중동아랍국, 서아프리카, 중앙아시아, 러시아, 중국, 인도네시아, 말레이시아	인도, 네팔: 80% 남부아시아, 해외인도인 거주국가	태국, 캄보디아, 미얀마, 베트남: 80%	①세계연감2005년 ②Wikipedia
610년 꾸란(그리스도영향) → 일종의 종교개혁 시아파, 수니파	BC 1500 베다 인도인의 삶과 역사 민족종교	BC 500 불경(힌두교에서파생) 다수의 종파	①비교종교학(최정만, 2012) ②세계종교사입문 ③World Religions (John Bowker, 2006)
'초승달'의 일관된 로고	불교와 유사한 로고	힌두교와 유사한 로고	①World Religions (John Bowker, 2006) ②ancient-symbols.com
특이한 활동 없음 -이스라엘과의 대치, 갈등, 전쟁역사 -이슬람교에 대한 강한 신앙심 및 극단적 활동	특이한 활동 없음 -'인도적'인 종교	특이한 활동 없음 사회정의운동 활발	①각종저널 ②관련기사, 영화 -성장성,세계화의 크기 고려

제4장

종교브랜드 가치평가 결과

1. 요인별 평가(10점 척도)

성장성 평가 : 가중치 25/100

브랜드 가치가 높은 브랜드나 브랜드 파워가 강한 브랜드는 그 브랜드를 찾는 고객이 많고 매출액이 높은 것이 가장 두드러지는 특징이다. 종교브랜드에 있어서도 신자 수가 많고 신자 증가율이 높은 종교는 그만큼 종교로서의 힘과 가치가 높은 종교브랜드라 할 수 있다. 이런 의미에서 종교브랜드의 성장성은 종교브랜드 가치평가의 으뜸 요인이다. 종교브랜드의 성장성은 세계 신자수의 크기와 신자 증가율을 세부평가 항목으로 정하여 평가한 후 평균 10점 척도 평점을 구하여 가중치를 반영한 후 가중평점을 산출하였다.

평점방법으로는 10점 척도를 활용하였는데 10억 이상의 최대 신자수를 보유하고 있는 종교는 10점, 1억 미만의 신자수를 보유하고 있는 종교는 1점으로 평가하였다. 신자 증가율은 진폭이 크지 않으므로 최대 10점 최하 6점으로 평가하여 종교브랜드간 차이를 최소화하였다.

종교브랜드별 성장성 평점결과는 다음 표와 같다.

성장성 평가표(가중치 25/100)

종교 브랜드 / 세부요인	유대교	가톨릭	프로테스탄트	이슬람교	힌두교	불교
세계 신자수	1	10	4	10	9	4
신자 증가율	6	8	8	10	9	9
평균 10점 척도	3.5	9	6	10	9	6.5
가중평점	8.8	22.5	15	25	22.5	16.2

세계성 평가 : 가중치 25/100

세계화Globalization의 마케팅적 의미는 세계를 하나의 시장으로 전제하고 이에 따른 시장전략을 실행한다는 시장 전략 개념이다. 좋은 브랜드, 강력한 브랜드라는 것은 글로벌 브랜드global brands로 세계 시장에 널리 마케팅되고 있는 브랜드를 의미한다. 코카콜라가 전 세계 200여 국가에서 팔리고 있는 브랜드이기 때문에 코카콜라를 브랜드 파워와 브랜드 가치가 높은 글로벌 브랜드라 평가한다.

종교가 세계에 널리 전교되어 많은 국가에서 많은 사람들이 믿음을 갖게 되면 좋은 종교브랜드로 평가될 수 있다. 일반 상업 브랜드와 마찬가지로 종교브랜드의 세계성은 얼마나 많은 나라에 전교되어 세계인들에게 영향을 미치고 있는가를 가늠할 수 있는 중요한 요인이다.

종교브랜드의 세계성은 종교의 보편적 가치와 밀접한 관계가 있어 성장성과 함께 높은 가중치가 부여되었다. 일정 국가나 지역에 편중되지 않고 전 세계에 골고루 전교되어 있는 정도에 따라 최대 10점, 최하 3점으로 평가하였다.

각 종교브랜드별 세계성 평점 결과는 다음 표와 같다.

세계성 평점결과(가중치 25/100)

세부요인 \ 종교브랜드	유대교	가톨릭	프로테스탄트	이슬람교	힌두교	불교
세계분포 (10점 척도)	3	10	8	9	7	7
가중평점	7.5	25	20	22.5	17.5	17.5

안정성 평가 : 가중치 20/100

브랜드의 안정성을 평가하는 데는 역사성longevity이 가장 중요한 요인 중의 하나로 꼽힌다. 그것은 브랜드가 런칭되어 시장에 존속되어온 기간이 길면 길수록 그만큼 소비자의 브랜드 인지도와 충성도가 높아지기 때문이다. 종교브랜드에 있어서는 역사성뿐만 아니라 종교의 정통성legitimacy과 종교의 체제system가 중요한 안정성 요인들이다. 원초적 종교 즉 창시 종교인가 아니면 어느 창시 종교에서 파생된derivative 종교인가 하는 정통성 문제는 단순히 종교브랜드의 안정성을 넘어 종교브랜드의 본질적 정체성과도 관련이 있는 요인이다. 또한 종교가 분파되어 있느냐,

그 분파가 어느 정도 다양하게 존재하고 있는가 하는 종교 체제상의 문제는 종교브랜드의 안정성 평가에 중요한 요인이다.

종교브랜드의 안정성 평가에서 프로테스탄트개신교가 가장 낮은 평점을 받은 것은 가장 짧은 역사와 수많은 종파, 그리고 가톨릭에서 '개혁'되어 파생된 종교라는 정통성의 한계 때문이다. 한편 유대교가 안정성에서 가장 높이 평가된 것은 역사성, 정통성, 단일체제를 유지해오고 있는 종교이기 때문이다.

종교브랜드별 안정성 평점결과는 다음 표와 같다.

안정성 평가표(가중치 20/100)

세부요인 \ 종교브랜드	유대교	가톨릭	프로테스탄트	이슬람교	힌두교	불교
종교역사	10	9	5	8	10	9
종교정통성	10	9	6	7	10	8
종교체제	10	10	6	7	8	6
평균 10점 척도	10	9.3	5.7	7.3	9.3	7.7
가중평점	20	18.6	11.4	14.6	18.6	15.4

정체성 평가 : 가중치 15/100

'브랜드는 곧 정체성이다' 할 만큼 브랜드에 있어서 정체성은 핵심 키워드이다. 브랜드 정체성은 브랜드 네임, 브랜드 로고, 브랜드 슬로건 등 다양한 유형적 요소tangible elements의 시각적 정체성과 브랜드가 추구하는 가치 또는 브랜드의 존재 이유를 의미하는 내재적 정체성을 포함한다. 예컨대, Nike의 브랜드 정체성은 “Nike”라는 브랜드 네임과 “ ” 브랜드 로고, “Just Do It”이라는 브랜드 슬로건 등의 유형적인 시각적 정체성과 “최고의 운동효과”의 가치를 추구하는 Nike의 내재적 정체성으로 요약될 수 있다. 이와 마찬가지로, 종교브랜드에 있어서도 종교브랜드 네임과 심볼마크 등 유형적인 시각적 정체성과 종교가 추구하는 궁극적 가치를 통하여 신자는 물론 일반인들도 종교브랜드를 인지하게 된다. 브랜드 정체성이 강한 브랜드의 특징은 전 세계 시장에서 하나의 통일된 브랜드 네임과 로고를 일관되게 사용함으로써 소비자들의 브랜드 인지도를 높인다는 것이다. 즉 하나의 브랜드 네임과 하나의 심볼마크로 브랜드를 강화시킬 수 있다.

종교브랜드의 정체성 평가는 시각적 정체성 평가와 내재적 정체성 평가가 동시에 이루어져야 하는데 종교의 내재적 정체성 평가는 현실적으로 불가능하므로 이를 제외하고, 종교브랜드의 시각적 정체성을 위주로 평가하였다. 유대교, 이슬람교는 비교적 통일된 시각적 정체성visual identity을 갖고 있는 반면, 다른 종교브랜드들은 다양한 심볼마크를 사용하고 있고, 프로테스탄트는 종파마다 제각기 다른 브랜드 네임을 사용함으로써 프로테스탄트의 정체성은 한계가 있는 것으로 평가되었다.

종교브랜드에 있어서 시각적 정체성은 성장성, 세계성, 안정성에 비하여 그 중요도가 상대적으로 낮기 때문에 낮은 가중치(15/100)를 적용하였으며, 10점 척도 평가에 있어서도 종교브랜드 네임·심볼마크 등 시각적 정체성의 일관성 정도가 가장 높은 종교를 9점, 그 일관성 정도가 가장 낮은 종교를 6점으로 평점함으로써 평점 차이를 줄였다.

종교브랜드별 정체성 평점결과는 다음 표와 같다.

정체성 평가표(가중치 15/100)

종교 브랜드 / 세부요인	유대교	가톨릭	프로 테스탄트	이슬람교	힌두교	불교
BI System (Name · Logo) (10점 척도)	9	8	6	9	6	6
가중평점	13.5	12	9	13.5	9	9

활동성 평가 : 가중치 15/100

스타벅스Starbucks가 친환경 운동을 전개하는 것이나 오피스 디포Office Depot가 자연환경을 훼손하는 업체와는 협력관계를 단절하는 예는 브랜드의 대표적인 사회적 활동들이다. 한국 가톨릭 사제들이 한국 민주화 운동에 참여했던 활동과 이태석 신부가 아프리카 국가에서 헌신했던 봉사활동, 불교의 한 스님이 산의 생태계 훼손에 저항했던 단식 투쟁은 종교브랜드의 활동이다. 물론 이와 같은 종교 활동은 성직자나 종교 지도자들에 의해서만 이루어지는 것은 아니다. 평신도들의 봉사활동이나 정의구현운동 등 값진 활동이 많다.

신자뿐만 아니라 일반인들도 종교브랜드의 봉사활동, 희생활동을 보

면서 종교브랜드에 대한 인지력을 갖게 되고 호감을 갖게 된다. 그만큼 종교 활동은 종교가치의 실천이라는 측면에서 매우 중요한 평가요인이 된다. 그러나 실제로 종교브랜드의 활동이나 영향력을 객관적으로 평가하는 것은 많은 한계가 있어 종교브랜드의 활동성은 종교의 성장성과 세계성의 크기와의 상관관계, 종교의 봉사활동·정의운동과 국제정치에 끼치는 영향력 등을 세부평가 요인으로 보고 언론보도 등을 근거로 한 일반적인 인식을 근거로 평가하였다. 요약하면 종교브랜드의 성장성과 세계성이 크면 그만큼 활동성이 큰 것으로 평가되었다.

종교브랜드별 활동성 평점은 다음 표와 같다.

활동성 평가표(가중치 15/100)

세부요인 \ 종교브랜드	유대교	가톨릭	프로테스탄트	이슬람교	힌두교	불교
성장성, 세계성 크기	3.4	9.3	6.6	9	8.7	5
봉사활동·정의운동	5	9	8	5	6	6
국제정치 영향력	5	9	6	4	6	6
평균 10점 척도	4.5	9.1	7	6	6.9	5.7
가중평점	6.8	13.7	10.5	9	10.4	8.6

2. 종교브랜드 가치평가 결과

각 종교브랜드별, 요인별 평점결과를 합산한 '세계 최초의 종교브랜드 가치평가' 결과가 다음과 같이 나왔다.

종교브랜드	성장성	세계성	안정성	정체성	활동성	총계	평가순위
가중치	25	25	20	15	15	**100**	
유대교	8.8	7.5	20	13.5	6.8	**56.6**	6
가톨릭	22.5	25	18.6	12	13.7	**91.8**	1
프로테스탄트	15	20	11.4	9	10.5	**65.9**	5
이슬람교	25	22.5	14.6	13.5	9	**84.6**	2
힌두교	22.5	17.5	18.6	9	10.4	**78**	3
불교	16.2	17.5	15.4	9	8.6	**66.7**	4

세계 최초의 종교브랜드 가치평가 결과는 가톨릭이 91.8, 이슬람 84.6, 힌두교 78, 불교 66.7, 프로테스탄트 65.9, 유대교가 56.6으로 나왔다.

세계 최강의 종교브랜드는 가톨릭이고, 2위가 이슬람교, 3위가 힌두교로 판가름되었고, 최하위 종교브랜드는 유대교로 나타났다. 세계 100대 브랜드 평가회사, 인터브랜드Interbrand설명에 따르면 브랜드력이 높은 글로벌 브랜드는 80점 이상, 상대적으로 브랜드력이 약한 글로벌 브랜드는 70점대 수준이며, 브랜드력이 아주 낮은 글로벌 브랜드는 50~60점대 수준이다. 최대 글로벌 브랜드인 코카콜라의 브랜드력 평점이 88점대라는 인터브랜드사의 평가와 비교하더라도, 가톨릭의 브랜드력이 91.8이라는 사실은 코카콜라의 브랜드력보다 높다는 것이다.

한마디로 가톨릭 종교브랜드력이 상업브랜드와 종교브랜드를 포함한 세상의 모든 브랜드 중에서 가장 높은 세계 최강 브랜드라는 것으로 평가되었다(왜 가톨릭이 세계 최강 브랜드인가는 다음 장에서 살펴보기로 한다). 이 평가 결과에서 또 한가지 주목할 것은 이슬람교가 84.6으로 세계 최강 브랜드인 가톨릭을 이어 2위 브랜드라는 사실이다. 이슬람교는 세계 신자수가 15억이라는 최대 신자수를 보유하고 있는 종교이고 매년 신자 증가율이 가장 높은 종교라는 사실 외에도 신앙심이 어느 종교보다 극단적으로 깊은 종교라는 것 때문에 가톨릭과 함께 세계 2대 브랜드로 부상되고 있다.

한편 유대교의 브랜드 가치가 가장 낮은 평가로 나타난 것은 전 세계 유대교 신자가 1천4백만 명 정도로 신자수에서 가장 작은 종교이고 또한 이스라엘 민족 중심의 민족 종교라는 한계로 평가가 낮게 나타난 것으로 본다. 유대교 즉 유대인의 활동이 특히 미국에서 막강하여 아랍권과의 국제관계에 끼치는 영향력이 크게 작용하고 있고, 가톨릭, 이슬람교의 원조적 창시 종교이기 때문에 6대 글로벌 종교브랜드에 포함된 것이다.

결국, 종교라는 것은 발상지를 넘고 민족종교의 성향을 탈피하여 전 세계의 모든 인류를 위한 보편적 가치를 추구하지 않으면 한계적인 민족종교로 남게 되고 인류의 보편적 가치를 추구하면 세계적인 종교로 성장할 수 있다는 것을 위 평가 결과에서 알 수 있다.

위 평가는 세계적 통계 자료와 세계화 개념에서 이루어졌기 때문에,

우리나라 사람들에게는 친숙치 않은 이슬람교, 힌두교 등의 브랜드력이 높게 나타난 사실에 놀랄 수 있다. 뿐만 아니라 우리에게 익숙한 프로테스탄트개신교의 브랜드 가치평가 결과가 하위에 머물었다는 사실에 놀랄 수 있는데 프로테스탄트는 많은 강점도 있으나 동시에 많은 약점도 갖고 있다.

가장 두드러지는 프로테스탄트의 특징은 현재 세계 신자수가 약 6억 명 정도로 외형적 크기가 이슬람교, 가톨릭, 힌두교에 비하여 1/2수준에 불과하고, 1517년 종교개혁으로 가톨릭에서 분리되어 성장해온 종교로서 정통성과 역사성이 취약하다는 것이다. 또한 프로테스탄트 내에 수 많은 종파가 있어 정체성의 혼란이 있다는 것이 프로테스탄트의 약점으로 요약될 수 있다. 그리고 우리에게 전통적으로 익숙한 불교가 힌두교보다 낮게 평가되었는데, 그 가장 큰 이유는 불교는 인도에서 힌두교의 불합리성을 주장하면서 발생되었는데, 7세기경에 바로 힌두교에 흡수되어 인도에서 불교가 사라졌다는 점과 불교는 힌두교와의 차별성이 매우 약하다는 점이다. 또한 세계 신자 수 측면에서도 힌두교는 10억 명 정도이나 불교는 5억 명이 되지 않아 외형적 크기에 있어서도 작은 종교라는 점, 무엇보다도 힌두교의 파생 종교라는 정통성의 문제를 갖고 있는 점 때문에 불교의 브랜드력이 높지 않은 것으로 평가되었다고 본다.

종교브랜드 가치평가 결과를 이해하는 시각은 단순히 어느 종교가 더 강한 종교인가 하는 것이 아니라 종교가 추구하는 가치의 보편성이나 정통성 등 내면의 정체성을 이해하려는 태도와 우리가 믿는 종교나 알고 있는 종교만이 훌륭한 종교가 아니라 세계인들이 갖고 있는 종교의 보편적 가치가 어떤 종교에 더 많은 가를 포괄적으로 통찰하려는 태도이다.

이것이 종교브랜드 가치평가의 이유이다.

가톨릭 브랜드 가치조사

“가톨릭이 세계 최대 종교브랜드”로 평가된 결과와 관련하여 한국 가톨릭 신자들을 대상으로 가톨릭 교회의 가치요인에 대하여 설문조사를 실시하였다. 이를 위하여 서울 대교구의 광장동 성당, 쑥고개 성당, 양천 성당 등 3개 성당의 가톨릭 신자 1,200명을 대상으로 2013년 3월 23일부터 5월 10일까지 설문조사를 실시하였다. 설문구조는 크게 ‘가톨릭 신앙인의 만족도’와 ‘가톨릭 교회의 가치요인 평가’로 설정되었다. 이 설문조사의 의미는 가톨릭 신자가 갖고 있는 가톨릭 교회의 가치 요인들에 대한 ‘가톨릭 신자 스스로의 평가’라 할 수 있는데 조사결과 분석은 다음과 같다.

I. 가톨릭 신앙인의 만족도

— 1-1. 가톨릭 신앙인이 된 이유

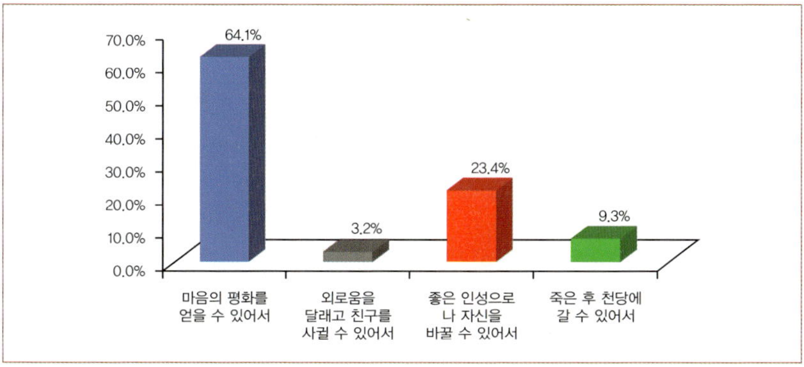

가톨릭 신자들은 64% 정도가 '마음의 평화'를 가장 중요한 가톨릭 신자가 된 이유로 꼽았고 '좋은 인성'으로 자기 자신을 변화시키기 위하여 가톨릭 신자가 되었다는 이유를 선택한 신자들은 23.4%로 나타났다. 또한 '사후에 천당'을 이유로 선택한 신자들은 9.3%가 되어 결코 작은 숫자가 아님을 보여주었다. 가톨릭이 추구하는 대표적인 가치라 할 수 있는 '평화'를 가톨릭 신자 64%가 가톨릭 선택 이유로 꼽았다는 것은 가톨릭의 평화 추구가 제대로 이루어져 오고 있다고 볼 수 있다. 마음의 평화와 좋은 인성을 가톨릭 종교 선택의 이유로 보고 있는 것은 큰 의미의 평화를 추구하는 사람들이라 볼 수 있다.

— 1-2. 가톨릭교회에 대한 만족도

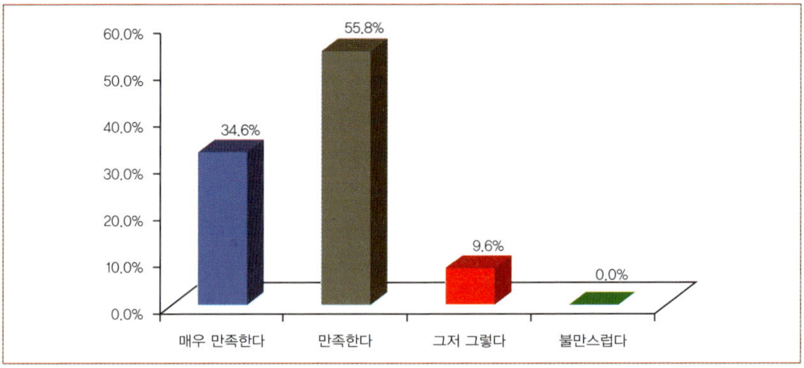

가톨릭 신자 90% 이상이 가톨릭교회에 대하여 만족하고 있으며 34.6%는 '매우 만족' 하고 있는 것으로 조사되었다. 교회에 대한 신자들의 만족도란 사제에 관한 것, 교우간의 관계, 교회의 품위, 정신적으로

얻을 수 있는 감성적인 것들, 대부분 가톨릭교회에 대한 자긍심을 갖고 있다고 평가된다. 1,200 명 응답자중 단 1명도 '불만스럽다'고 응답하지 않았는데, 이는 만족스런 부분이 불만스런 부분보다 월등이 큰 것임을 보여주는 결과라 평가된다.

— 1-3. 가톨릭교회에 대한 선교 의지

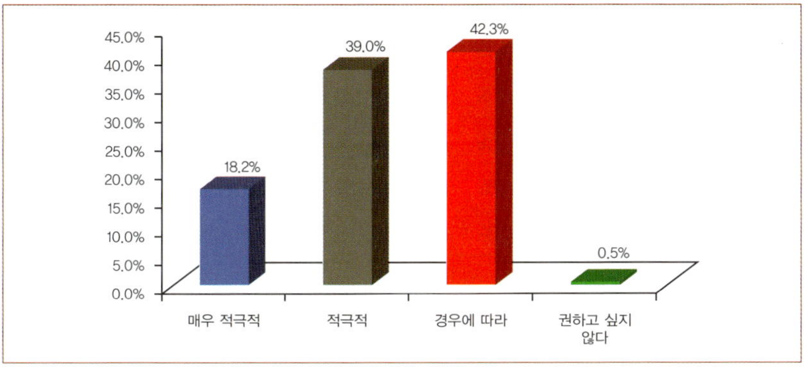

가톨릭 신자 57%는 친지, 친구, 이웃들에게 적극적으로 가톨릭교회를 권고(선교) 하겠다는 의지를 갖고 있으나 42% 정도는 '경우에 따라' 권고하겠다는 선택적 의지를 보였다. 이는 적극적인 선교 의지가 약해서라기보다 이제 종교의 선택은 적극적인 권고에 의해서 보다는 상대의 자발적인 판단에 의해서 이루어져야 한다는 선교 대상자에 대한 배려가 크게 작용하고 있음을 보여주는 결과라 판단된다.

II. 가톨릭교회의 가치요인 평가

가톨릭교회의 가치를 높여주는 가장 중요한 6가지 가치요인에 대한 응답자의 평가 결과는 다음과 같다.

가치요인 \ 평가	절대적이다	필요하다	반드시 필요치 않다	모르겠다
가톨릭 전통성	47.7%	48.9%	2.2%	1.2%
7성사	49.4%	47.0%	1.1%	2.5%
미사전례	63.3%	38.1%	-	0.6%
사제 (주교·신부)	64.2%	35.1%	0.7%	-
수도자 (수사·수녀)	57.0%	41.0%	1.0%	1.0%
교황·교황청	61.1%	36.0%	1.5%	1.4%

가톨릭교회의 가치요인들에 대하여 절대적 가치로 평가된 결과는 사제(64.2%), 미사전례(63.3%), 교황·교황청(61.1%), 수도자(57.0%), 7성사(49.4%), 가톨릭 전통성(47.7%) 순으로 나타났다. 가톨릭 신자들이 가장 중요한 가톨릭교회의 가치요인으로 사제를 꼽고 있는 것은 사제의 역할이 얼마나 중요한가를 반증해 주는 것이다. 가톨릭 신자들 대부분은 사제, 미사전례, 교황·교황청, 수도자를 가톨릭 교회의 '절대적 가치'요인으로 평가하고 있는 반면 가톨릭 전통성이나 7성사를 단순히 '필요한 가치'요인으로 평가하고 있는 것은 가톨릭 신자들이 가톨릭 전통성이나 7성사에 대한 깊이 있는 교리와 신학적 지식의 한계에서 비롯된 결과라 볼 수 있다. 가톨릭 전통성의 가치나 7성사의 가치에 대하여 "잘 모르겠

다”와 “반드시 필요치 않다”는 응답자 비율이 3% 이상인 점은 결코 무시될 수 없는 결과이다. 응답자 대부분의 가톨릭 신자들은 ‘보이는 가치들tangible values’에 대해서는 ‘보이지 않는 가치들intangible values’에 비하여 훨씬 더 많은 절대적 가치를 부여하고 있음을 알 수 있다.

이는 가톨릭교회가 ‘보이지 않는 가치들’에 대하여 가톨릭 신자뿐만 아니라 잠재 신자들에게 알려지도록 노력해야 함을 암시해 주는 결과라 볼 수 있다.

PART

V

가톨릭 브랜드 매니지먼트

차별화 하지 않으면 소멸한다

-톰 피터스

앞에서 본 바와 같이, 세상에서 최초로 시도된 '종교브랜드 가치평가 Religion Brand Evaluation'에서 'Catholic'이 최강의 글로벌 종교브랜드로 평가되었다. 가톨릭 브랜드력은 종교브랜드에서 뿐만 아니라 현존하는 상업 브랜드, 코카콜라의 브랜드력 88점을 능가한 91.8점으로 평가되어 세상의 모든 브랜드들 중에서 가장 강한 브랜드라 할 수 있다.

가톨릭은 세계 신자수가 13억 명이 넘어 성장성 요인에서 이슬람교와 함께 최고의 평점을 얻었고, 브랜드 네임 'Catholic보편적'의 의미와 같이 거의 전 세계에 분포되어 있어 세계성 요인에서도 최고의 평점을 얻었다. 뿐만 아니라 안정성과 활동성에서도 높은 평점을 얻어 결국 세계에서 가장 강력한 종교브랜드로 평가되었다. 이와 같은 결과는 객관적인 통계자료나 역사적 사실에 근거한 평가의 산물인데, 우리가 알아야 할 것은 단순한 결과가 아니라 가톨릭이 세계 최대 종교브랜드로 평가되기까지 가톨릭에 내재하고 있는 가치들이 무엇인가를 확인하는 일이다.

예수 탄생 이후 2,000여 년간, 13억 이상의 가톨릭 신자들이 가톨릭을 믿고 의지하려는 가톨릭 힘의 원천이 무엇인가를 찾아 보고자 한다. 나아가 가톨릭 브랜드력을 강화시켜 급변하고 있는 종교시장에서 가톨릭을 브랜드 마케팅 즉 선교하기 위한 가톨릭 브랜드 매니지먼트 전략을 제시하고자 한다.

제1장

가톨릭 브랜드 힘의 원천

1. 4대 특징

가톨릭 브랜드가 세계 최강 종교브랜드로 포지셔닝될 수 있는 기초적인 힘의 원천은 다음 네 가지의 특징Four Marks 들에 있다.

단일성(Unitas, Unity)

이슬람교, 불교, 프로테스탄트 등은 극심한 종파의 분열로 종교로서의 정체성마저 흔들리고 있다. 특히 프로테스탄트개신교의 종파 분열은 헤아릴 수 없을 만큼 많다. 가톨릭의 본질이라고 할 수 있을 만큼의 가장 큰 힘의 원천은 단일성이라 할 수 있다.

그리스도를 따르는 교회는 그 구성원이 다양하나 본질은 하나로 일치한다는 것이 가톨릭의 단일성이다. 즉, 가톨릭은 다양성 안에서 조화와 일치로 통일성, 일관성, 단일성을 이루고 있는 특성을 갖고 있다.

거룩함(Santitas, Holiness)

어느 종교도 거룩하지 않은 종교는 없다. 그럼에도 가톨릭의 거룩함은 어느 다른 종교와 비교될 수 없는데 그것은 가톨릭의 삼위일체Trinity로 표현되고 있다. 교회의 거룩함은 교회가 성인聖人들로 구성되어 있기 때문이 아니라, 교회가 거룩한 하느님께로 향하여 있기 때문이다. 교회가 거룩한 것은 하느님이 모든 이(죄인까지)를 구원하기 위하여 예수 그리스도를 이 땅에 보내 교회를 세웠고, 성령으로 채워 주셨기 때문이다. 성령은 하느님으로부터 그의 아들 예수 그리스도를 통하여 나온다는 삼위일체가 곧 가톨릭의 거룩함이다.

보편성(Catholicitas, Universality)

'Catholic'의 특징이면서 힘의 원천은 'catholic'이라는 언어의 뜻과 같이 '세계적이고 보편적'인 교회라는 것이다. 이런 의미에서 '가톨릭'은 매우 훌륭한 브랜드 네임이다. 한편 유대교Judaism의 특징은 '유대인에 의한 유대인을 위한 유대인의 교회'라는 유대인 민족종교의 한계성이 있어 보편성이 결여되어 있다고 볼 수 있으며, 이슬람교Islam 또한 '신에게 복종하는' 종교라는 의미에서 보면 보편성이 결여되어 있어 신 중심의 종교적 특징이 있다. 가톨릭과 유대교와의 관계성 측면에서 보면 가톨릭은 엄밀히 말해서 유대교의 지류라 할 수 있다.

그러나, 가톨릭이 유대교와 크게 다른 점은 유대교가 유대인을 위한

것이라면 가톨릭(그리스도교의 본류)은 유대인 입장에서 전 세계의 모든 이방인Gentile을 위한 세계적, 보편적 교회라는 것이다. 이런 점에서 'Catholic'은 교회의 '보편적' 개념과 일치하고 세계화 시각을 태생적으로 갖고 있는 종교브랜드인 것이다. 가톨릭의 보편성은 민족이나 국가적 시각에서 뿐만 아니라 정치적 사회적 계층, 가진 자와 없는 자, 남녀노소 등 계층 간의 차이를 초월하는 '보편성'이라는 시각에서도 가톨릭 브랜드의 힘의 원천이라 할 수 있다.

사도적 계승(Apostolicitas, Apostolic Continuity)

가톨릭의 가장 위대한 특징이면서 힘의 원천이 될 수 있는 것은 예수가 친히 임명한, 사도Apostle 베드로부터 오늘날 226대 프란치스코 교황에 이르기까지 내려오는 사도의 계승이다. 초대 교황으로부터 현재까지 2,000년간 사도적 계승을 유지하고 있는 유일한 그리스도교는 가톨릭뿐이다. 사도 임명권자였던 예수로부터 그대로 사도적 시스템을 유지해 오는 것은 '신성한 전통Sacred Tradition'으로서 가톨릭 브랜드의 정체성이고 타 그리스도교프로테스탄트는 물론 타 종교와의 차별성이고 예수의 현재화이다. 사도적 계승은 가톨릭의 신성한 전통이며 가톨릭의 위대성이다.

2. 교계제도(Holy Orders)

> "이는 너희를 위하여 내어 주는 내 몸이다. 너희는 나를 기억하여 이를 행하여라."
>
> 루카복음 22, 19

이는 예수가 최후의 만찬에서 제자들에게 명령하신 말씀이다. 즉 성령聖令 : Holy Orders이고, 이것이 곧 성품성사聖品聖事의 출발이다. 가톨릭 성찬전례의 핵심은 영성체에 있는데 이것은 위에서 말한대로 최후의 만찬에서 예수가 제자들에게 명령한 데서 비롯한 것이다. 이 명령은 예수로부터 오늘날까지는 물론 앞으로도 영원히 지속될 가톨릭의 힘이다.

'Holy Orders'라는 말은 최후의 만찬에서 제자들에게 내린 예수의

'성스런 명령'이고 또한 '성스런 명령'을 집행할 수 있는 성품성사를 받은 주교, 신부, 부제 등의 성직체계를 의미한다. 즉 'Holy Orders'는 예수의 '성스런 명령'이고 '성품성사'를 받은 '성직체계'의 의미를 갖는다. 가톨릭의 성직체계는 '하향식 체계'라는 점에서 논란의 대상이 될 수 있으나, 13억 명이 넘는 '세계의 가톨릭 종교' 질서를 단일체제Unity로 유지시켜온 시스템이라는 점에서 가톨릭 브랜드의 힘의 원천이다.

로마제국시대에 있어서 'Orders'의 뜻은 '관리체제'라는 세속적 의미였으나 오늘날 가톨릭에서의 'Orders'는 성령의 은총으로 임명되어 교회에서 하느님께 봉사할 수 있는 성직자 계급 'Hierarchy'를 의미한다. 'Holy Orders성직체제'는 'Hierarchy교계제도 : 教階制度'의 다른 표현이다. "나를 기억하여 이를 행하여라"는 예수의 명령Holy Orders을 오늘날에도 그대로 지켜오고 있는 가톨릭이 바로 그리스도교의 정통성Legitimacy이다. 이런 점에서 예수의 명령을 집행할 수 있는 성품성사Sacrament of Holy Orders는 타 종교나 타 프로테스탄트가 가질 수 없는 가톨릭 브랜드의 힘이다. 성품성사를 받은 성직자 즉 교계제도를 구체적으로 살펴보면 교황Pope, 주교Bishop, 신부Priest, 부제Deacon가 있다.

교황(Pope)

가톨릭의 교황만큼 세계적인 영향력과 권위를 갖고 있는 종교 지도자는 없다. 266대 신임교황을 선출하는 콘클라베Conclave과정 전후를 전 세계 언론 매체들이 연일 톱뉴스로 취급한 것으로도 '교황'이 가톨릭 브랜드 가치의 중요한 요소임을 쉽게 알 수 있었을 것이다.

교황은 단순히 가톨릭 교회의 수장으로서 뿐만 아니라 인류의 문명, 인류의 삶, 인류의 가치에 영향력을 발휘하는 인류의 지도자로서 카리스마를 갖는다. '교황'은 공식적으로 초대 교황인 예수의 수제자 베드로를 이어온 전 세계 가톨릭 교회의 수장이고 바티칸 시국의 국가원수이기도 하다. '교황'이 가톨릭 브랜드 에쿼티Brand Equity의 중요한 요소이고 가톨릭 브랜드의 정체성과 타 종교와 차별화의 본질로 보는 근거는 예수가 직접 교회의 수위권을 부여한 예수의 친제자인 사도 베드로의 후계자라는데 있고, 사도적 계승과 정통성을 유지하는 역할과 권한이 부여되어 있기 때문이다.

'교황Pope'은 라틴어 'Papa'로 '아버지'라는 뜻의 'Papas'에서 유래되었는데 이는 그리스도의 대리자, 사도 베드로의 후계자, 서방교회의 최고 사제, 이탈리아의 수석 대 주교, 바티칸 시국의 원수로 표현되고 있다. 또한 가톨릭 교회에서뿐만 아니라 세속에서도 교황의 존칭을 "Holiness" 즉 '聖下성하'라 하는

것은 국가원수, 왕 등의 존칭인 "Excellency", "Highness"보다 격이 높은 호칭이고 세상에 "Excellency" 호칭을 받는 사람은 많으나 "Holiness" 호칭을 받는 사람은 가톨릭 교회의 수장, '교황' 한 사람뿐이다.

주교(Bishop)

가톨릭 교회의 특징 중 하나는 지역교구Local Parish 중심인데, 각 지역 교구의 운영책임 사제를 주교라 한다. 주교는 상당한 지역교구의 자치권을 부여받는다.

주교는 '살아계신 하느님 아버지의 모상이며 그리스도의 대리자이고 사도들의 후계자'로 주교서품을 받고 교황의 권위 아래 사도적 책임을 갖고 신부들의 협력을 받아 사목을 책임지는 직분이다. 주교는 현실적으로 협력자인 신부들을 통하여 사목하고 신부들을 지원·관리하는 직책이므로 일반 신자들과의 커뮤니케이션은 신부와 일반 신자들 간의 커뮤니케이션보다 덜 직접적이다. 그럼에도 불구하고 주교는 '그리스도의 대리자Christ's Representative'로 가톨릭 교회의 교계를 구성하는 요소로 가톨릭 브랜드의 전통적 가치이다.

사제(Priest)

사제란 크게 주교와 신부를 함께 지칭하는 용어이다. 교회법상 성품성사에는 주교품, 탁덕품, 부제품이 있는데 신부라는 말 대신에 탁덕鐸德이란 말을 사용하나 일반적으로 사제라는 단어는 신부를 가리키는 말이다. 주교를 지칭하는 용어는 'Bishop'이란 용어가 별도로 있는데 'Priest'는 사제이고, 사제는 주교와 신부를 지칭하므로 혼란을 줄 수 있다. 이 책에서 사제Priest는 '신부'의 의미로만 사용하기로 한다. 교회법적으로 사제 즉 신부는 하느님 경배를 거행하고 하느님 백성들을 성화하도록 주교의 권위 아래 주교를 돕는 협력자Co-workers with Bishops이다.

신부와 주교는 가톨릭 신자뿐만 아니라 모든 세상 사람들에게 '평생 결혼하지 않은채 독신으로 청빈하게, 힘들고 가난하고 병든 사람들을 위하여 하느님 구원사업'을 하는 성직자로 인지되어 있다. 가톨릭 브랜드는 독신 성직자 브랜드라 할만큼 신부와 주교는 가톨릭 브랜드 가치를 만들어 주는 원천이다. 신부와 주교들이 말과 행동과 생각으로 예수의 대리자로 하느님과 인간과의 중계자 또는 가교역할Bridge-Builder을 위하여 자신들을 희생하는 삶을 살기 때문에 가톨릭 브랜드의 전통적 가치가 유지되고 있다.

부제(Deacon)

부제는 교계의 최하위 직급으로 가톨릭 교회의 성직자로서 주교의 보조자이다. 성품성사에는 주교품, 신부품, 부제품이 있는데 부제품에는 종신 부제품과 신부되기 전 전단계의 부제품이 있다. 종신 부제품에는 기혼자도 부제품을 받을 수 있는데 이 경우 적어도 35세 이상이 되어야 하고 아내의 동의를 받아야 한다. 부제는 복음선포, 혼배성사, 장례미사, 성체분배, 세례성사 등을 베풀 수 있는 자격이 주어져 주교와 신부를 돕는다. 다만, 고백성사를 베풀 수 없다는 것이 일반 사제와 다른 점이다. 우리나라에는 신부품을 받기 위한 과정으로서의 부제품에는 익숙하나 기혼자의 종신 부제 제도가 없어 생소한 제도이다. 그러나 부제는 주교, 신부와 함께 3대 교계제도의 하나로 자리매김 되어 있다.

3. 수도자(修道者, Religious : 수사 · 수녀)

수도자는 성직체계나 교계제도에 포함되지 않으나, 가톨릭의 수사와 수녀가 가톨릭 신자뿐만 아니라 일반 사람들에게 주는 상징성과 그들의 감동적인 삶이 매우 종교적religious이기 때문에 가톨릭 브랜드력의 중요한 요소이다. 수도자는 특별한 성직자들인데, 수사修士, Monk, 수녀修女, Nun 그리고 탁발 수사Friar로 구분된다.

성 아우구스티노는 "수도자란 하느님의 이름으로 축성된 사람이고 하느님께 헌신된 사람"이라 정의했는데 이는 수도자의 삶이 일반세상 즉 세속과의 절연을 의미한다. 수도자는 하느님의 사랑을 실천하기 위하여 '청빈', '정결', '순명'이라는 복음삼덕福音三德을 서약한다.

가톨릭의 수도자가 가톨릭 브랜드 에쿼티의 중요한 요소라 할 수 있는 것은 바로 수도자들의 청빈·정결·순명의 삶 때문이다.

청빈서약(Poverty)

수도자는 인간 욕망의 근간인 소유를 포기함으로써 하느님의 삶을 우선 순위로 선택하고 실천하는 청빈서약을 한다. 청빈은 그리스도가 살았던 삶의 모습을 재현하고자 하는 열망의 표현이기도 하다. 수도자의 청빈은 외적인 모습 이전에 그리스도와 그 제자들이 살았던 삶의 내적인 모습이고 이를 자발적으로 지키겠다는 강한 신념인 것이다.

수도자들은 '청빈'의 삶을 실천하는데 자신들의 가난함뿐만 아니라 가난한 사람들과의 연대적 공감을 갖는 삶을 산다.

정결서약(Chastity & Celibacy)

수도자는 사제와 마찬가지로 하늘나라를 위하여 스스로 결혼을 포기하는 정결한 삶Chastity과 독신의 삶Celibacy을 서약한다. 하느님 나라를 위하여 일생을 독신으로 살았던 그리스도를 따르고자 하는 수도자들은 "누구나 이해하지 못하고 오직 은혜받은 사람들만이 이해할 수 있는" 독신의 권고를 수용하여 독신으로 그리스도의 삶을 살아간다.

청빈과 정결은 그리스도의 삶에서 보면 하나의 줄기라 할 수 있는데 청빈하지 않고서는 정결하기 어렵고 정결하지 않고서는 청빈하기 어렵다는 것이다.

순명서약(Obedience)

사제와 마찬가지로 수도자는 "자신을 낮추시어 죽음, 곧 십자가의 죽음에 이르기까지 순종하신" 그리스도의 모범을 따르려 교회의 모든 법에 복종하겠다는 서약을 한다.

순명은 맹목적인 복종이 아니라 다른 사람의 원의나 요청안에 들어있는 하느님의 뜻을 발견하고 이를 기꺼이 받아들이는 자발적인 하느님 뜻에 대한 순명을 말한다.

4. 교황청(Curia Romana, Holy See, State of Vatican)

가톨릭의 교황청은 세계에서 유일한 국가적 독립지위를 갖고 있는 종교정부조직이고 국가 자체이다. 전 세계가 하나의 종교중앙조직과 장소를 국제법상 국가로 인정하는 것은 가톨릭의 교황청이 유일한 사례이다.

'교황청'을 가톨릭 브랜드 에쿼티의 중요한 요소로 보는 근거는 유일한 독립국가적 지위의 종교정부라는 것이다. '교황청'은 라틴어 'Curia Romana', 영어 'Holy See', 'State of Vatican' 등으로 명명되고 있는

데 국가적인 공식 명칭은 '바티칸시국State of Vatican'이고 가톨릭 내에서는 'Curia Romana', 'Holy See' 등으로 불리운다. 세계적으로는 교황청을 '바티칸'으로 칭하는데 이는 베드로 사도가 순교하여 묻힌 로마의 한 언덕의 이름에서 유래된 의미있는 명칭이다.

교황청教皇廳은 낱말 뜻대로 교황이 거처하고 집무하는 장소, 기관, 조직 등 축소된 의미로만 이해될 수 있어 국제적인 공식 명칭인 '바티칸시국' 혹은 '바티칸'으로 사용되어야 로마주교 즉 교황이 통치하는 가

바티칸시국 전경

톨릭교회의 중앙정부이자 국제적 독립국가로서의 정체성이 더욱 선명해진다.

바티칸 시국은 1929년 2월 11일 라테란 궁전에서 가스파리 추기경과 이탈리아의 무솔리니가 맺은 소위 라테란 조약Laternan Treaty으로 탄생되었다. 세계에서 가장 작은 국가인 바티칸 시국은 국제법상 독립주권을 인정받고 있는 엄연한 국가이다. 이런 측면에서 '바티칸 시국'을 단순히 '교황청'으로 호칭하는 것은 생각해 볼 과제이다. 바티칸 시국의 국가원수는

— 성 베드로 대성당

교황이다. 교황은 직무상 바티칸 시국의 국가원수이자 정부 수뇌이다. 교황은 국가원수라는 외교상의 호칭이 있으나 영적 통치권을 나타내는 말로 '성좌聖座, Santa Sedes'로 표현하는데 이는 로마 교황청에서 사용된다.

바티칸 시국은 하나의 독립국가로 공인 받고 있으나 외교적 업무는 성좌가 대신하며 외교를 책임지고 국제협약까지 맺는다. 바티칸 시국이 공식 외교관계를 수립한 국가 수는 현재 180개국에 달하며 대한민국과는 1963년에 외교관계를 맺었다. 비외교관계 국가는 북한, 중국, 부탄, 아프가니스탄 등 4개국에 불과하다. 바티칸 시국은 교황과 함께 그 자체만으로도 가톨릭 교회의 국제적 지위와 세계화의 실체를 의미한다.

— 성 베드로 광장

바티칸 시국과 교황은 가톨릭 브랜드의 활동성, 세계성 그리고 안정성에 절대적인 요인이다. 타 종교브랜드가 갖지 못하는 가톨릭 브랜드만의 차별적 가치가 바티칸 시국과 교황에서 나오는 것이다.

5. 성사(聖事, Sacrament)

앞에서 소개한 가톨릭 브랜드 힘의 원천들은 가톨릭 신자가 아니더라도 인식할 수 있는 것들이라면 성사는 가톨릭 신자이어야 체험할 수 있고, 그 가치가 얼마나 소중한 것인가를 알 수 있는 요소라 할 수 있다.

성사는 가톨릭 신자의 자격요건이고 가톨릭의 모든 것이고 가톨릭의 완성이라 할 수 있는 것이다. 즉, 성사가 없으면 그것은 가톨릭일 수 없다. 'Sacrament성사' 어원을 살펴보면 로마 군대에 입대하는 병사들의 '입대선서'를 의미하는 라틴어 'Sacramentum'에서 유래되었고, 이는 그리스어 'mysterion신비' 즉 영어 'mystery'와 동의어로 번역되었다. 이런 어원적 의미에서 Sacrament성사는 동시에 Mystery신비이기도 하다.

성사를 영성적으로 가톨릭의 완성이라 표현할 수 있는 것은 세례성사Baptism를 통하여 하느님의 사랑을 받게 하고, 성체성사Eucharist로 채워주고, 고해성사Reconciliation로 우리의 죄를 씻어 주고, 견진성사Confirmation로 강한 영적 힘을 보태주고 성품성사Holy Orders와 혼인성사Matrimony를 통하여 삶의 목적을 선택하는데 하느님의 은총을 받게 되며 병자성사Anointment of the Sick로 우리를 하느님의 집으로 편안하게 인도해주는 은혜이기 때문이다. 성사는 가톨릭 신자들이 하느님으로 받는 일방적인 은혜로 보는 사효적 효력Efficacious Signs of Grace만이 아니라 '대화', '만남', '교류'라는 인격적인 의미로서 가톨릭 브랜드의 체험적 가치로 해석되어야 한다.

칠성사(七聖事, Seven Sacraments)

신약 성경에서 분명한 형태로 등장하는 성사는 세례성사와 성체성사로 예수 그리스도와의 직접적 관련을 명확히 묘사되어 있다. 그 외에도 병자치유, 성령 전달, 특별한 봉사직 임명을 위한 안수기도가 실시되었다는 사실도 발견된다. 이와 같은 것들을 근거로 12세기에 이르러 성사의 개념과 7개의 성사로 확립되어 오늘에 이른다.

세례성사Baptism

사람을 성령으로 깨끗이 씻겨 하느님의 자녀로 새롭게 탄생케 하는 성사. 즉 그리스도인이 되는 자격성사이다. 사람이 세례를 받는 순간 하느님 나라로 입대하는 신비를 느낄 수 있게 한다.

견진성사Confirmation

세례를 받은 그리스도인만이 받을 수 있는 또 다른 신비와 은혜에 확충적인 강한 영적 힘을 추가적으로 받는 성사이다. 세례성사가 하느님 나라의 어린이라면 견진성사는 하느님 나라의 청년이 되는 절차라 할 수 있다.

성체성사Eucharist

예수 그리스도의 몸과 피성체를 통해 하느님과 인간과의 일치를 가져다 주는 신비와 은혜가 곧 성체성사이다. 성체성사는 세례성사를 받은 가톨릭 신자만이 받을 수 있는 신비와 은혜이다. 가톨릭 신자들은 성체성사를 통하여 예수 그리스도와의 일치를 느끼며 영적 삶과 기쁨을 체험하게 된다.

고해성사Reconciliation

가톨릭 신자가 아닌 사람들은 '고해성사'는 쉽게 이해할 수 없을 뿐만 아니라, '고해성사' 때문에 가톨릭 신자되기를 기피할 수도 있다. 그러나 아이러니컬하게도 '고해성사'는 신비와 은혜의 성사이다. 'Reconciliation'은 고해성사告解聖事보다는 화해성사和解聖事라 하는 것이 원의에 맞는다. 가톨릭 안에서도 '고해성사', '고백성사', '화해성사' 등으로 혼용되고 있는데 앞으로는 화해성사로 정착시켜야 할 성사의 명칭이다.

'Reconciliation고해성사'는 저지른 죄sin 때문에 불편한 하느님과의 관계를 복원하기 위하여 죄를 참회하여 하느님의 용서를 받는 은혜를 말한다. 즉 죄지은 자가 하느님과의 화해를 할 수 있는 신비이며 은혜인 것이다. 고해성사는 '즐거운 성사'는 아니지만, 고해성사를 받고나서 얻는 기쁨과 평화는 무엇과도 바꿀 수 없을 만큼의 행복이다. 그것은 하느님과의 화해Reconciliation이기 때문이다.

혼인성사Matrimony

그리스도인은 혼인성사를 통하여 한 남자와 한 여자가 하느님과 공동체 앞에서 계약을 맺고 결합하여 사랑과 봉사의 삶을 살아간다는 약속을 하는데 이는 하느님이 증인이 되어주는 은혜이다. 이 때문에 가톨릭에서는 이혼을 금한다. 하느님이 맺어 준 인연을 사람이 끊지 못한다는 교회법적 성사이다.

성품성사Holy Orders

그리스도의 사제직을 이어 받아 하느님 백성을 위해 봉사하고 세상의 구원사업을 계속 이어갈 수 있는 자격을 부여하는 것이 성품성사이다.

어느 다른 종교보다도 가톨릭 교회만큼 성직자의 자격을 엄격히 규제하고 관리하는 종교는 없다. 즉 성품성사를 받을 수 있는 자격을 갖추기가 어렵다는 것이다. 성품성사는 모든 가톨릭 신자가 받을 수 있는 신비와 은혜가 아니라, 자격과 교육과정을 거쳐 엄선된 가톨릭 신자만이 받을 수 있는 신비와 은혜이다.

병자성사Anointment of the Sick

병자성사는 죽어가는 가톨릭 신자가 받을 수 있는 하느님의 가장 큰 은혜라 할 수 있다.

죽을 위험에 처한 가톨릭 신자가 모든 두려움에서 벗어나 평화롭게 하느님 나라로 가게 하는 위로와 치유의 은총을 병자성사를 통하여 받게 된다.

이상으로 가톨릭이 세계 최강의 종교브랜드로 평가받을 수 있었던 원천적인 가톨릭 브랜드 에쿼티 요인들을 살펴 보았다. 물론 위에서 설명한 요인들 외에도, 미사전례, 삼위일체 등의 다른 종교에서 찾아볼 수 없는 차별적 요인들이 있다.

'하느님'이라는 같은 뿌리에서 나온 유대교, 이슬람교, 프로테스탄트와 가톨릭을 단순하게 비교하더라도 왜 가톨릭이 세계 최강 종교브랜드로 평가될 수 있는가를 쉽게 알 수 있다.

동일한 '구약'을 믿고 있는 유대교는 역사적으로 그리스도교(가톨릭, 정교회, 프로테스탄트)와 이슬람교의 뿌리 종교라 할 수 있다. 그럼에도 불구하고 전 세계의 유대교 신자수가 1천 4백만 명에 머물고 주로 이스라엘과 미국에 분포되어 있어 세계적 종교라 할 수 없는 보편성이 취약한 종교이다. 유대교는 유대인을 위한 유대인의 종교라는 '민족종교'로서 유대인 자기들만의 종교이다.

이슬람교는 구약성경과 신약성경과 하느님알라에 뿌리를 두고 성장한 종교브랜드이다. '이슬람Islam'은 '하느님알라과 복종하는 사람의 관계를 강조하는 종교로 유대교와 가톨릭의 전통적 가치를 부인하는 퓨전식 그리스도교'라 할 수 있다. 이슬람교는 '교계제도'와 '삼위일체'를 부인하고 있으며 '모든 이가 알라 앞에 평등하다'는 가치선언으로 가톨릭에 반反하고 있다.

이슬람교는 단일 종교로서 전 세계 이슬람 신자, 즉, 무슬림 수가 15억 명이 넘는 최다 신자수를 보유하고 있어 막강한 종교브랜드로 부상되고 있다. 신자 수만으로는 가톨릭의 13억 명보다 더 많은 15억 명으로 이슬람교가 가톨릭보다 앞서고 있다. 그러나 가톨릭은 선진국, 후진국, 개도국 등 전 세계에 골고루 분포되어 있는 반면에 이슬람교는 주로 아랍국가와 인도네시아, 말레이시아 등 후진국, 개도국에 집중되어 있어 지역적 보편성이 취약하다. 뿐만 아니라 '극단적인 행동들' 때문에 이슬람교에 대한 부정적 이미지와 평가에서 자유롭지 못한 종교브랜드이다.

프로테스탄트는 1517년 가톨릭에서 혁명으로 '파생된 종교'로 '독립된 고유종교'로서의 정체성을 인정받기가 어려운 종교라 할 수 있다. 그래서 'Protestants'일 뿐이다. 한마디로 '가톨릭'이 없다면 '프로테스탄트'는 이론적으로 존재할 수 없다. 가톨릭은 프로테스탄트 없이 독립적으로 존재할 수 있는 브랜드이지만, 프로테스탄트는 가톨릭 없이 존재할 수 없는 브랜드이다. 프로테스탄트는 수많은 분파들이 있어 'Protestants항거자' 상호간에도 일관된 정체성이 없어 혼란이 있어 '브랜드'로서의 기본이 취약한 종교브랜드이다. 전 세계의 모든 분파의 프로테스탄트 신자 수는 7억 명이 채 되지 않아 13억 명의 가톨릭과는 비교될 수 없고 2,000년의 역사와 500년의 역사도 비교할 수 없는 브랜드 안정성의 문제와 그리스도교로서의 정체성, 전통성, 정통성 등에 있어서 프로테스탄트는 많은 한계가 있다.

힌두교는 'Hinduism' 즉 '인도적'이라는 이름에서 알 수 있듯이 인도에서 인도인 중심의 인도 종교로 출발한 종교브랜드이다. 전 세계 힌두교 신자 수는 10억 명 정도인데, 그중 80%가 인도인으로 인도 중심의 편중된 종교로써 오랜 역사에 비하여 세계화가 취약하다. 성장성, 세계성, 보편성 측면에서 힌두교는 가톨릭에 상당히 뒤떨어진 종교브랜드이다.

불교는 힌두교에서 파생된 하나의 파생종교라 할 수 있다. 불교는 인도에서 힌두교에 바탕을 두고 시작된 종교였으나 힌두교와 정체성에서 차이가 없어 결국 힌두교에 흡수되어 불교가 시작된 인도에는 오늘날 불교는 마이너로 남겨지고 있다. 세계적으로 불교 신자 수도 3억 6천만 명 정도로 세계성에는 한계가 있는 종교라 할 수 있다. 특히 불교는 신神을 불신하는 종교로 다른 종교와는 본질적으로 다른 카테고리의 종교브랜드이다. 성장성, 세계성, 안정성 측면에서 불교 또한 가톨릭에는 매우 뒤떨어지는 종교라 할 수 있다.

마더 데레사 수녀

Teresa, Mother of Calcutta, 1910~1997

'Teresa, Mother of Calcutta'라는 이름은 데레사 수녀가 인도 캘커타 빈민촌에서 빈민들과 삶을 시작한데서 붙여진 이름이나 인도에서는 "Mother어머니"로 불리고, 세계적으로는 "캘커타의 어머니"가 아니라 "Mother, Teresa어머니, 데레사"로 그녀를 부른다.

1979년 노벨평화상을 수상하기도 한 데레사 수녀는 세계적인 가톨릭 수녀로 가톨릭 브랜드의 자산이다. 그녀는 '사랑의 선교회'라는 수도회를 창설하여 "가난한 이들과 함께 생활하고 가난한 이들을 찾아 봉사하는 것", "버림받은 사람들 중에서도 가장 버림받은 사람들과, 가난한 사람들 중에서도 가장 가난한 사람들에게 사랑으로 봉사하는 것"을 목표로 하고 실천한 삶을 살았다.

마더 데레사(유고슬라비아 태생)가 자기의 조국도 아닌 인도의 빈민촌에서 그리스도의 삶 이상으로 '사랑'을 가장 가난하고 가장 버림받은 사람들에게 진실로 베풀었던 삶은 인도인들을 감화시켰고 전 세계 인류들에게 '사랑'을 상기시켜 주었고 앞으로도 여전히 그 영향력은 살아있을 것이다.

이태석 세례자 요한신부

1962~2010

이태석신부는 48세의 젊은 나이로 아프리카 수단 톤즈 아이들에게 '사랑'을 심어준 채 세상을 떠난 살레시오회 선교 신부였다.

그가 세상을 떠난 후 그의 활동에 관한 기록영화 "울지마 톤즈"에서 눈물을 쉽게 보이지 않는다는 톤즈의 흑인 학생들의 눈에서 흐르는 피와 같은 눈물은 이태석 신부가 그들에게 남긴 사랑이 얼마나 깊었고 진실하였는가를 보여주고도 남는 증거였다.

"저렇게 가난할 수도 있고 저렇게 죽음 가까이에서도 살 수 있구나. 너무 불공평하다. 아무런 잘못도 없는 저들이 왜 저토록 고통스럽게 살아야 하는 건지… 영양상태만 좋으면 쉽게 이길 수 있는 말라리아나 홍역으로 죽어가고 배앓이로 죽고 지뢰를 밟아 죽고 총 맞아 비명횡사합니다. 아이들이 열병에 걸려 신음하면 부모들이 할 수 있는 거라고는 마당에 물을 뿌려 놓고 열이 내리길 기다리는 것 뿐입니다." 이것이 그가 톤즈를 택한 이유였다.

그는 "톤즈의 아이들에게 공부를 가르치건 음악을 가르치건 그 과정이 진정 행복한 것은 아이들이 변화해가는 모습을 볼 수 있기 때문이다."고 하면서 많은 젊은이들이 봉사활동을 하면 좋겠다는 말을 남겼다. 그는 임종 전에도 "나는 평화로우니 걱정마라", "Everything is good"으로 하느님 나라에 입국준비를 했다.

그는 슈바이처 박사를 닮고자 하였고 돈보스코 성인을 닮아가려고 하였다. 그러나 그가 톤즈아이들에게 남긴 사랑의 헌신은 그의 존경 모델이상의 것이다. 그래서 수도회 이태석 신부는 살아있는 가톨릭 브랜드 에쿼티인 것이다.

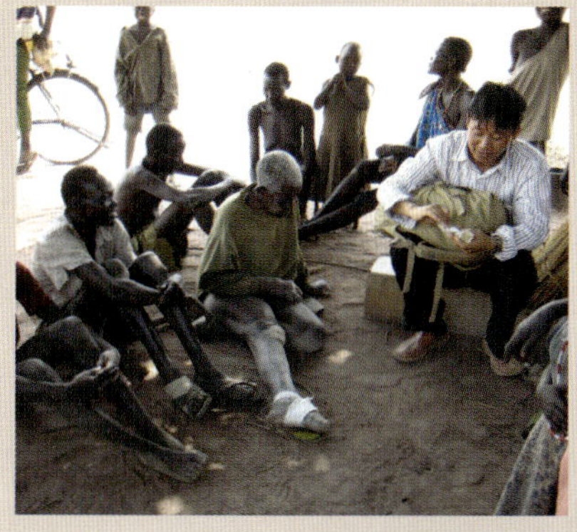

제2장

가톨릭 브랜드 매니지먼트 전략

1. 가톨릭 브랜드 매니지먼트 전략이란?

'브랜드 매니지먼트 전략'은 영어로는 'Brand Management Strategy' 또는 'Strategic Brand Management'로 표현될 수 있다. 그리고 이는 '브랜드 경영전략', '브랜드 관리전략', '브랜드 운영전략' 또는 '전략적 브랜드 경영' 등으로 해석될 수 있는데, 브랜드 매니지먼트 전략이란 브랜드 경영의 효과를 극대화시키기 위하여 필요한 전략적 요소를 유기적으로 믹스앤매치Mix and Match하여 브랜드 에쿼티를 높여 궁극적으로 브랜드 가치를 만들어가는 일련의 전략적 프로세스를 말한다. 이런 의미에서 저자는 『현대 브랜드 경영전략』(2009, 교보문고)에서 밝혔듯이 브랜드 경영전략은 곧 브랜딩 믹스 전략Branding Mix과 동일시하여 '브랜드 경영전략이란 결국 최적의 브랜딩 믹스를 만들어 내는 전략이다'라고 본다.

구체적으로 브랜드 경영전략을 설명하자면, 기업이나 조직이 통제할 수 없는Uncontrollable 외부 환경, 즉 소비자 문화, 경제 사회환경, 기술 환경, 정치 법률환경, 경쟁 브랜드 환경 등 브랜드 외부환경 속에서 제품 또는 서비스 브랜드를 목표 고객에게 브랜드 마케팅하려는 일련의 통합적인 노력을 의미한다.

통합적 노력이라 함은 브랜드 플랫폼Brand Platform, 브랜드 제품Brand Products or Services, 브랜드 가격Brand Price, 브랜드 유통Brand Channel 그리고 브랜드 커뮤니케이션Brand Communication 등 5가지의 독립 변수들을 믹스앤매치 시켜 브랜딩 효과를 극대화시키려는 체계적인 활동을 말한다.

그렇다면 가톨릭 브랜드 매니지먼트 전략Catholic Brand Management Strategies이란 무엇인가? '가톨릭 브랜드 매니지먼트 전략'이란 쉽게 '가톨릭'을 하나의 '서비스 브랜드'로 설정한 브랜드 매니지먼트 전략 개념이다. 교회를 둘러싸고 있는 사회, 경제, 정치, 문화, 과학, 타 종교 등 교회가 통제할 수 없는 환경 속에서 교회가 관리하고 운용할 수 있는 '통제 가능한 요인'들을 믹스앤매치 하여 가톨릭 브랜드를 매니지먼트하려는 일련의 통합적 활동들을 '가톨릭 브랜드 매니지먼트 전략'이라 할 수 있다.

가톨릭 브랜드의 통제 가능한 요인들Controllable Factors을 구체적으로 말하자면 가톨릭 브랜드 플랫폼Brand Platform, 가톨릭 브랜드 서비스Brand Services, 가톨릭 브랜드 대가Brand Price, 가톨릭 브랜드 채널Brand Channels, 가톨릭 브랜드 커뮤니케이션Brand Communication 등 크게 다섯 가지로 요약될 수 있다.

이 다섯 가지 요인들을 믹스앤매치 시켜 브랜드 가치를 높이려는 노력이 가톨릭 브랜드 매니지먼트 전략이고 이를 '가톨릭 브랜딩 믹스

Catholic Branding Mix'라 할 수 있다.

브랜딩 믹스 전략은 각 독립 변수들의 합合이 아니고 승乘의 개념으로 어느 요인 하나라도 "0零"이면 전체가 "0"이 된다는 것이다. 다섯 가지의 믹스 요인 중에서 한 가지라도 "0"이 되지 않도록 독립 변수 관리를 잘해야 한다. 달리 표현하자면 믹스 요인 전략들이 제대로 이루어질 경우 승의 개념이므로 그 효과는 매우 커질 수 있다는 것이다.

Branding Mix

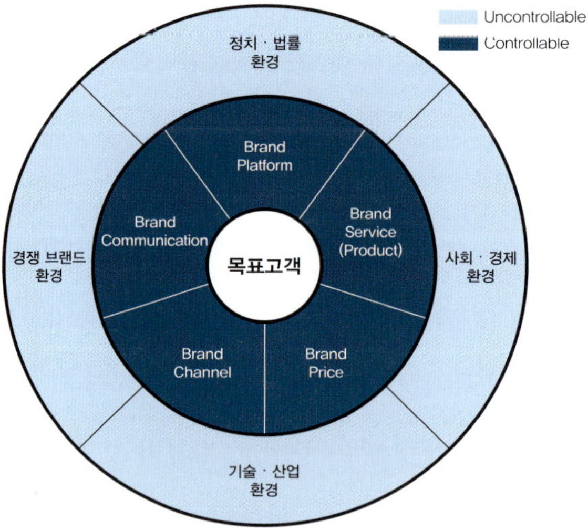

가톨릭의 브랜드 플랫폼 즉 브랜드 존재가치가 분명하여 공감될 수 있고 브랜드 대가가 제대로 이루어지고, 가톨릭의 공동체 조직브랜드 채널

이 최적화 되고, 가톨릭 브랜드 서비스의 품질이 좋아 신자들과 일반인들까지도 만족할 수 있고, 가톨릭 브랜드가 대내외적으로 원활히 소통Communication될 경우 가톨릭 브랜드 매니지먼트 효과 즉 가톨릭 브랜딩 믹스 효과는 극대화될 수 있다.

2. 가톨릭 브랜딩 믹스 전략Catholic Branding Mix Strategy

가톨릭 브랜드 매니지먼트 효과를 높이기 위하여 교회는 현재 가톨릭 신자, 잠재적 가톨릭 신자, 타 종교신자, 또는 비 종교인 등의 종교시장의 목표를 향하여 브랜딩 믹스 전략을 실행해야 한다.

가톨릭 브랜딩 믹스(Catholic Branding Mix)

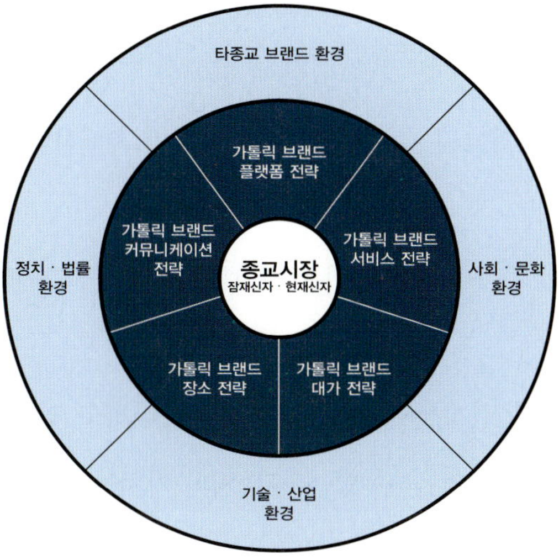

가톨릭 브랜드 플랫폼 전략

가톨릭 브랜드 플랫폼Brand Platform이란 가톨릭 교회가 모든 가톨릭 신자는 물론 모든 인류와 공유하고자 하는 가톨릭의 존재이유 또는 존재가치로써 가톨릭 브랜드 매니지먼트의 근간이라 할 수 있다.

가톨릭 브랜드 플랫폼은 다른 말로 표현하자면 가톨릭 브랜드 정체성의 골격이라 할 수 있다. 가톨릭 교회의 본질과 존재 이유가 가톨릭 브랜드 플랫폼이다. 가톨릭 브랜드 플랫폼이 명확하면 명확할수록 가톨릭 신자는 물론 잠재신자 더 나아가 모든 사람들이 가톨릭의 존재가치와 정체성을 쉽고 분명하게 이해할 수 있게 된다.

성공한 브랜드들은 명확하고 훌륭한 브랜드 플랫폼을 일관성 있게 실천하고 있다. 예컨대 Nike는 '운동선수와 운동을 좋아하는 사람들의 최고 퍼포먼스Performance를 위하여 존재한다'는 나이키 브랜드의 존재이유를 설명하고 있다. 유명한 카드 브랜드인 Hallmark는 '사람들이 감정을 아름답게 표현하고 그들의 삶에 있어서 중요한 인간관계를 강화시킬 수 있도록 최고의 도우미가 되기 위하여 존재한다'라는 존재이유를 밝히고 있다.

가톨릭 브랜드 플랫폼이 담아야 할 내용이 무엇인가가 중요하다.

가톨릭 교회가 신자들에게 어떤 가치를 제공하고 있는가?

가톨릭 신자들이 얻을 수 있는 가톨릭의 가치는 무엇인가?

가톨릭은 프로테스탄트, 이슬람교, 불교, 유대교, 힌두교 등 다른 종교와 다른 점은 무엇인가?

가톨릭 교회가 인류에게 주려고 하는 진정한 가치는 무엇인가?

이러한 질문에 쉽고 명확하게 일관되게 답할 수 있는 시스템이 바로 가톨릭 브랜드 플랫폼이라 할 수 있다.

사람의 몸이 머리부분, 몸통부분, 팔·다리부분으로 크게 나눌 수 있듯이 가톨릭 브랜드 플랫폼의 내용도 브랜드 비전, 브랜드 미션, 브랜드 퍼스널리티, 브랜드 포지셔닝, 브랜드 핵심 주제 등으로 나누어 볼 수 있다. 그러나 몸통, 머리, 팔다리가 따로 구분될 수 없듯이, 비전·미션, 퍼스널리티, 포지셔닝, 주제가 하나의 묶음으로 구성되어 서로 연계되어야 한다.

— 가톨릭 브랜드 비전Vision

가톨릭은 크게 동서분열(1054), 프로테스탄트의 이탈(1517) 등 뼈아픈 역사의 고통을 이겨내면서 그리스도교의 리더 종교로 뿐만 아니라 전 종교브랜드 중에서 세계 최강의 브랜드로 자리매김되고 있음은 가톨릭의 존재가치 즉 가톨릭 비전이 굳건히 존재하고 있다는 충분한 반증이다. 그럼에도 불구하고 바티칸교황청에서 부터 교구 그리고 일선의 가톨릭 교회성당에 이르는 수직적 조직에서 '일관되고 명확한 가톨릭 비전'을 제시하고 있는가? 또한 가톨릭 교회성당들의 수평적 조직에서도 '일관되고 명확한 가톨릭 비전'을 공유하고 있는가?

가톨릭 브랜드 비전은 신자든 비신자든 모든 사람들이 공감할 수 있는 일관된 '가톨릭의 존재이유'이어야 한다.

— 가톨릭 브랜드 미션Mission

미션이란 비전을 실천하기 위한 사명으로 일종의 행동강령이다. 역사적으로 가톨릭의 수많은 성직자와 신자들이 가톨릭의 가치를 지키기 위하여 목숨과 희생을 바친 순교와 수난이 있었다. 민주화 운동, 가난한 사람, 병든 사람들을 위한 봉사와 희생을 감내해 온 성직자와 신자들이 있어 왔다. 예수의 수난, 예수의 사랑을 공유하려는 많은 노력들이 곧 가톨릭 브랜드 미션이다.

이런 의미에서 오늘날의 가톨릭 교회는 가톨릭인의 사명, 소명, 책임이 무엇인가를 분명히 밝히고 실천하는가? 주일 미사 참석, 판공성사, 고해성사, 성지순례 참가, 소 공동체 모임 참석 등 판에 박힌 표면적인 책임에 집착하고 있는 수준은 아닌가? 가톨릭 브랜드 사용자 즉 가톨릭 신자로서의 사명이 무엇인가? 그리고 그 사명이 어떻게 실천할 수 있는가를 밝혀줄 가톨릭 브랜드 미션이 필요한 것이다.

— 가톨릭 브랜드 퍼스낼리티Personality

사람마다 서로 다른 그 사람만의 독특한 개성이 있듯이 브랜드도 그 브랜드만의 특성이 있다. 브랜드 퍼스낼리티는 브랜드의 차별성을 드러내는 중요한 정체성의 요소이다.

가톨릭 브랜드 퍼스낼리티를 설정한다는 것은 일관되고 독특한 가톨릭의 특색, 특징, 성격, 품격 등이 타 종교브랜드와 차별될 수 있도록 정의하는 일이다. 전통적Traditional, 정통적Legitimate, 보수적Conservative, 보편적Universal, 정의로움Righteous 등은 가톨릭 브랜드 퍼스낼리티를 나타낼 수 있는 키워드들이라 볼 수 있는데 개성이 흔들리는 브랜드는 결국 브랜드 정체성이 애매해지게 되므로 가톨릭 퍼스낼리티는 일관되게 유지되어야 한다.

— 가톨릭 브랜드 포지셔닝Positioning

브랜드 포지셔닝은 소비자들의 마음 안에 자리 매김 되는 브랜드 이미지 목표를 의미한다. 목표 신자들의 마음속에 어떠한 가톨릭 브랜드 이미지를 심어줄 것인가 하는 목표가 가톨릭 브랜드 포지셔닝이다. 최고급 명품 브랜드로 포지셔닝할 것인가? 일반 대중들이 쉽게 구매할 수 있는 매스 브랜드Mass Brand로 포지셔닝할 것인가? 나이키, 아디다스, 컨버스는 스포츠 용품 브랜드들인데 서로 달리 브랜드 포지셔닝이 되어 있다. 이와 같이 종교브랜드들도 브랜드 포지셔닝이 서로 다르다. 즉 사람들 마음 속에 자리 매김되는 종교 이미지들이 서로 다르다. 유대교는 유대 민족의 종교, 율법을 철저히 지키는 종교로 브랜드 포지셔닝되어 있는가 하면 모든 사람이 성불成佛할 수 있다는, 신이 아닌 인간 중심의 종교로 포지셔닝되어 있는 불교가 있다. 또한 이슬람교는 꾸란의 율법을 엄격히 지키는 매우 신앙적인 그러나 극단주의적 종교브랜드로 포지셔닝 되어 있다.

이렇듯 종교브랜드 포지셔닝은 그 종교가 의도하든 의도하지 않든 사람들에게 비춰진 종교 이미지이므로 의도된 종교브랜드 정체성이 제대로 사람들에게 전달되어 의도된 이미지로 남게 해야 하는 정교한 전략 개념이다.

글로벌 종교시장에서 가톨릭 브랜드가 어떠한 브랜드 정체성Identity을 어떻게 사람들에게 전달하여 가톨릭이 의도하는 브랜드 이미지를 구축할 것인가 하는 것이 가톨릭 브랜드 포지셔닝의 과제이다.

— 가톨릭 브랜드 주제Theme

브랜드 주제란 브랜드의 핵심역량 또는 브랜드의 핵심가치를 의미한다. 브랜드 주제가 다양하거나 모호하면 브랜드의 정체성이 희석될 수 있다. 가령 HP의 브랜드 주제는 "Invent"인데 창업자 휴렛과 페커드 두 사람의 창업정신을 압축 표현한 주제어이다. 이런 의미에서 가톨릭 브랜드 주제를 요약 표현한다면 무엇일까?

'평화', '사랑', '정의' 등으로 가톨릭 정신을 압축적으로 표현할 수 있을 것이다.

이상으로 가톨릭 브랜드 플랫폼의 내용을 살펴 보았다.

교구나 각 교회성당에서 '브랜드 플랫폼' 내용을 비슷하게 담고 있는 용어들이 있으나 제각기 표현방법과 내용들이 달라 일관된 '가톨릭 브랜드 플랫폼'의 내용이 없는 것이 현실이다. 대체로 '사목방침', '사목목표', '사목비전' 등의 용어들로 가톨릭 브랜드 플랫폼의 내용을 표현하고 있다. 내용 측면에서 가톨릭 브랜드 플랫폼은 매년 바뀌거나 교구나 교회마다 제각기 취급할 수 없는 것이다. 특히 하위법下位法이 상위법上位法을 저촉할 수 없다는 법리와 같이 하위의 가톨릭 브랜드 플랫폼이 상위의 가톨릭 브랜드 플랫폼을 훼손할 수 없다. 가장 이상적인 '가톨릭 브랜드 플랫폼'은 바티칸 시국교황청이 정립하여 전 세계 교구와 교회에게 선언되어 모든 가톨릭 조직이 이를 따르면 되는 것이다.

바티칸 시국교황청이 전 세계 가톨릭 조직과 전 인류를 대상으로 '가톨릭 브랜드 플랫폼'을 선언한다면 가톨릭 브랜드 매니지먼트의 효과를 극대화 시킬 수 있는 것이다. 사실상, 유명한 글로벌 브랜드들은 본사에서 정립한 '브랜드 플랫폼'을 전 세계의 고객들에게 일관성있게 선언하고 이를 실천에 옮기는 활동을 하고 있다. 가톨릭 교회는 교황의 메시지가 각 나라의 교구에 전달되면 이를 근거로 각 교구가 이와 관련한 비전을 정하고, 이를 각 교회성당가 교회 현실에 맞는 사목비전과 방침 등을 수립하여 일반 신자들에게 전달되는 것이 현실이다. 이러한 현실에서 사제신부들의 가치관이나 개성에 따라 사목비전이나 사목방침의 내용과 수립절차가 각각 다르다. 뿐만 아니라 사목비전이나 사목방침 같은 교회의 운영 방향이나 목표가 정해지지 않은 교회도 실제로 존재하고 있어 중요한 가톨릭의 존재이유와 존재 가치 그리고 가톨릭의 정체성이 제대로 정립되어 있지 않은 교회가 있다.

현실적으로는 가톨릭의 중요한 가치를 담고 있는 사목교서, 메시지, 공문 등이 교황청에서 제공되고 있다. 이렇게 많은 가톨릭 브랜드의 가치를 제시하고 있는 자원들이 있으나 체계적으로 정리되어 있지 않거나 너무 교회적인 표현으로 전달되고 있어 신자들에게는 '익숙치 않고 분명치 않은' 내용들이 많다. 그래서 가톨릭의 비전, 미션, 퍼스널리티, 포지셔닝, 주제가 명확하게 담겨진 '가톨릭 브랜드 플랫폼'이 수립되어 모든 사람들에게 쉽게 가톨릭의 정체성과 존재이유가 전달되도록 해야 한다.

이런 의미에서 '가톨릭 브랜드 플랫폼'은 가톨릭 브랜드 매니지먼트의 기본원칙이라 할 수 있다.

가톨릭 브랜드 서비스 전략(Brand Service)

모든 브랜드는 제품Product 혹은 서비스Service로부터 시작된다. 실제로 제품이나 서비스가 없는 브랜드는 존재할 수 없기 때문이다. 제품이나 서비스의 품질은 브랜드 에쿼티의 원초적인 요소이고 브랜드의 성패를 좌우하는 관건이기도 하다.

가톨릭 브랜드의 특징은 무형의 서비스 브랜드라는 것이다. 미국 가톨릭 교회성당에서 미사 안내를 'Service Information'이라 표현하고 있는 것은 가톨릭 교회의 특징을 단적으로 말해 주는 것이라 할 수 있다.

가톨릭 교회가 신자나 비신자들에게 가톨릭 브랜드를 선교한다는 것은 가톨릭 브랜드의 서비스를 강화시키고 이를 그들에게 전달하는 것을 의미한다. 가톨릭 브랜드 서비스는 본질적으로는 예수님의 사랑을 실천하는 것이고 이 책에서 의도하는 가톨릭 브랜드 서비스는 예수님 사랑을 실천하기 위한 구체적인 서비스들을 의미한다. 가톨릭 브랜드 서비스의 품격과 품질을 결정짓는 요인들을 살펴보면 다음과 같다.

1. 사제신부·주교와 수도자수녀·수사의 생각과 말과 행동

사제와 수도자는 가톨릭의 브랜드 정체성으로 이들의 생각과 말과 행동은 가톨릭의 품질과 품격을 결정짓는 중요한 요인이다. 하느님과 인간, 즉 하느님과 신자와의 다리 역할을 해주는 사제와 수도자들은 그들 자체가 가톨릭 브랜드 서비스이다.

가톨릭 신자들은 물론이고 일반인들에게 '하느님', '예수님', '성령'은 무형의 존재intangible being일 뿐이다. 사람과 이 무형의 존재들과의 관계를 만들어 주는 유형의 존재tangible being들이 바로 사제와 수도자이다. 사람들은 유형의 존재를 통하여 무형의 존재를 믿게 된다. 예수가 그의 제자들유형의 존재들을 통하여 교회를 세웠다는 진리는 예수의 제자들이라 볼 수 있는 오늘날의 사제나 수도자들의 중요성을 말해준다. 그래서 사제와 수도자의 생각과 말과 행동은 모든 사람들에게 가톨릭 브랜드 서비스의 내용이 될 수 있다.

2. 신부의 강론

가톨릭 교회의 미사전례는 가톨릭 교회의 중심적인 서비스이다. 가톨릭 신자들은 '미사'참례가 의무이기도 하지만 하느님의 은혜이기 때문에 '미사'는 가톨릭의 고유한 전통적 서비스이다. 그러나 미사전례의 프로세스는 정해진 내용과 절차이므로 신자들이 가장 직접적으로 영적인 감동과 공감을 받을 수 있는 미사전례의 내용은 '말씀의 전례'에서의 '사제강론' 부분이다. 사제강론은 신자들에게 감동, 공감, 속죄, 기쁨, 회개, 새로운 결심, 사랑, 꿈 등을 제공할 수 있는 긍정적 측면이 있는가 하면 지루하거나 강론내용이 모호하여 싫증을 느끼게 하고 신자들이 냉담하거나 심지어 개종에 이르기까지 할 수도 있는 부정적 측면도 있다. 아무리 훌륭한 강론내용이라 하더라도 전달 방법이 좋아야 그 효과가 크다.

때로는 사제의 강론은 강론을 듣는 청중, 즉 신자들의 반응과는 관계없이 일방적인 전달식으로 이루어지고 있음이 현실이다.

사제강론의 서비스 품질을 향상시켜 많은 신자들이 강론을 통해 '예수님'께 가까이 갈 수 있도록 하기 위해서는 신자들의 반응을 고려하여 신자들과 더불어 강론을 공유할 수 있는 강론방법이 개발되어야 할 것이다. 서비스 전달 방법도 서비스 품질의 요건이 된다.

3. 개별 신자 상담

가톨릭 신자가 되는 이유, 즉 가톨릭 브랜드를 선택한 이유는 '삶과

죽음의 문제로부터 자유와 평화'를 얻기 위해서이다. 이는 가톨릭 신자뿐만 아니라 타 종교·신자들도 대체로 종교를 갖는 공통된 이유이다. 사람은 행복하고 좋은 현재의 삶이 죽음 이후에도 계속되기를 희망하지만 죽음 이후의 세상은 아무도 모르기 때문에 종교를 갖게 된다고 볼 수 있다. 그래서 사람들은 '삶의 문제로부터 자유와 평화'를 갈구하기 때문에 자신을 종교에 의탁하듯이 가톨릭 신자들은 자신의 삶의 문제를 해결하기 위하여 가톨릭을 선택한 것이다.

일반적으로 '삶의 문제'에는 부부문제, 사랑문제, 자녀문제, 정신적·육체적 건강문제, 생계문제, 성폭행피해, 부모와의 문제, 시부모와의 갈등, 이웃과의 갈등, 폐경 이후의 우울증세, 남편 또는 아내의 외도문제 등이 주를 이루고 있다. 이와 같은 심각한 문제에 직면하고 있는 신자들은 진실하고, 따뜻한 자유와 평화를 얻고자 사제와 수도자와의 개별상담을 원한다. 이 경우 사제나 수도자의 신자와의 개별상담Counselling은 신자의 삶에 큰 영향을 주게 된다. 즉 가톨릭 브랜드 서비스의 품질을 높혀 주는 요인이 된다.

현대의 산업사회, 물질만능 사회, 상대적 빈곤사회 환경에서 발생되고 있는 신자들의 정신적 문제를 신앙을 바탕으로 하는 사제나 수도자의 개별상담은 절대적으로 중요한 서비스 활동이다. 가톨릭 브랜드 서비스 전략의 일환으로 사제나 수도자의 상담 기술은 상당 수준의 전문성을 갖추도록 해야 한다.

4. 주일학교

모든 부모들은 고금동서를 막론하고 자기 자녀들을 '좋은 인성을 갖춘 사람'으로 기르고 싶어 한다. 그러나 가정과 학교의 교육만으로는 '좋은 인성'을 갖출 수 있는 자녀로 기르기에는 많은 한계가 있다. 가정과 학교에서 체험하거나 교육되어 질 수 없는 신앙적인 인격형성이 가능한 곳이 교회성당의 주일학교이다. 주일학교는 어린이와 청소년들에게 사랑, 공동체의 의미, 나눔·봉사, 평등, 정의 등에 관하여 가정이나 학교에서 보다 훨씬 깊게 체득할 수 있는 교육현장이다. 이런 측면에서 주일학교는 가톨릭 브랜드 서비스의 중요한 내용이 되어야 한다.

주일학교의 서비스 품질을 높이기 위해서는 주일학교 선생들에게만 교육을 전담시켜서는 안되며 반드시 사제나 수녀가 직접 어린이와 청소년들과 함께 교육현장에 있어야 한다. 어린이와 청소년들에게는 사제나 수녀의 사랑과 관심이 그들의 인격형성에 절대적인 요인이 되기 때문이다. 주일학교 운영은 신자들의 자녀뿐만 아니라 잠재신자들의 자녀들까지 포함시킬 수 있다면 가톨릭 브랜드의 서비스가 확대될 것이다.

5.노인학교

어느 나라를 막론하고 의술·의학의 발달, 풍부한 영양원, 삶의 질 향상, 소득의 증대 등으로 사람들이 장수하게 되어 노인 수가 많아 지는 노령화 사회로 빠르게 변하고 있다. 더욱이 아이를 덜 낳는 풍조로 노령화 사회의 벽이 두꺼워지고 있다. 특히 한국의 경우에는 급속한 노령화 현상이 두드러지고 있어 노인문제가 심각한 사회문제로 부각되고 있다. 가톨릭 교회에 있어서도 노령화 현상과 함께 노인 신자 문제가 점차 심각해지고 있다. 노인 신자 수가 비 노인 신자 수보다 많아질 가능성이 높아 노인신자들이 주류를 이룰 수 있다. 노인문제는 크게 두 가지로 요약될 수 있는데, 하나는 노인들의 일반적인 문제들이다. 죽음, 배우자의 죽음, 고독, 자식들과의 갈등, 치매, 질병, 생계문제 등 노인 스스로 해결하기 어려운 문제들이다. 또 하나는 오늘날의 노인들은 과거의 노인들보다 지적수준, 경제적 수준, 사회적 수준이 월등히 높고 자기 주장이 강해지고 있다는 것이다.

이러한 특징을 갖고 있는 노인 신자들을 위한 보다 전문적인 교회적 대책이 필요하다. 이미 가톨릭 교회가 노인학교를 발전시키고 있는데 이를 가톨릭 브랜드의 서비스 전략의 일환으로 적극 발전시킬 필요가 있다. 예컨대 '노인미사'를 제도화하여 노인들에게 맞는, 노인들을 위한,

가톨릭 서비스를 제공하는 노력이다.

가톨릭 브랜드 대가(Price) 전략

학문적 용어로는 대가 전략이 아니라 가격 전략인데 내용적으로는 대가와 가격은 동의어이고 종교브랜드 가격 전략이라는 세속적 개념을 피하기 위하여 대가代價 전략이란 용어를 사용했다. 세속적 의미의 가격은 고객이 제품이나 서비스의 대가로 지불하는 금전적 지불 액수이다. 달리 표현하면 고객이 제품 브랜드나 서비스 브랜드에 대한 지각된 가치 perceived value에 대해 지불하는 보상금 즉 대가이다. 세속의 브랜드들은 보다 높은 가격을 받기 위하여 제품이나 서비스의 품질을 개선하거나 신상품을 개발하는 노력을 한다. 또는 기존의 경쟁시장을 침투하기 위하여 저가 정책을 구사하거나, 세상에 없는 신제품일 경우 경쟁 제품이 없음으로 고가 정책을 선택하는 등의 노력을 한다. 그러나 가톨릭 브랜드는 세속 브랜드들의 가격 전략을 원용援用할 수 없다.

종교란 화폐단위로 그 가치를 사고 팔 수 없는 신성한 서비스이기 때문이다. 가톨릭 브랜드 대가 전략의 출발점은 가톨릭 브랜드의 서비스를 화폐단위로 사고 팔 수 없는 '신성한 영적 서비스'라는 점과 가톨릭 브랜드의 유지는 신자들의 금전적 대가 없이는 불가능하다는 점이다. 세속적으로 표현하자면 신자들이 가톨릭 교회에서 받을 수 있는 신앙적 서비스에 대한 대가를 지불하여 교회가 유지되어야 한다. 그렇다면 어떻게 가톨릭 브랜드 대가 전략을 이해하여야 할 것인가? 가톨릭 브랜드 대가 전략의 기본원칙은 가톨릭 교회는 신자들을 위하여 존재하는 비영리 단체조직이므로 신자들에게 교회 운영비 즉 교무금 납부 요구를 주저해서는 안 된다는 것이다. 한편 신자들 입장에서도 신앙의 서비스를 받는 대가를 지불하여 교회 유지를 직접적으로 도와야 하는 의무감을 갖도록 해야 한다.

가톨릭 브랜드 대가 전략은 신자들이 지불해야 하는 금액의 크기나 방법에 있는 것이 아니라 신자들이 자기들이 받고 있는 가톨릭 브랜드의 서비스에 대한 대가를 자발적으로 지불할 수 있도록 할 수 있느냐에 초점을 두어야 한다. 어느 가톨릭 신자가 교회에서 자신이 소외되었다는 느낌과 영성적으로 성장하지 못한다는 느낌과 가톨릭 교회의 서비스를 체감하지 못한다는 느낌을 가지고 있다면 그는 교무금 즉 대가를 납부하는데 주저하거나 봉사활동을 하지 않을 것이다.

교회는 신자들의 니즈와 기대가치를 최대로 만족시킬 수 있는 갖가지 서비스의 품질을 높혀 제공함으로써 신자들이 그 가치를 지각하게 하여 자발적으로 대가를 지불하도록 해야 한다. 신자들이 내는 가톨릭 브랜드 서비스 대가는 금전적인 후원금교무금·봉헌금 등과 봉사시간이다. 가톨릭 교회가 운영되기 위해서는 운영비뿐만 아니라 신자들의 봉사라는 시간적 대가도 필요하다. 이런 측면에서 가톨릭 브랜드 대가 전략은 신자들의 기대가치를 만족시켜 주어 신자들이 적극적인 후원금이나 자발적인 봉사 참여가 이루어지도록 하는 것이다.

현대 교회는 신자들에게 대가를 요구할 수 있어야 하고, 신자들은 대가 지불을 신성한 의무로 여겨야 한다.

가톨릭 브랜드 장소 전략(Place)

세속적인 브랜딩 전략에 있어서 '장소Place'란 고객들이 제품이나 서비스의 유통체계를 의미한다. 즉 소비자가 원하는 제품 브랜드나 서비스브랜드가 가능하도록 유통채널을 만들어 놓는 것이 장소 전략이다.

가톨릭 브랜드 장소 전략은 교회성당라는 대표적인 장소도 있으나, 학교, 병원, 성지, 각종 복지시설 등 가톨릭 신자뿐만 아니라 비 가톨릭 신자들도 '가톨릭'을 접할 수 있는 장소에 대한 브랜드 마케팅 개념이다. 교회성당는 가톨릭 신자 중심의 장소이지만, 잠재신자와 일반 대중들이 쉽게 '가톨릭'을 접할 수 있는 기회의 장소는 되지 못한다. 그러나 가톨릭대학교 '성모병원'은 가톨릭 신자뿐만 아니라 타종교 신자, 비 신자 등 일반인들이 '예수님의 치유사상'과 '가톨릭 브랜드'를 체험할 수 있는 장소이다. 가톨릭대학교를 비롯한 각종 등급의 가톨릭 학교는 일반인들이 '가톨릭'을 접할 수 있는 장소이다. 이외에도 가톨릭 성지, 가톨릭 복지시설, 가톨릭 공원묘지 등도 가톨릭 브랜드의 장소 전략으로 발전되어야 할 가톨릭 브랜드 시설들이다. 가톨릭 브랜딩 믹스 전략에 있어서 가톨릭대학교, 성모병원 등 모든 가톨릭 브랜드 시설들은 단순히 가톨릭 브랜드 장소 전략으로서만이 아니라 가톨릭 브랜드 커뮤니케이션 전략으로도 평가되어야 한다.

가톨릭 브랜드 커뮤니케이션 전략(Communication)

브랜드 커뮤니케이션이란 브랜드 공급자가 일반대중, 고객, 투자자, 내부 종사자, 금융기관, 언론기관, 공급업자, 경쟁 브랜드 등 모든 이해 관계자들을 대상으로 전개하는 브랜드 정보제공, 브랜드 PR, 브랜드 광고, 브랜드 판촉 활동 등 브랜드 에쿼티 창출에 동원되는 직·간접적인 수단과 방법을 의미한다. 요약하자면 브랜드 커뮤니케이션은 브랜드 정체성을 알리고 브랜드와 고객과의 관계를 강화시켜주는 모든 소통 활동이다. 이런 측면에서 가톨릭 브랜드 커뮤니케이션은 가톨릭 교회가 가톨릭인은 물론 일반 대중에게 가톨릭의 정체성, 가톨릭의 정보, 가톨릭의 가치 등을 홍보·광고함으로써 일반대중과 가톨릭 브랜드와의 우호적 관계를 촉진하는 일련의 노력을 의미한다.

종교브랜드도 상업적 브랜드들과 마찬가지로 새로운 커뮤니케이션 환경을 맞고 있다. 21세기에 접어들면서 첨단 정보통신의 발달, 인터넷 보급, 고등교육의 보편화, 해외여행 인구의 증대 특히 인터넷과 TV채널의 세계화, 케이블 TV의 확산 등 입체적인 커뮤니케이션 환경의 변화는 종교브랜드에도 많은 변화를 일으키고 있다.

2013년 3월 새 교황, 프란치스코의 탄생 과정이 전 세계의 매체들, 신문, TV, 인터넷 등을 통하여 실시간으로 방영 또는 보도되어 콘클라베가 무엇인지, 가톨릭이 어떤 종교인지, 교황이 왜 중요한지를 가톨릭 신자는 물론 타 종교 신자 등 전 인류가 '가톨릭 브랜드'를 접하였던 것은 커뮤니케이션의 좋은 예이다.

커뮤니케이션 환경 변화로 이제는 자신이 믿는 종교만을 알고 집착하면서 타 종교에 대한 관심을 두지 않던 시대가 아니다. 사람들이 원하든 원치 않든 종교브랜드들의 노출이 많아져 종교브랜드와의 접촉기회가 증폭되고 있다. 그래서 제대로 가톨릭 브랜드의 가치를 효과적으로 커뮤니케이션할 필요성이 점점 커가고 있다. 소비자들은 브랜드 커뮤니케이션을 통하여 브랜드에 대한 인식단계Cognitive Stage 즉 소비자가 브랜드 정보와 브랜드 지식을 갖고 브랜드를 인식하는 초기 단계를 거쳐, 소비자가 브랜드에 대한 관심, 호감 등 선호도와 호감도가 높아지는 감성단계Affective Stage를 갖고 마침내 브랜드를 구매하는 행위단계Behavior Stage에 이른다. 특히 종교브랜드는 사람들이 심각한 고려를 거쳐 신중하게 선택하는 고관여 서비스 브랜드High Involvement이므로 커뮤니케이션 전략이 구체적으로 이루어져야 한다.

그렇다면 가톨릭 브랜드 커뮤니케이션 전략은 어떻게 수립되어야 하는가?

첫째, 목표 집단을 파악해야 한다. 가톨릭을 커뮤니케이션해야 하는 목표 집단에 대하여 구체적으로 파악하여 효과적인 커뮤니케이션을 해야 한다. 즉, 목표집단에 대한 그들의 라이프 스타일, 성별, 연령, 교육수준, 소득수준 등의 인구 통계학적 정보를 파악해야 한다. 또한 목표집단이 기대하는 가톨릭의 가치는 무엇인가, 왜 그들은 가톨릭에 관심을 갖고 있는가, 그들이 생각하는 가톨릭과 비교되는 종교브랜드는 무엇인가 등을 말해야 한다.

둘째, 가톨릭 브랜드 커뮤니티Brand Community를 넓혀야 한다. '브랜드 커뮤니티'란 의미는 사회과학자들이 처음 사용한 용어로 특정 브랜드를 좋아하는 찬양자들이 의식, 인식, 전통, 도덕적 책임감 등에 대한 공통의 특성을 갖고 지리적 제약없이 자기들끼리의 사회적 연대관계를 형성하고 있는 집단을 말한다. 요약하자면 브랜드 커뮤니티는 특정 브랜드의 가치를 옹호하는 응집력이 있는 집단을 말한다. 열렬한 브랜드 공동체, 브랜드 소비자 집단이 브랜드 커뮤니티이다. 1983년 존폐위기에 있었던 최고급 모토사이클할리 데이비슨Harley-Davidson브랜드가 25년이 지난 2008년 세계 50대 글로벌 브랜드로 부상된 것은 'Harley-Davidson

PBC 평화방송 TV RADIO 평화신문

가톨릭신문

— 가톨릭 브랜드 커뮤니케이션 미디어

Brand Community' 구축이 성공되었기 때문이었다.

사실상 가장 성공한 종교브랜드 커뮤니티는 가톨릭 브랜드라고 할 수 있다. 세계 어느 곳에서나 전례가 거의 동일하고 성직체계의 전통성 등으로 가톨릭은 단일체계monolithic이기 때문에 국가와 민족을 초월하여 가톨릭 브랜드 커뮤니티가 강력하게 형성되고 있다. 서로 가톨릭 신자라는 이유만으로 국가나 지역 또는 인종과 언어를 초월하여 서로 즉시 공감을 느끼는 것이 바로 가톨릭 브랜드 커뮤니티이다.

가톨릭 브랜드 커뮤니티의 외연을 확대하고 그 내용을 심화시키기 위해서는 본질적으로 가톨릭의 단일성과 세계성이 강화되어야 한다. 그러나, 지방의 시골 가톨릭 교회성당의 열악한 환경과 서울 교구의 부유한 교회성당환경과의 극심한 차이는 과연 가톨릭 브랜드 커뮤니티를 확대·심화시킬 수 있겠는가?

셋째, 커뮤니케이션 미디어를 확대해야 한다. 커뮤니케이션의 대표적 미디어로는 Cable TV, 신문, 라디오방송, 각종 출판물 등을 꼽을 수 있는데, 이들의 내용과 전달방법이 향상되어야 한다. 먼저 이들 미디어의 대상집단이 가톨릭 교회의 신자뿐만이 아니라 타 종교 신자, 비 신자 등 다양한 계층의 사람들임을 알아야 한다. 사실상 '평화방송' TV나 라디오의 편성 내용은 너무 가톨릭 신자 중심적이고 너무 가톨릭 교회적이라 볼 수 있다. 가톨릭에 관심있는 잠재 가톨릭 신자인 일반인들이 쉽게 접할 수 있도록 보편적인 내용도 담아 편성되어야 가톨릭적catholic일 수 있다. 가톨릭계 주간 신문인 '평화신문'과 '가톨릭 신문'의 편집 태도 또한 너무 '가톨릭 종교 중심적'이라 신문으로서의 본질적 한계가 있다. 타 종교 소식은 물론 가톨릭에 대한 정당한 비판까지도 수용할 수 있는 'catholic보편적'인 편집 태도로 일반인들까지도 오히려 가톨릭의 가치를 느끼게 해야 한다.

넷째, 일관성 있는 BI시스템으로 커뮤니케이션해야 한다. 브랜드의 생명은 정체성Identity이고 정체성은 일관성있게 BIBrand Identity시스템으로 커뮤니케이션함으로써 형성될 수 있다. 가톨릭 브랜드의 BI시스템은 가치평가에서도 지적되었듯이 일관성이 상대적으로 약한 것으로 평점되었다. BI시스템에서 가장 중요한 것은 브랜드 네임과 브랜드 로고심벌마크인데 몇 가지 사례를 들어보자.

— 가톨릭 브랜드 네임의 혼란

천주교, 구교, 가톨릭 등 특히 우리나라에서 다양하게 가톨릭이 호칭되고 있는데 이는 가톨릭 브랜드의 정체성을 희석시킬 수 있는 위험한 요소가 될 수 있다.

'가톨릭Catholic'은 'Roman Catholic'에서 출발한 네임으로 세계적으로 'Catholic'으로 불리는 종교브랜드 네임이다. 전 세계적으로 하나의 이름으로 호칭되어야 브랜드 정체성이 강화된다. 우리나라에서도 당연히 '가톨릭' 외에 다른 네임들, 천주교, 구교 등으로 혼칭되어서는 안된다. 예컨대 「천주교회 서울 대교구 OOO성당」으로 교회성당표시를 「가톨릭 교회 서울 대교구 OOO성당」으로 표시하여야 옳은 BI표현이 될 수 있다. 이와 관련하여 '교황청'이란 표현은 우리나라에서만 사용하는 용어이므로, 세계적으로 사용하는 '바티칸Vatican'으로 사용하여야 옳은 BI표현이다. 글로벌 브랜드는 글로벌하게 하나의 이름을 일관되게 사용하고 마케팅하는 개념이다.

— 가톨릭 로고심벌 마크의 혼란

글로벌 브랜드의 로고나 심벌마크는 전 세계 시장에서 일관되게 '한 가지'로 사용된다. 코카콜라, 맥도날드, 메르세데스 벤츠, 나이키, 삼성이 전 세계 시장에서 단일 로고로 표현되고 있다. 그래야 고객의 혼란이 없고 브랜드 정체성이 강화되기 때문이다. 한마디로 로고나 네임이 많으면 많을수록 브랜드 정체성은 그 만큼 희석되고 만다. 그러나 가톨릭 교회를 상징하는 하나의 일관된 로고는 없다. 다양한 예수상, 다양한 성모상, 다양한 십자가, 무엇이 가톨릭을 상징하는 'Logo' 혹은 'Symbolmark'인지 찾아 볼 수 없다. 한 마디로 일관된 가톨릭의 로고나 심벌마크는 없다. 다만 가톨릭적인 상징물들이 다양하게 존재하고 있을 뿐이다. 논리적으로 말하자면 가톨릭 로고나 심벌마크는 바티칸에서 결정하여 전세계 가톨릭 교회가 이를 일관되게 사용하여야 한다.

우리나라의 경우, 교구마다, 성당마다 사용하는 심벌마크가 각기 다르고 적어도 반드시 공통적인 요소로 존재해야 할 핵심 로고가 없어 가톨릭 브랜드 정체성 강화에 비효율적인 커뮤니케이션이라 지적할 수 있다.

제3장

가톨릭 브랜드의 미래

1. 가톨릭 중심축의 변화

힌두교의 중심 무대가 인도였듯이 2,000년 동안 가톨릭의 중심 무대는 유럽과 북미였다. 20세기 초 1900년대 전 세계 가톨릭 인구 수는 대략 266.5백만 명 이었는데 이 중 2억 이상이 유럽과 북미에 살고 있었고 겨우 6천 6백만여 명이 다른 대륙에 살고 있었다. 가톨릭은 철저히 북반구(선진국) 중심 종교였다. 그러나 2000년대에 들어와서는 이와는 반대로 13억 가톨릭 인구 중에서 3억 5천만 명 정도가 유럽과 북미에서 살고 있으며 절대 다수인 7억 2천만명 이상이 라틴 아메리카, 아프리카 그리고 아시아에 살고 있다. 특히 4억 명 이상의 가톨릭 인구가 남미에서 살고 있음은 주시해야 할 변화이다.

한마디로 가톨릭의 중심축이 북반구(선진국)에서 남반구(개발도상국. 후진국)로 바뀌었다는 것이다. 2013년 3월 아르헨티나 출신 추기경이 예상을 뒤엎고 266대 교황으로 선출된 사실은 가톨릭 중심축의 변화와 무관하지 않음을 증명해 주는 신호라 볼 수 있다.

2000년 10대 가톨릭 국가와 UN 인구국UN Population Division이 예측한 2050년 10대 가톨릭 국가를 비교해 보면 선진국과 후진국의 가톨릭 인구 변화 내용을 관찰 할 수 있다.

— 266대 교황 프란치스코

2000년 10대 가톨릭 인구 국가

순위	국가	신자수
1	브라질	149 백만
2	멕시코	92 백만
3	미국	67 백만
4	필리핀	65 백만
5	이탈리아	56 백만
6	프랑스	46 백만
7	콜롬비아	38 백만
8	스페인	38 백만
9	폴란드	37백만
10	아르헨티나	34 백만
총계		622 백만

2050년 10대 가톨릭 국가 (UN 인구국 예측)

순위	국가	신자수
1	브라질	215 백만
2	멕시코	132 백만
3	필리핀	105 백만
4	미국	99 백만
5	콩고	97 백만
6	우간다	56 백만
7	프랑스	49 백만
8	이탈리아	49 백만
9	나이지리아	47 백만
10	아르헨티나	46.1 백만
총계		895.1 백만

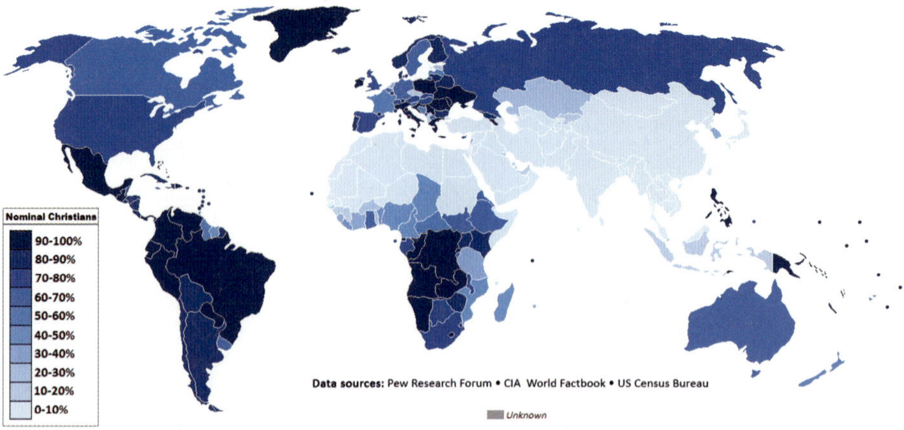

— Map of the distribution of Christians of the world

UN이 예측한 2050년 가톨릭 10대 국가 중에서 7개국이 후진국과 개발도상국가라는 특징을 찾아 볼 수 있다. 특히 콩고, 우간다, 나이지리아 등 아프리카 국가가 처음으로 가톨릭 10대국에 진입됨으로 전통적인 가톨릭 국가인 스페인과 폴란드를 밀어 제치는 전망이 나오고 있다.

단 한 가지 주목할 것은 아시아에 있어서 가톨릭의 신장세인데 20세기 초 인구 대비 1.2%에 불과했던 아시아 국가의 가톨릭 인구가 20세기 말에는 3%로 크게 신장했다. 힌두교의 종주국인 인도에서 가톨릭 신자수가 급증하고 있어 현재 거의 2천만 명에 육박하고 있고, 한국의 경우는 1985년에서 2011년 사이에 가톨릭 인구가 2배로 급증하여 2011년 현재는 530만 명이다.

교황청 국무원 통계처의 〈교회 통계 연감 2011년〉 발표에 따르면 2011년 말 현재 세계 가톨릭 신자수는 12억 1359만 명으로 세계 인구의 17.5%에 달하는 것으로 조사되었다.

2006년~2011년까지 전 세계 가톨릭 신자수는 7.3% 증가했는데 아프리카가 22.3%, 아시아가 11.6%, 오세아니아가 9.1%, 아메리카가 5.2%, 유럽이 1.3% 증가율을 보였다. 대륙별 가톨릭 신자 증가 현황은 다음 표와 같다.

5년간(2006년~2011년) 대륙별 가톨릭 신자 증가 현황

대륙	2006년 신자 수	2011년 신자 수	증가율
아프리카	1억 5831만	1억 9368만	+22.3%
아시아	1억 1847만	1억 3224만	+11.6%
오세아니아	883만	963만	+9.1%
아메리카	5억 6303만	5억 9231만	+5.2%
유럽	2억 8210만	2억 8575만	+1.3%
세계 전체	11억 3075만	12억 1359만	+7.3%

〈교황청 국무원 「교회 통계 연감 2011」〉

가톨릭의 중심축이 유럽과 북미 등 북반구 선진국에서 아프리카, 남미 작게는 아시아 등 남반구 개발도상국가나 후진국으로 이동하고 있음을 예측할 수 있고 인구가 가장 많은 아시아의 두 국가인 인도와 중국에서의 가톨릭 브랜드 변화가 중요시 될 전망이다.

불교 미래 사회 연구소의 '2044년, 한국 불교의 미래' 보고서

(2012.2.19 평화 신문)

불교 미래 사회 연구소가 발표한 '2044년, 한국 불교의 미래' 보고서에 흥미로운 항목이 끼어 있는데 그것은 30년 후 한국의 최대 종교는 가톨릭이라는 전망이다. 그 내용을 요약하면 다음과 같다.

1) 30년 후 2044년이 되면 가톨릭이 신자수 2,500만 명(인구의 56%)으로 한국 최대 종교로 올라 설 것이라는 예측이다.

2) 예측 근거로, 통계청의 인구 주택 총 조사 자료에 따르면 가톨릭은 1985년 186만 명에서 1995년 295만 명으로 10년간 58.2% 증가되었고, 2005년 514만 명으로 10년 만에 74.4% 늘었다는 것이다. 타 종교는 오히려 감소하거나 정체되고 있는데 가톨릭의 급성장세는 놀라운 현상이 라는 것이다.

3) 한국 가톨릭의 5대 성장 요인으로 꼽는 것은 조직력(결속력), 청렴성, 정의와 인권운동, 관혼상제에 대한 유연한 태도, 타 종교에 대한 개방성 등이었다.

종교별 인구 증감 및 향후 예상 추이

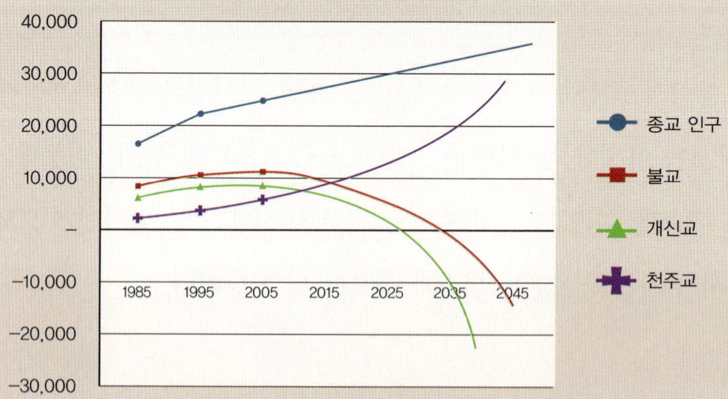

2. 이슬람교의 급부상

월드 크리스챤 데이터베이스World Christian Database가 발표한 2007년 세계 무슬림 수는 15억명, 그리스도인은 23억명인데 전 세계 인구의 21%가 그리스도교 신자인 셈이다. 그리스도인은 가톨릭, 정교회, 프로테스탄트 등이 합산된 숫자이며 그리스도인 중 가장 많은 가톨릭이 12억으로 추산되고 있어 단일 종교의 세계 신자 수로는 이슬람교가 15억~16억 명으로 가장 많다. 뿐만 아니라 연간 신자증가율에 있어서도 그리스도교가 1.38%인 반면 이슬람교는 1.84%로 성장성이 어느 다른 종교보다 높다.

'2007년 세계 10대 이슬람국'의 내용을 살펴보면 놀라운 사실을 발견할 수 있는데 그것은 절대 다수의 무슬림 국가들이 아랍국가가 아니라는 것이다. 이는 마치 그리스도가 더 이상 유럽과 북미중심이 아닌 것처럼 이슬람이 더 이상 아랍인 중심의 종교로만 볼 수 없다는 사실이다.

유럽과 북미의 시각으로 판단했던 그리스도교에 대한 이슬람교 신자들의 태도도 변화되어야 하겠지만, 이슬람을 단순히 아랍의 시각으로만 판단했던 그리스도교 신자들의 자세도 바꿔야 될 것이다.

세계 10대 이슬람국별 신자수(2007)

순위	국가	신자수(무슬림)
1	인도네시아	2억 2백만
2	파키스탄	1억 6천만
3	인도	1억 5천 1백만
4	방글라데시	1억 2천 5백만
5	이집트	7천 2백만
6	터키	7천 1백만
7	나이지리아	6천 8백만
8	이란	6천 4백만
9	모로코	3천 3백만
10	알제리	3천 3백만

〈Source: CIA World Factbook, 2007〉

이슬람은 단순히 남반구(개발도상국, 후진국) 중심에서 성장되고 있는 것이 아니다. 1985년 EU 내 무슬림수가 5백만 명이었으나 2005년에는 1천 5백만 명으로 200% 이상 성장되었다.

EU 내 가장 이슬람 신자가 많은 나라는 프랑스가 5백만 명, 독일이 3백 5십만 명, 영국이 1백 6십만 명으로 인구대비 각각 8.3%, 4.3%, 2.7%의 높은 비율이다. 이와 같이 이슬람교가 급속히 세계화되고 급성장함으로써 그리스도교와 함께 세계 종교인의 절반 이상을 차지하고 있으며 앞으로 이러한 성장추세는 지속되리라 전망된다.

앞에서 취급했던 세계 종교브랜드 가치평가에 있어서 가톨릭과 이슬람이 세계적인 최고의 종교브랜드로 포지셔닝되고 있는 것으로 보아 세계 종교계가 가톨릭과 이슬람의 양극체제로 존속될 것으로 전망된다.

이슬람교의 급성장은 가톨릭에 어떠한 영향을 줄 수 있는가? 이러한 생각은 이슬람이 가톨릭에 종교적으로 무관하지 않다는 것에서 비롯한다. 구체적으로 말하자면 가톨릭보다 6세기 정도 후에 나타난 이슬람의 꾸란이 유대교와 그리스도교의 성경에 뿌리를 두고 있다는 점에서 가톨릭과 이슬람의 상관관계가 성립되는 것이다.

브랜드 시각에서 말하자면 유대교와 프로테스탄트는 가톨릭 브랜드의 경쟁 브랜드가 결코 될 수 없다. 같은 하나님을 믿더라도 유대교는 민족 종교로 특화된 종교브랜드이고, 프로테스탄트는 그리스도교의 역사와 정체성을 깊이 통찰하면 할수록 그리스도교의 원천인 가톨릭 브랜드와 차별화가 될 수 없는 파생 그리스도교 브랜드로 남게 될 것이다. 이는 마치 힌두교에서 파생된 불교가 인도에서 결국 힌두교에 흡수되어 버린 것과 같이 독립 브랜드로서의 차별성과 정체성을 주장하기 어려울 것이다. 그러나 가톨릭 브랜드와 이슬람 브랜드는 '명백히 같은 점과 다른 점'이 있는 경쟁관계에 있고 앞으로도 그 경쟁은 심화될 수 있다. 가톨릭이 이슬람을 방치하거나 무시할 수 없는 근거는 꾸란에 예수와 성모마리아를 특별히 기록하고 있고, 무슬림들이 예수를 최상의 인격체로 추앙하고 있다는 데에 있다.

꾸란 3장 42절은 '천사가 말하길 마리아여 하느님이 너를 선택하시어

청결케 했으며 너를 모든 여성들 위에 두셨노라'고 기록하여 마리아와 하느님과의 관계를 설명하고 있다.

꾸란 3장 45절은 '천사들이 말하길 마리아여 하느님께서 너에게 말씀으로 복음을 주시니 마리아의 아들로서 그의 이름은 메시아 예수이니라. 그는 현세와 내세에서 훌륭한 주인이시요 하느님 가까이 있는 자 가운데 한 분이니라' 라고 예수 탄생에 관한 특별한 기록을 남기고 있다.

꾸란 3장 47절은 '마리아가 말하길 주여 제가 어찌 아이를 가질 수 있습니까? 어떤 남자도 저를 스치지 아니 하였습니다. 그가(하느님) 말하길 그렇게 되리라. 그분의 뜻이라면 창조하시니라. 그분이 어떤 일을 하고자 할 때 이렇게 말씀하도다. 있으라! 그러면 있느니라'고 기록하고 있는데 이는 성모 마리아가 하느님의 뜻으로 예수를 잉태하였다는 사실을 명백히 하는 내용이다.

꾸란에서 무함마드의 기적은 단 한구절의 기록도 없는데 반하여 예수의 기적 사실들을 감동적으로 묘사하고 있다. 죽은자를 살려내고 눈먼 소경과 나병환자를 고쳐준 내용들이 꾸란에 번번히 등장하고 있는 것은 그리스도교가 이슬람교를 그리스도와 무관한 종교라 할 수 없는 근거이다. 실로 가톨릭과 이슬람은 많은 동질성을 갖고 있음을 꾸란에서 발견할 수 있다. 이슬람이 세계 최대 단일 종교로 부상되고 있는 것은 그리스도교와 이슬람교의 동질성에서 보다는 이질성에서 그 힘의 원천을 찾아야 할 것이다.

가톨릭적인 것과 이슬람적인 스펙트럼에서 오늘날의 현대인들이 어느 쪽으로 경사될 것인가? 이것이 가톨릭 브랜드의 미래를 전망하는 중요한 과제로 볼 수 있다.

이슬람을 내다보는 바티칸의 매파Hawk와 비둘기파Dove의 갈등이 아니라 종교브랜드 마켓에서 사람들(고객들)이 가톨릭적-이슬람적인 스펙트럼 상에서 어느 좌표를 선택하느냐와 가톨릭에서는 가톨릭쪽으로 이슬람에서는 이슬람쪽으로 브랜드 마케팅 하려는 양자의 노력이 수백 년을 두고 전개될 것으로 전망된다.

3. 가톨릭 브랜드의 세계화

글로벌 브랜드Global Brand란 지구Globe 전체를 하나의 시장으로 전제하고 전 세계 소비자들에게 동일한 브랜드를 동일한 가치와 동일한 브랜드 아이덴티티 시스템으로 커뮤니케이션 함으로써 세계 시장을 확대하고 세계 소비자들의 니즈를 충족시켜 주는 브랜드를 의미한다. 다른 말로 표현한다면 글로벌 브랜드란 국내 브랜드Domestic Brand가 국제 브랜드International Brand 과정을 거쳐 세계화 브랜드Globalized Brand가 되는 브랜드의 세계화Globalization of Brand를 의미한다.

미국의 코카콜라Coca-Cola, 맥도날드McDonald's, 나이키Nike, IBM, GE 등과 같은 브랜드들이 미국 시장에서 뿐만 아니라 전 세계 시장으로 마

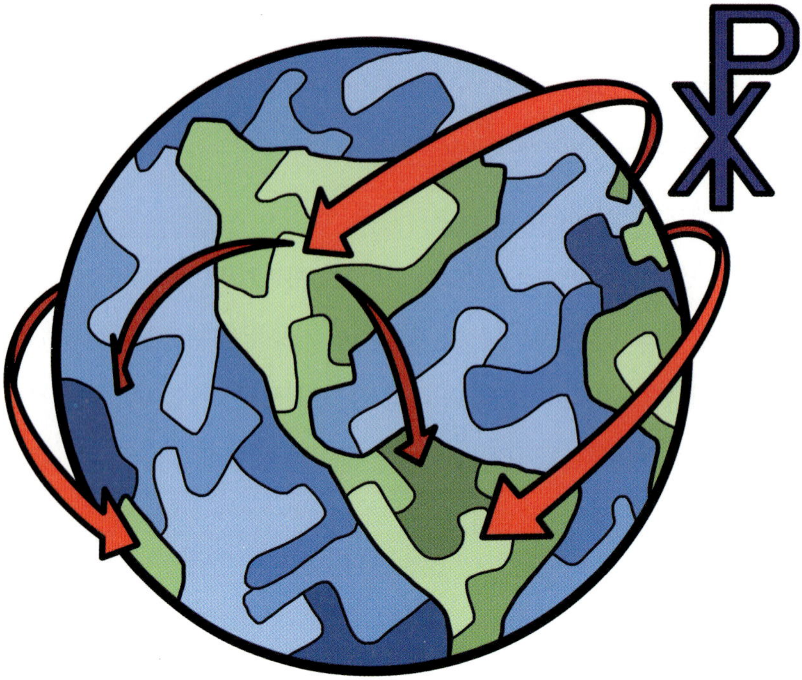

케팅 되고 있는 것은 대표적인 글로벌 브랜드의 사례들이다. 스위스의 네슬레Nestle는 스위스 국내 매출이 총매출의 3%에 불과하고 97%가 전 세계 시장에서 이루어지고 있다.

글로벌 브랜드는 전 지구를 하나의 거대한 시장으로 보고 국별, 이념별이 아니라 소비자 중심으로 시장을 세분화하는 특징을 갖는다. 즉 글로벌 브랜드는 시장Market Place 중심의 '시장세분화Market Segmentation' 정책이 아니라 전 세계 소비자 중심의 '소비자 세분화Consumer Segmentation' 정책을 실현한다.

세계 100대 브랜드들이 모두가 글로벌 브랜드들이고 성공한 브랜드는 글로벌 브랜드가 아닌 브랜드가 없는 것은 브랜드의 세계화가 브랜드 성공의 기준이 되고 있음을 반증해 주고 있는 것이다. 이런 측면에서 종교브랜드들의 미래는 세계의 많은 인류들에게 보편적 가치 또는 공통의 가치를 제공하여 많은 인류가 신앙적 만족을 갖게 하는 종교의 세계화에 달려 있다고 볼 수 있다.

유대교가 오랜 종교역사를 갖고 있으면서도 주로 이스라엘과 미국 외에 세계화가 되지 않고 있어 종교브랜드력이 약한 것과 힌두교도 오랜 종교역사에 비하여 세계화가 약하기 때문에 종교브랜드 파워가 상대적으로 낮은 것은 종교브랜드의 세계화가 얼마나 중요한가를 잘 말해주는 것이다.

그렇다면 왜 종교 세계화Globalization가 중요한가?

세계화는 정치, 경제, 문화, 종교에 본질적인 구조변화를 가져오는 인류가 피할 수 없는 변화 트렌드이다. 그 대표적인 세계화의 트렌드를 다음과 같이 요약할 수 있다.

첫째, 세계화는 정치이념의 장벽을 무너뜨리고 있다. 사실상 이데올로기는 존재가치를 점점 상실하고 있다. 독일의 통일, 예멘의 통일, 소련의 붕괴, 미·중의 관계 등은 그 실례들이다.

둘째, 세계화는 무역, 금융, 기술, 정보통신산업의 규모를 확대시키고 있다. 경제, 관세등의 장벽이 무너짐으로써 모든 경제활동이 세계적 규모로 크게 성장하고 있다.

셋째, 세계화는 영화, TV, 대중음악, 각국 엔터테인먼트가 국경선을 없애고 있다. 싸이PSY가 전 세계 젊은이들을 열광시키고 있는 것은 문화의 세계화 단면을 보여주는 사례이다.

넷째, 세계화는 국가, 민족, 종교, 지역, 가족을 넘어 개인과 개인의 관계를 확장시키고 있다.

다섯째 세계화는 긍정적인 측면만 있는 것이 아니라, 부정적인 측면도 존재하고 있다. 범죄의 세계화, 질병의 세계화, 불평등한 경제환경의 심화 등 어두운 면도 커가고 있다.

이와 같은 인류의 운명적 세계화 현상은 더욱 심화될 것이고 글로벌 브랜드 개념이 결핍된 브랜드는 존속되기 어려운 세계화 시장환경이 될 것이다.

데오도르 레비트Theodore Levitt, 하버드대 교수가 그의 논문 「시장의 세계화Globalization of Markets, 1984」에서 "세계화 현실을 수용하지 못하는 기업이나 기업가는 이를 수용하는 경쟁자들에게 궁극적으로 희생될 것이다."고 주장한 말은 종교브랜드도 예외가 될 수 없다. 이런 시각에서 가톨릭 브랜드의 세계화를 전망하고자 한다.

전망1. 'Catholic'은 'catholic values'을 지속 성장시킬 것이다.

'Catholic가톨릭' 종교브랜드처럼 그 이름 안에 종교의 추구가치를 정확히 담고 있는 종교는 없을 것이다. 'catholic'은 'universal우주적, 보편적인, 전 세계의, 전 인류의', 'general일반적인, 총체적인', broad관대한, 폭넓은이라는 뜻이다. 'C'를 대문자로 쓰면 가톨릭 종교를 나타내는 고유명사나 형용사가 되고 소문자로 쓰면 일반명사나 형용사가 되어 결국은 "Catholic = catholic"이 된다. 즉, 가톨릭은 세계 인류 모두에게 보편적 가치를 제공하는 종교브랜드임을 이름으로 천명하고 있는데 인류의 보편적 가치 추구는 지속적으로 성장될 것이다.

가톨릭이 추구하는 인류의 보편적 가치에서 중요한 것은 인간의 존엄성과 인권이다. 가톨릭 사회교육의 핵심은 '사람은 누구나 하느님의 모상으로 창조되었으므로 개인의 능력이나 사회적 신분에 관계없이 고유한 존엄성을 갖는다'는 데 있다. 이는 모든 사람은 태어나면서부터 하늘이 준 자연의 권리가 있는데 이는 어느 기관이나 어느 누구에게서도 침해 받지 않는 원초적 인권사상 즉 천부인권사상天賦人權思想의 모태가 되었다고 볼 수 있다.

가톨릭의 인간의 존엄성과 인권사상은 '모든 인간은 하느님 앞에 평등하다'는 인간의 평등사상까지를 포함하는데 이는 가톨릭의 존재이유로서 앞으로도 지속성장sustainable되리라 전망된다. 또 다른 가톨릭의 보편적 가치에는 공동선common good의 추구라 할 수 있다. 공동선共同善이란 개인 이익과 대비되는 개념이며, 공공복지라는 개념으로 이해할 수 있는 말로서 이는 생활 공동체 구성원 전체의 정신적·물질적 만족을 최고로 실현하는 것을 추구한다. 공동선은 가톨릭 사회론의 핵심 개념으로 발전되고 있는 가톨릭의 가치로서 개인도 소중하지만 '모두'가 더 중요하기 때문에 '개인'과 '모두'와의 조화로운 결합으로 공동선이 이루어져야 한다는 것이다.

한마디로 개인이나 특정집단이 그들의 이익을 추구할 수 있는 합법적인 권리가 있다 하더라도 '모두의 복지'에 반하지 않도록 균형이 잡혀야 한다는 것이다.

전통적으로 가톨릭은 개인의 사유 재산권을 손댈 수 없는 절대권리로 인정해 오지 않았으며, 오히려 사유재산권은 전체의 선으로 사용되도록 하는 공동 권리라는 보다 넓은 개념으로 이해하고 있다. 교황 요한 바오로 2세의 회칙, '사회적 관심Sollicitudo Rei Socialis, 1987'에서 "사유재산은 한 사회의 담보물에 불과한 것이다"고 한 은유적 표현은 재화란 모두에게 의미가 있어야 한다는 사실에 입각한 공동사용권이 사유재산권에 우선한다는 의미이다. 공동선의 궁극적인 목적은 절대적으로 필요한 사람들에게 부를 나눠 주는 것이다. 즉, 가난, 질병의 고통을 덜어주는 것이 공동선의 궁극적인 목표이다. 성 토마스 아퀴나스는 어떠한 사람도 공동선과 좋은 관계를 맺지 못하면 선善할 수 없다고 확신했다. 공동선이야 말로 공동체의 최후 목표라 전제했는데, 그는 전체의 복지가 보장되지 않으면 개인의 복지도 없다는 주장을 했다. 결론적으로 가톨릭의 또 다른 존재가치는 공동선의 추구에 있었고, '공동사회'가 있는 한 해결해야 할 과제로 '공동선'은 세계화 개념에서 지속성장될 것을 전망한다.

전망2. 가톨릭 사제신부의 세계교류가 확대될 것이다.

프랑스, 미국, 일본 등 선진국의 가톨릭 교회들이 사제의 부족으로 심각한 문제에 직면하고 있다. 한편 아프리카 지역에서는 경제난, 가톨릭 교육시설·제도의 미비 등으로 사제 양성에 어려움을 겪고 있다. 이미 선진국 가톨릭 교회에서는 남미, 필리핀 등지에서 사제를 초빙하여 교회를 운영하고 있다. 사제나 수도자의 수가 급감하거나 나라마다 불균형을 이루고 있다. 교황청 〈교회통계 연감 2011〉발표에 따르면 가톨릭 사제 수는 유럽이 18만 7,864명 (45.4%)로 가장 많았지만 2006년과 비교하면 4.5% 줄어든 수치다. 그러나 아메리카, 오세아니아, 아프리카, 아시아에 있어서는 5년 전에 비하여 각각 16.7%, 14.4%의 높은 사제 수 증가율을 보였다. 대륙 별 사제 지망자[신학생]는 아메리카가 3만 6,465명으로 가장 많았고, 아시아가 3만 5,297명, 아프리카가 2만 7,483명으로 그 뒤를 이었다.

신자율이 3.1% 불과한 아시아 대륙의 사제 지망자 수가 신자율 60%가 넘는 아메리카 대륙의 사제 지망자 수와 비슷한 것은 심각한 사제 수의 세계적 불균형을 말해 주는 동시에 궁극적으로는 이 같은 불균형을 해소하기 위하여 사제들의 세계교류가 불가피하게 이루어지리라 전망한다.

참고 문헌

1. 김성제, "현대브랜드경영전략"(2009년, 교보문고)
2. Kevin L.Keller, "Strategic Brand management" 2nd Edition, 2003 Prentice Hall.
3. J.B.Noss저, 윤이흠역 "世界宗敎史上下" 10쇄 2009, 현음사
4. 한국종교문화연구소, "세계종교사 입문" 개정보증판, 2007 도서출판청년사
5. 최정만, "비교종교학개론" 개정보증판 2012, 도서출판이레서원
6. 김진, "종교란 무엇인가?" 2008, 울산대학교출판부
7. 역사연구모임, 최용훈옮김 "세계의 종교" 2011, 삼양미디어
8. 정중호외 3명, "세계종교와 문명" 2010, 계명대학교출판부
9. Paul Balta외 다수 지음, 윤정임옮김, 윤이흠감수 "세계의 종교이야기"
10. John Drane저, 서희연 옮김, 유성민감수 "성경의 탄생" 2011, 도서출판 옥당
11. 정태현신부 "성서입문" 9쇄 2005, 도서출판 일과놀이
12. 김혜윤수녀 "모세오경" 2008, 생활성서사
13. August Franzen저, 최석우신부옮김 "세계교회사" 2004, 분도출판사
14. Hans King저, 이홍근신부옮김 "교회란 무엇인가" 13쇄 2004, 분도출판사
15. Victor Sunderaj저 김민수신부옮김 "교회 쇄신과 매스컴" 2005, 가톨릭출판사

16. Kenneth Shoulder, Ph.D "The Everything World's Religions Book" 2nd Edition 2010, Adams media

17. Alan Schreck저, 박정수옮김 "가톨릭교회사", 2쇄, 2005, 가톨릭출판사

18. Rev.James Socias, "Introduction to Catholicism" 2009, Midwest Theological Forum

19. 박양운 "가톨릭신학의 어제와 오늘" 1996, 가톨릭출판사

20. Richard Wagner, "Christianity for Dummies" 2004, Wiley Publishing W.

21. John L. Allen, JR "The Future Church - How Ten Trends are Revolutionizing the Catholic Church-" 2009, Double Day

22. John J. Considine, "Marketing your Church. -Concepts and Strategies-" 1955, Sheed & Ward

23. Interbrand, "Brand Valuation" 1997, Interbrand

24. Peter J.Kreeft, "Catholic Christianity" 2001, IGNATIUS

25. Kenneth Shoulder and Susai Aanthony, "The Everything Hinduism Book" 2009, Adams media

26. Daniel Ali and Rober Spencer, "Inside Islam" 2003, Ascension Press

27. 석원연스님 "불교이해의 첫걸음" 2005, 도서출판 해조음

28. 이희수 "이희수교수의 이슬람" 2011, 청아출판사

29. "성꾸란" 한국어번역, 파하드국왕 성꾸란 출판청

30. 한국가톨릭대사전 편찬위원회, "한국가톨릭대사전" 2000, 한국교회사연구소

31. Ferdinand J.Burger, "Church Management Basics" 2004, iuniverse, Inc

32. Wilfred Cantwell Smith저, 길희성옮김 "The Meaning and End of Religion" 1997, 분도출판사

32. 김진호목사, "시민K, 교회를 나가다" 2012, 현암사

33. 최영길 "꾸란과 성서의 예언자들" 2009, 살림출판사

34. Alan R. Andreasen and Philip Kviper, "Strategic Marketing for Non-profit Organizations" 2003, Prentice Hall

35. John Bowker, "World Religions" 2006, DK Publishing co.

36. 이주화 "이슬람과 꾸란" 2012, 두리미디어

37. Kailash Nath Seth & B.K.Chaturvedi "Gods and Goddesses of India" 2003, Diamond Publications